Psychology as Religion

Paul C. Vitz

신이 된 심리학

Copyright ⓒ 새물결플러스 2010

Copyright ⓒ 1997 by Wm. B. Eerdmans Publishing Co.
Originally published in English under the title
Psychology as Religion by Paul C. Vitz
Published by Wm. B. Eerdmans Publishing Co.
2140 Oak Industrial Drive NE, Grand Rapids, Michigan 49505, U.S.A.
All rights reserved.

Translated and used by arrangement of Wm. B. Eerdmans Publishing Co., through rMaeng2, Seoul, Korea.

Korean Copyright ⓒ 2010 by Holy Wave Plus, Seoul, Korea.

본 저작물의 한국어판 저작권은 알맹2 에이전시를 통하여 Wm. B. Eerdmans Publishing Co.와 독점 계약한 새물결플러스에 있습니다. 신 저작권법에 의하여 한국 내에서 보호받는 저작물이므로 무단전재와 무단복제를 금합니다.

이 도서는 새물결교회의 배영환·김정춘 성도의 후원으로 출판되었습니다.
출판 사역을 위한 기도와 후원에 감사드립니다.

신이 된 심리학

폴 비츠

"우리 시대 가장 큰, 그러나 누구도 결코 이단이라고 생각하지 않는 이단은 '자아 숭배'라는 이단입니다. 이 자아 숭배의 미혹은 비단 성공한 사람들에게만 있는 것이 아니라, 성공한 사람들을 비판하여 또 다른 성공을 꿈꾸는 사람들에게도 동일하게 존재합니다. 프란시스 쉐퍼의 말대로 왜곡된 자신을 판단의 준거로 생각하는 '세속적 휴머니즘'이야말로 기독교의 메시지를 방해하는 가장 경계할 적그리스도입니다. 기독교 심리학자인 폴 비츠의 대표작인 본서는 현대 심리학이 가진 비성경적 전제를 경고하고 자아 숭배의 우상성을 분석해 보여주는 역작입니다. 이 탁월한 책을 통해 많은 그리스도인들이 하나님 앞에 겸손히 부복하고 오직 그분만을 주인으로 따를 수 있기를 바랍니다."

이동원 목사 | 지구촌 교회

"도전적이고, 명쾌하며, 예언자적인 책이다. 이 책을 읽으라! 그러면 당신은 왜 이 주제가 우리 사회에서 가장 중요한 문제로 대두되고 있는지 그 이유를 알게 될 것이다. 기독교 심리학자로는 드물게 창의적인 저자로부터 나온 명쾌한 주장, 노련한 논증와 비평이 특히 볼만하다. 이런 책은 최대한 많은 이들에게 읽혀야 한다."

「워싱턴 인콰이어러」

"자아 숭배의 문제를 다루는 데 있어 거의 표준이 되는 책이다. 무엇보다 본서는 이 책이 처음 출간되었을 당시보다 오늘날 읽을 가치가 더한 책이라는 점에서 눈여겨 볼 필요가 있다."

메리 스튜어트 밴 르우윈 | 『신앙의 눈으로 본 남성과 여성』의 저자

"폴 비츠는 우리 시대 심리학과 종교의 문제에 관한 가장 대중적인 권위자다!"

스캇 펙 | 『아직도 가야할 길』의 저자

이 도서는
새물결교회의 배영환·김정춘 성도의 후원으로 출판되었습니다.
출판 사역을 위한 기도와 후원에 감사드립니다.

목 차

이 책에 관하여　11

1 ___ 심리학의 사도들　25
　칼 융 26　에리히 프롬 29　칼 로저스 33　에이브러햄 매슬로 37
　롤로 메이와 실존주의 심리학 40

2 ___ 만인을 위한 자아 이론　45
　자존감 46　자기 위주 편향 53　인카운터 그룹 55　치료 그룹 58
　자기 조력자 60　EST와 공개 토론 62　자조 섹스 66

3 ___ 사이비 과학으로서의 자아주의　71
　정신의학, 생물학 그리고 실험 심리학 73
　우리는 원래 그토록 선한 존재인가? 84

4 ___ 심리학의 철학　93
　정의에 대한 질문 93　텅 빈 자아 96　기본적 모순 99
　브라우닝의 비평 103　윤리적, 과학적으로 그릇된 설명들 105

5 ___ 자아주의와 가족   *109

　　분리된 개인 109　자아 이론과 이혼 112
　　우리 문제의 출처, 부모 113　기독교와 가족 120

6 ___ 자아 이론과 교육   125

　　가치 명료화 125　다시 자아 이론 128　철학적 비평 131
　　과정과 전략에 대한 비평 135　가치 명료화를 평가한 연구 조사들
　　137　사생활 침해에 관한 비평 140　가치 명료화는 어떻게 인기를 얻
　　게 되었을까? 145　왜 가치 명료화를 지양해야 하는가? 147

7 ___ 자아주의와 오늘날의 사회   *149

　　청소년 그리고 여피 문화의 강령 149　"피해자들의 나라" 151
　　자아주의와 언어 154　소비 사회를 위한 심리학 157

8 ___ 자아주의와 기독교, 역사적 전례들   165

　　포이에르바흐 165　미국에서의 출처들 169　포스딕과 필 170
　　경건주의 177　칼 로저스 180

9 ___ 심리학과 뉴에이지 * 189

　뉴에이지를 지지하는 사회와 경제 194 뉴에이지의 심리학적 근원 198 새로운 영지주의, 뉴에이지 203 심리적 자아 숭배에서 영적 자아 숭배까지 208

10 ___ 신학적 비평　213

　우상숭배로서의 자아주의 213 우울증의 문제 219 폭력적 관계에 처한 사람들의 문제 221 기독교의 사랑과 자아주의 사랑 223 창조력과 창조주 232 고통의 본질 234

11 ___ 정치적 반응 * 239

　심리학에 대한 문제 239 기독교에 대한 문제 242

12 ___ 세속적 자아를 넘어서　253

　"객관적"이라는 것의 허상 253 대상의 복수 258 실존주의적 자기애의 딜레마 260 자아로부터의 탈출 266

13 ___ 기독교의 새로운 미래? * 273

　현대 영웅들의 종말 273 직업 지상주의의 실패 275 특정주의의 유혹 278 우리에게 주어진 기회 280

　미 주 * 284

이 책에 관하여

이 책은 현대 심리학 비평에 관심이 있는 독자들을 위한 책이다. 그들은 직관적으로나마 심리학이 과학이라기보다는 감정을 다루며, 현대 삶의 해답이라기보다는 문제를 제시한다는 사실을 알고 있다. 이 책에서는 심리학에 대한 과학적, 철학적, 도덕적, 경제적, 사회적, 종교적인 비평들을 제시하고 있다. 심리학에 관해 이렇게 여러 가지 관점으로 비평하는 이유가 있다. 독자들이 심리학을 일반적 관점으로 이해하는 것에서 그치지 않고 이 시대 심리학을 더욱 정확하고 유익한 관점으로 이해하는 데 도움이 되는 논쟁과 개념을 제공하기 위해서다.

이 책은 자기 숭배와 자기애를 다루었는데 현대 심리학 비평서로는 거의 첫 번째 책이라 할 수 있었다. 하지만 이 책이 출간되는 동안, 톰 울프의 유명한 논문 '나 세대'가 소개되었고, 그 후에는 크리스토퍼 라쉬의 베스트셀러 『나르시시즘의 문화(The Culture of Narcissism)』가 출판되었다. 라쉬는 현대 미국 사회에 만연한 이기주의와 자기애를 기막히도록 상세히 기록했는데, 그 대부분을 심리학과 여러 "원조 전문직"에서 도출해 냈다. 얼마 후, 데이비드 G. 마이어스는 『팽창된 자아(The Inflated Self)』라는 책을 통해 모든 것을 자신에게 유리하게 해석하려는 인간의 일반적인 경향ㅡ혹은 착각ㅡ에 대해 논했다. 성공은 자신의 업적이지만 실패는 누군가 다른 사람, 환경, 혹은 불운 등을 탓한다는 것이다. 그리고 마이클 월라크와 리즈라는 두 명의 심리학자는 프로이트 이후 모든 심리학의 주요 이론들을 망라하는 조직적인 비평서를 출간했다. 『이기주의를 허용하는 심리학(Psychology's Sanction for Selfishness)』 이란 책에서 그들은, 인간의 동기부여와 성격에 대한 현대 심리학의 모든 이론들은 자아에 대한 보상(자아의식)이라는 가정을 기초로 하며, 그것이 유일하게 효과적인 도덕 원리라는 사실을 보여주었다. 간단하게 말하자면, 자기애, 이기주의, 자기 숭배, 개인, 고립된 자아—혹은 내가 명명한 대로는 "자아주의"—에 대한 심리학의 깊은 헌신이 자세히 제시되었다는 뜻이다.

이러한 책들과 더불어 심리학 그리고 특별히는 심리 치료에 대한 일반적인 비평들도 등장했다. 하지만 이러한 비평들은 심리학의 다른 많은 약점들에 집중하느라 자아의 문제를 간과했다. 설득력 있는 일반 비평으로는 토마스 자즈의 『심리 치료의 신화(The Myth of Psychotherapy)』, 마틴 L. 그로스의 『심리학적 사회(The Psychological Society)』, 버니 질버겔드의 『미국의 몰락(The Shrinking of America)』이 있다. 심리학 전반에 대한 이러한 비종교인들의 공격은 『정신의학의 지껄임(Psychobabble)』에서 『프로이디안 프로드(Freudian Fraud)』까지 이어졌고 그 열기는 쉽게 사그라지지 않았다. 이러한 비평의 전통은 지금도 잘 알려진 필립 리프의 『치료의 승리(The Triumph of the Therapeutic)』에 의해 시작되었다고 할 수 있다.

동시에 심리학에 대한 기독교 비평 역시 더욱 고조되어 갔다. 마틴 밥간과 디드리의 『심리학적인 길과 영적인 길(The Psychological Way / The Spiritual Way)』은 심리학에 대한 기독교인들의 철저한 거부를 대표하는 작품이다. 학구적이지만 매우 효과적인 비평으로는 메리 스튜어트 밴 르우윈의 『마법사의 제자(The Sorcerer's Apprentice)』가 있고, W. 커크 킬패트릭 또한 대중적이고 통찰력 있는 두 권의 비평, 『심리학적 유혹(Psychological Seduction)』과 『벌거벗은 임금님(The Emperor's New Clothes)』으로 이러한 분위기에 동참한다. 데이비드 헌트와 T. A. 맥마혼의 『기독교의 유혹(The Seduction of Christianity)』은 극단적인 내용을 제시하기도 하지만 대부분은 적절하다 볼 수 있다. 『종교 사상과 현대 심리학(Religious Thought and the Modern Psychologies)』을 통해 돈 S. 브라우닝은 현대 주요 심리학이 제시한 도덕적, 철학적 가정들에 대해 훌륭하고 학술적인 비평 분석을 한다. 심리학에 대한 종교적 비평이 여전히 등장하는데 오스 기니스와 존 실의 『하나님 말고 하나님(No God but God)』이 그 예다. 그리고 제이 아담스의 『자신 있는 상담(Competent to Counsel)』이 이러한 기독교 비평의 원조 격이라 할 수 있다.

이후 심리학을 이해하는 방식에 많은 것들이 영향을 끼쳤다. 하지만 애석하게도 우리 사회 속에서 심리학의 역할이나 대학이 심리학에 대해 가르치는 방식에는 아무런 변화가 일어나지 않았다. 매스미디어가 심리학을 언급하는 일은 오히려 줄어들었고 그 대중성 또한 전과 같지 않았다. 하지만 우리는 여전히 리프가 말한 "치료하는 사회" 속에서 살고 있다. 자아실현, 자기달성 등은 대학교육에서 인생 자체에 이르기까지, 모든 것의 목적에 대한 표준적인 설명이 되었다. 무수히 많은 그리스도인들은 자신의 영혼을 잃는 것보다 자존감을 잃는 것을 더욱 두려워하고 있다.

매년 대학에서 심리학을 전공하는 수백수천의 학생들이 위에서 언급된 책들로 공부하거나, 비평적인 분석이 거의 다뤄지지 않는 수업들을 듣고 있다. 심리학부들과 그 수업에서는 학문적이고 지적인 논쟁은 고사하고 서로의 의견을 맹목적으로 지지하고 학생들의 등록률과 교수들의 사기를 높이는 데에만 집중하고 있는 실정이다. 따라서 나는 초판의 많은 논점들을 강조하는 동시에, 이 책이 처음 출판된 이후로 등장해 온 다른 연구들을 고려해, 새로운 개정판을 내야 할 필요성을 느꼈다.

제목이 말해 주듯이 이 책은 종교가 되어 버린 심리학을 논하기 위한 책이다. 즉, 자아를 향한 세속적 숭배, 사람들이 굳게 붙드는 세계관, 인생의 철학, 이데올로기가 되어 버린 심리학에 대한 비평서다. 좀 더 구체적으로 말하자면, 현대 심리학은 하나님을 거절하고 자아를 숭배하는 것에 기초한 세속적 인본주의의 한 형태가 되어 버렸다는 말이다. 하지만 이어지는 대부분의 비평은 종교적 태도를 전제하지 않으며, 인본주의 심리학(예를 들어 자아실현의 개념과 같은)의 추종자들은 공인된 그들의 주장에 맞서는 다른 심리학자의 비평과 마주하게 된다.

이 책에서는 기독교적 관점을 주된 비평적 태도로 견지하고 있다. 그리고 그러한 태도는 후반부에서 가장 분명히 드러날 것이다. 모든 전통적 종교들과 마찬가지로 기독교 또한 이 토론에 많은 관련이 있다. 그리고 기독교 신학에 기초한 비평적 논쟁들의 경우, 결론이 보통 다른 유신론 종교들의 것과 같거나 비슷하다는 사실을 발견하게 될 것이다. 이 연구는 다른 종교들, 특히 유대교와의 협력을 통해 이루어졌는데, 그것은 그들도 오늘날 심리학이 끼치는 영향에 맞서 우리와 같은 싸움을 벌이고 있기 때문이다.

내가 구체적으로 다룰 다섯 가지 논제들은 다음과 같다.

1. 종교로서의 심리학은 존재할 뿐 아니라 미국 도처에 강력하게 자리한다.
2. 종교로서의 심리학은 종교를 떠나서라도 여러 가지 이유로 비판받을 수 있다.
3. 종교로서의 심리학은 철저히 반(反)기독교적이다.
4. 종교로서의 심리학은 학교와 대학 그리고 사회 제도들의 광범위한 지지를 받는데 그 자금은 수백만 기독교인들이 낸 세금으로 충당된다. 세속적 이데올로기를 지지하기 위해 세금을 이렇게 사용하는 것은 중대한 정치적, 법적 문제들을 야기한다.
5. 종교로서의 심리학은 수년 동안 개인과 가족 그리고 공동체들을 파괴해 왔다. 하지만 이 세속적 학설의 논리가 최근에서야 이해되기 시작했고 더불어 많은 사람들이 자기 숭배의 공허함을 발견하게 되면서 기독교는 의미와 생명을 제공할 수 있는 역사적인 기회를 얻게 되었다.

일부 격렬한 비평에 대한 후회는 없다. 나의 비평과 관련된 문제들은 우리가 인정해야 할 시작점에 불과하며, 이들 모두는 매우 심각한 문제들이다. 그리스도인 교수들과 지성인들이 수반될 수 있는 직업적인 위험과 고립에도 불구하고 믿음을 방어하기 위해 자신의 목소리를 내야 할 때가 지나도 벌써 지났다고 할 수 있다. 사회 속에서 커 나가는 반기독교적 경향을 관찰하고 분석하기에 유리한 자리에 있음에도, 오늘날 너무나도 세속화된 신학교 교수들이 그러한 경향을 거의 알아차리지 못하고 있기 때문이다.

✹

내 개인적인 이야기를 조금 덧붙이고 싶다.[5] 다음 분석의 상당 부분은 지난 35년 동안 학생으로서, 또 심리학 교수로서 내가 직접 경험한 것에서 비롯되었기 때문이다. 나는 1953년에서 1957년 미시간 대학에서 학부과정을 공부했고 그중 마지막 3년은 심리학을 전공했다. 대학 시절 나는 익숙한 각본을 좇아 이름만 기독교이던 나의 성장 배경에 반항을 하기 시작했다. (요즘은 고등학교 시절에나 일어나는 일일 테지만.) 나는 버트런드 러셀의 책을 읽었고, 내가 무신론자라 선언했으며, "어렵게 쟁취한" 나의 독립심을 자랑스럽게 생각했다. 유일한 실망은 나의 그러한 선언에 대해 아무리 좋게 표현하려 해도 심드렁하기만 했던 다른 사람들의 반응이었다.

막연하고 피상적이던 나의 기독교 신앙이 어찌나 연약했던지, 그것을 거부한 것은 말하자면 여자 친구와의 결별보다도 덜 충격적인 사건이었다. 결과적으로 기독교에 대한 나의 의욕적인 적대감은 2학년 시절 몇 개월(적절한 기간이었던)로 꽤 짧았다. 그리고 이후 종교에 대한 긴 불가지론적 무관심이 시작되었다. 이 시절 나는 대학원 과정(1957-62)과 그 이후의 과정(1964-65)을 스탠포드 대학에서 보내며 심리학자가 되기 위해 온 힘을 기울이는 중이었다. 나는 동기부여와 성격을 전공 주제로 선택했는데, 그러한 전공은 자아주의를 배우고 가르치는 일을 포함했다.

대학원에서는 종교를 별 가치 없는 시대에 뒤진 것으로 치부한다. 어떤 사람의 종교적 신념이 성격 검사를 통해 "측정"되기도 하고 전통적인 종교적 견해를 가진 사람들이 독재적이고 권위적일 거라 쉽게 판단을 내리기도 한다. 이와 더불어 색다른 신념 체계를 연구하고 싶어 하는 사회 심리학자들의 관심도 있다. 내 경험으로 볼 때에는 인류학과 사회학이라는 학문의 태도 또한 이들과 별반 다르지 않다.

박사학위를 받고 한두 해가 지나자, 나의 관심은 실험 심리학, 특별히는 지각과 인지, 미학과 관련된 주제로 옮겨 가기 시작했다. 이렇게 변한 데에는 부분적으로 인본주의적 성격 이론이 이성적으로 혼란스러울 뿐 아니라 어리석기까지 하다는 사실을 점차 깨닫게 되었기 때문이다. 이 책에 제시된 논쟁의 상당수가 떠오른 것은 1960년대 중반 무렵이었다. 강의를 하던 중, 문득 내가 스스로도 믿지 않는 것들을 떠들고 있다는 사실을 깨달았다. 그 순간을 지금까지도 생생히 기억한다. 스스로도 진실이라고 믿지도 않는 것을 과학적 진상에 가까운 것처럼 가르치고 있다는 사실을 발견하는 것은 아무리 부드럽게 말한다 해도 당황스런 일이 아닐 수 없다.

이러한 결정적인 의구심은 계속해서 자라갔다. 1968년 즈음이 되자 나는 학사와 석사 어느 과정이든 자아 이론가들에 대해 가르쳐야 하는 수업들을 맡고 싶지 않을 정도였다. 예상치 못했던 두 가지 사건이 아니었다면 모든 것은 변함없었을 것이다. 첫째는, 내가 인본주의적 자아 이론에서 멀어지는 동안 그에 대한 대중적 열정이 전미를 휩쓸었다는 사실이다. 그리고 둘째는, 내가 기독교로 회심한 사건이었다. 나의 회심에 대해 언급할 만한 갑작스런 거듭남의 경험이라든가 신비한 체험과 같은 극적인 내용은 없다. 그저 세속적 이상의 붕괴와 조용하지만 꾸준했던 내 마음과 정신의 변화 외에는 말이다. 이 과정은 1972년 즈음부터 시작되었고, 그 이후 어느 순간 내가 그리스도인이라는 사실을 깨닫게 되었다. 물론 매우 부족했지만 분명히 나의 삶은 180도 달라져 있었다. 이것에 대해 꼭 짚고 넘어가야 할 한 가지는, 이러한 일이 준비되기는커녕 고집 세고 세속적이던 심리학자에게 일어났다는 사실이다. 자연스런 변화의 방향이 기독교적인 것과는 정반대라고 생각해 온 사람에게 말이다. 그리고 분명 심리학으로는 이러한 변화를 설명할 수 없었다. 그리스도인이 된다는 것은 내게 심리학에 대한 완전히 다른 견해를 제공해 주었을 뿐 아니라, 이미 수년 전에 시작했던 비평적 분석을 전개할 강한 동기까지 부여해 주었다.

내 개인적인 이야기와 앞에서 언급한 내용이 15년 전 내가 이 책의 초판을 집필했을 때의 정황이다. 그리고 이 책의 출판은 그 이후 내 삶에 중요한 많은 변화들을 불러왔다. 가장 중요한 점은 이 책이 비록 적지만 매우 중요한 다른 그리스도인들을 만나도록 도와주었다는 사실이다. 일부는 심리학자들이고 또 다른 분야의 학자들인 그들은 나와 마찬가지로 내가 몰두했던 문제들 중 상당 부분을 함께 씨름해 왔다. 그들의 반응과 지지에 깊은 감사를 드린다. 또한 내가 기독교 지성 공동체에 여전히 머무를 수 있는 것은 순전히 그들의 덕이다. 나는 1979년 가톨릭 신자가 되었고 그것은 지성인들과의 관계들을 더욱 확장시켜 주었다. 또한 가톨릭 신앙이 많은 개신교도들, 특별히 복음주의자들과의 우정과 동맹 의식을 방해하지 않았다는 사실에 지극히 감사하고 있다. 우리는 같은 싸움을 싸우고 있고, 또한 우리 스스로 그러한 사실을 잘 알고 있기에 가능한 일이었다.

초판을 출간한 이후 일어난 또 다른 중요한 변화는 긍정적인 "기독교 심리학"이라는 유형을 계발하기 위한 최근의 시도들이다. 상담의 서술 모형을 위한 작업과 반(反)오이디푸스로서의 예수님, 지그문트 프로이트에 대한 저술 그리고 원죄라는 개념을 지지하기 위한 정신분석적 개념을 이용한 것과 같은 노력을 그 예로 들 수 있다. 물론 나는 심리학 주요 부분들에 효과적인 세례가 가능하다고 생각하지만, 무엇이 구체화시키기에 안전한지 또 그렇지 않은지 구분하는 것은 여전히 어려운 문제다. 그리고 심리학을 치료하는 학문, 설명하는 학문으로 인정하지 않는 세상의 공격은 이러한 문제를 더욱 복잡하게 만든다. 게다가 생물학적 지식과 인간 행동에 대한 억제는 최근 몇십 년 동안 놀랍도록 증가했다. 반면 뉴에이지 영성은 기독교적 비평에는 관심이 없는 많은 사람을 상대로, 종교에 대한 일반 심리학의 해석과 영적인 삶을 간과한 비평이 엄청난 실수였다는 사실을 분명히 나타냈다. 결국 심리학은 지난 20년이라는 시간 동안 지적 기반을 생물학과 영성에게 내어주고 만 것이다. 심리학은 더 이상 어린 '과학'이 아니다. 심리학은 숙성된 학문이지만 안타까운 사실은 심리학이 자신감과 당당함을 점점 잃어가고 있다는 것이다.

그럼에도 불구하고, 기독교에 대해서 대부분의 심리학자들이 느끼는 적대감은 여전히 실제적이다. 수년 동안 나 역시 그들 중 한 사람이었고 지금도 사실 그러한 사람들에 둘러싸여 있다. 이 적대감이 기이한 것은, 심리학자들은 이것을 거의 의식하지 못하기 때문이다. 그러한 인식의 부족은 대부분 기독교가 무엇인지도 모르는 그들의 전적인 무지에서 비롯된다. 그러한 관점에서는 어느 종교든 마찬가지다. 대학들이 어찌나 세속화되었는지 대부분의 교수들은 더 이상 그들이 왜 기독교에 반대하는지 논리적 설명을 덧붙이지 못한다. 그들은 단지 그리스도인이 된다는 문제는 이미 과거 어느 시점에서 모든 이성적 사람들에게는 부정적인 것으로 결론이 내려졌다 가정할 뿐이다.

하지만 1970년대 중반 이후로 떠오른 적대감에는 한 가지 흥미로운 차이점이 있는데, 그것은 전 세계적으로 종교가 여전히 건재하다는 사실 때문이다. 가장 분명한 예는 이슬람 세력이다. 하지만 폴란드에게는 가톨릭 신앙이 중요했으며, 구소련 공산 체제의 몰락에 동방정교가 중요한 역할을 했다는 사실은 모두가 알고 있을 것이다. 또한 미국을 들끓게 하는, 이른바 종교적 권리와 낙태 문제는 기독교가 어느 정도 세속화되었을 뿐만 아니라 삶과는 전혀 무관한 종교라는 주장이 거짓이라는 사실을 잘 보여 준다. 게다가 정통파 유대교와 하시디즘은 이스라엘은 물론 전 세계에서 놀랄 만한 생명력을 보여 주고 있다. 반면 자유주의 기독교와 자유주의 유대교는 뒷걸음질을 치는 실정이다. 또한 그토록 중요했던 정치적 "종교"인 사회주의는 어떠한가? 그것은 무너져 이미 흔적도 없이 사라져 버렸다. 따라서 오늘날 종교적 실재와 분리되어 자신만의 세속적 탑에 올라 종교를 바라보는 학자들의 모습은 전에 비한다면 더 걱정스러워 보이면서도 잘난 체하는 무관심은 덜하다. 하지만 그들의 적대감과 무지는 여전하다.

※

마지막으로 우리의 토론이 어떤 종류의 심리학들을 다루지 않을 것인지에 대해 언급해야 할 것이다. 먼저, 우리는 실험 심리학(감각, 지각, 인지, 기억, 문제 해결과 관련된 문제들을 연구하는)을 이 토론에 포함시키지 않을 것이다. 보통은 대학이나 연구소에서 다루는 이 심리학은 생물학, 물리학, 수학 등의 다양한 내용들로 이뤄진 자연과학의 한 분야이기 때문이다. 둘째, 행동주의라고 알려진 (가장 잘 알려진 예는 아마도 B. F. 스키너일 것이다) 심리학의 이론이나 철학 또한 다루지 않을 것이다. 그 이유는 그런 심리학은 인본주의적 자아 심리학과는 거의 연관이 없으며, 따라서 그것에 대한 비평 또한 우리의 토론과 관련이 없기 때문이다. 행동주의에 관한 비평은 과거에 이미 있었고 거기에 특별히 덧붙일 내용이 없다. 비슷한 맥락으로 행동 수정이라 알려진 행동주의의 치료 결과 또한 포함시키지 않을 것이다. 그 이유는 행동 수정의 기술과 원리가 실험 심리학의 일부이며, 그것의 철학은 행동주의의 일부이기 때문이다.

셋째는 정신분석인데, 그것은 자아 심리학의 상당 부분이 더욱 복잡하고 무의식적이며 "비관적"이고 보수적이며 잘 통솔된 프로이트의 이론과 방식에 대한 반응이기 때문이다. 정신분석에 대한 면밀한 비평을 위해선 자아와는 무관한 많은 소재들의 기술적 용어가 필요하다. 이것은 현재의 논의를 무척이나 장황하게 늘어지게 만들고 또한 주된 초점을 흐리게 만들 소지가 크다.

이 책을 처음 집필했을 때 나는 초개아적 심리학을 다루지 않았었는데 그 이유는 그것이 당시에는 매우 새로웠으며 그 심리학이 앞으로 무엇이 될지 가늠하기 어려웠기 때문이다. 하지만 증보된 개정판에서는 그들의 심리학적 전제에 초점을 맞추어, 9장을 초개아적 심리학의 비평과 뉴에이지에 투자하려고 한다.

토의에 포함시키지 않을 마지막 대상은 환자들의 삶 가운데 접하는 실제 종교적인 문제들을 인정하고 존중할 뿐 아니라 그들에게 반응하기도 하는 심리학자들이다. 이들의 규모는 그리 크지도 않고 쉽게 분류할 수도 없다. 여기에는 개인적으로 종교에 헌신한 이들과 그럴 만한 경우 자신의 믿음을 치료 과정에 통합시키기도 하는 심리학자들이 포함된다. 하지만 믿음이 없는 심리학자들도 포함될 수 있는데, 그들은 통찰력을 통해 진실한 무언가의 표면적 대체이자 심리 치료의 부패한 형태로서 존재하는 심리학이라는 현대 종교를 거부하기 때문이다. 심리학과 종교 사이에 궁극적으로는 강력하고 신실한 협력이 가능하리라는 소망의 기초를 제공하는 것은 바로 이러한 심리학자들이다.

　이러한 부분을 생략함에도 불구하고, 우리는 아직도 상당히 많은 현대 심리학을 살펴보아야 한다. 사실 오늘날 활동 중인 대부분의 심리학자들은 인본주의적인 자아 이론의 영향을 많이 받아 왔다. 미국의 많은 정신분석학자들은 자아 심리학을 지나칠 만큼 받아들여 그들이 과연 프로이트 파인지 구분해 내기가 어려울 정도다. 마찬가지로 행동 수정 치료 전문가들 또한 자신들의 삶에서는 물론 직업적 윤리에서까지 자기실현, 혹은 자존감이라는 다른 철학들을 빈번히 지지하고 있다. "자존감", "자기실현"과 같은 개념들에 오랫동안 몸을 담은 교육 심리학도 예외가 아니다. 간략히 말해, 미국의 절충주의로 말미암아, 오늘날 거의 모든 심리학이 이 책에서 비판하게 될 다수의 이론들을 형성하게 되었다는 것이다.

1 심리학의 사도들

　나는 현대 심리학의 강력한 종교적 본성에 대해 설명하면서 이 책을 시작하려고 한다. 이번 장은 이와 관련된 칼 융―자아 심리학의 창시자라고 할 수 있는―의 이론적 입장과 그에 이어 더욱 근래의 자아 이론가들인 에리히 프롬, 칼 로저스, 에이브러햄 매슬로 그리고 롤로 메이의 입장을 간략한 형태로 제시할 것이다. (메이는 실존주의 심리학의 대표자로서 중요한 인물이다.) 이들을 비롯해 또 다른 자아 이론가들의 인기에 대해서는 다음 장에 간략히 묘사, 비평할 것이다. 그리고 자아 이론 입장의 일반적 가정들에 대한 더욱 자세한 비평은 그 이후의 장에서 다룰 생각이다.

　가장 영향력 있는 자아 이론가들로 나는 융, 프롬, 로저스, 매슬로 그리고 메이를 선택했다. 자아 이론에 공헌한 다른 심리학자들도 있었지만 그들은 위의 이론가들만큼 자아의 개념에 전적으로 몰두하지 않았기 때문에 굳이 상세히 다루지 않을 것이다. 예를 들어 1930년대와 40년대 하인츠 하트만과 안나 프로이트를 비롯하여 다른 이론가들이 분쟁 없는 자아의 영역이나 자아 방어 기제와 같은 개념들을 주장했는데, 이들의 이론에 찬성했던 정신분석학적 자아 심리학자들은 순수한 자아심리학자들이라고 할 수 없다. 그것은 그들이 전통적인 프로이트주의 태도에 그대로 머물렀기 때문이다.[1] 일찍이 전통적 프로이트주의를 벗어난 랭크, 애들러, 호나이와 같은 유명한 이론가들의 이론 또한 자아를 강조하지만, 그다지 강력하지는 않은 편이다. 그러나 우리가 생략한 이 이론가들까지는 자아를 실제로 강조한다. (예를 들어 애들러는 창조적 자아의 개념에 대해, 호나이는 자기실현에 대해 관심을 가졌다.) 그들의 생각과 영향은 우리가 다음에 제시하는 다른 주요 이론가들의 것과 흡사하다.[2]

칼 융

융은 1875년 스위스에서 태어났다. 그의 아버지는 스위스 개혁주의 교회의 목사였지만 그는 자신의 아버지와 아버지의 종교에 반기를 들었다. 1900년 의학 학위를 받은 융은 정신의학 전문의가 되었고, 얼마 후 지그문트 프로이트를 만났다. 그리고 둘은 이후 몇 년 동안 공동으로 연구를 진행했다. 하지만 둘 사이에 심각하고 돌이키기 어려운 단절이 생기게 되었다. 그것은 융이 성(性)에 대해 극단적으로 강조하는 프로이트를 비판했을 뿐 아니라, 정신 병리학보다는 사람들의 영적 필요에 더 관심이 있었기 때문이다.

실제 융은 심리 치료의 종교적 본성에 대해 잘 알고 있었다. 그뿐 아니라 그의 글에는 신학적인 분위기가 물씬 묻어난다. 『융에 대답하다(*An Answer to Job*)』는[3] 폭넓고 비정통적인 영적 해석의 좋은 예다. 종교적 문제에 대한 융의 분명한 인식은 그의 글에 잘 드러난다. "환자들은 심리 치료사들에게 제사장의 역할을 강요하며, 또한 심리 치료사들이 자신을 고뇌로부터 해방시켜 주기를 기대하고 요구한다. 그것이 신학자들에게나 속한 문제들을 왜 우리 심리 치료사들이 고민해야 하는지에 대한 이유다."[4]

프로이트의 심리학과는 달리 융의 심리학은 치료뿐 아니라 인생 전체를 위한 의식적 목표를 세워 주는 긍정적이고 통합적인 개념을 제공한다. 따라서 융은 고뇌에서 전반적으로 벗어나게 해 주기를 요구하는 환자들로부터 프로이트보다 훨씬 더 긍정적인 반응을 얻어냈다.[5] 융의 수제자인 야코비는 환자의 기본적인 종교적 필요성에 대한 융의 명확한 대답을 이렇게 요약했다.

> 융의 정신 치료는…치유와 구원의 방법, 두 가지 의미를 모두 지닌 독일어, Heilsweg로 요약될 수 있다. 이 단어에는 치유의 능력은 물론… 또한 사람을 '구원'으로 인도할 길과 방법이 담겨 있다. 그리고 이 '구원'은 영적 싸움의 한결같은 목표인 인격에 대한 지각과 성취라고 할 수 있다. 융의 사고 체계는 어느 정도까지만 이론적으로 설명이 될 수 있다. 그것을 완전히 이해하기 위해서는 그것을 경험해 보아야 한다. 혹은 자기 안에서 그것이 활발히 행동하는 것을 "겪어 보아야만" 한다. 따라서 의학적인 관점을 벗어난 융의 심리 치료는 교육적이고 영적인 길잡이의 형태라고 할 수 있다.[6]

이러한 융의 변화의 과정은 "도덕적으로나 지성적으로 굉장히 어려운 과제이며, 따라서 은혜로 선택받고 또 은혜를 입은 복된 소수 외에는 이것을 성공적으로 성취할 사람이 없다"[7]라고 야코비는 말을 이어간다. 융의 변화의 과정에서 마지막 단계는 자기실현이라고 부르는 개성화가 실제로 일어나는 과정이다. 그리고 사실 이 자기실현, 혹은 자기현실화라는 목표의 핵심은 유대 기독교의 "하나님과 이웃을 사랑하라"는 명령을 "자신을 알고 또 표현하라"는 다른 명령으로 대체해 버린 영지주의라고 할 수 있다. (많은 면에서 모든 현대 심리학은 특별하고 다소 난해한 지식을 강조한 덕에 그것의 이론적 신념이 무엇이든 거대한 영지주의 이설의 일부로 해석될 수 있다.)[8]

아주 간단히 말해, 이 자기실현이라는 과정은 (1) 환자가 자신의 집단적, 개인적 무의식 속에서 (구조와 욕망의) 원형들을 발견하고 이해하는 것과 (2) 환자의 삶 속에서 이러한 원형들을 해석하고 표현하는 것을 포함한다. 어느 경우든 융의 모형은 인생의 목표가 자기실현이라고 단순하게 가정한다. 인생의 목표와 목적으로서의 자기실현은 과학적으로는 납득이 불가능하고, 이것은 분석되지 않은 철학적, 도덕적 가정에 기초한다.

그렇지만 융의 심리학이 (자기실현이라는) 개성화에만 노골적으로 집중하는 것은 아니다. 그것은 환자의 꿈이나 글, 그림 등의 상징적 해석에도 관심을 둔다. 여기에서 융의 분석은 환자의 집단적, 개인적 무의식과 원형 그리고 다른 개념들에 집중한다. 융은 환자의 기본적인 종교적 관심을 인정하는 동시에 자신의 심리학을 환자의 원형적 종교적 동기의 표현에 직접적으로 적용시킨다.

현명한 노인(하나님의 원형인)에 대한 꿈, 거듭남에 대한 꿈 등이 그 예다. 융의 학파가 심리학을 종교적 상징으로서 발견한 것은 중요하다고 할 수 있다. 그러나 인간의 내면적 삶에 집중함으로써 종교적 무의식이라는 심리적 경험을, 지금도 역사하시는 초월적인 하나님으로부터 비롯된 참된 종교적 경험과 맞바꿔 버리는 것은 정말로 위험한 일이다. 그리고 이러한 실수를 하는 사람들이야말로 진정 심리학을 종교로 대체하는 사람들이라 할 수 있다.[9]

에리히 프롬

1900년 태어난 에리히 프롬은 하이델베르크와 프랑크푸르트, 뮌헨에서 자랐고, 베를린에서 정신분석 교육을 받았다. 1933년 미국으로 건너온 그는 남은 일생의 대부분을 미국과 멕시코에서 보냈다. 프롬은 원래 프로이트파 정신분석학자였지만 1930년대 그 이론을 박차고 나왔다. 프롬은 인간의 생물학적 본성을 강조하는 프로이트 이론을 거부했는데, 특히나 공격성(죽음의 본능)을 인간 본성의 근본적 부분으로 포함시킨 프로이트에 반론을 제기했다. 프로이트는 성(性, 생의 본능)만큼 공격성을 중요하게 여겼지만, 프롬은 반대로 인간 성격의 결정적 요인은 사회라고 강조했다. 특별히 프롬은 인간의 본성이 본래 선천적으로 선하다고 묘사했으며, 모든 나쁜 것(악)은 사회의 탓이라 주장했다. 특별히 사회 때문에 자아가 자신의 잠재력과 표현을 부인해야 할 경우라면 더욱 그렇다고 했다. 사회의 무의식적 영향력 외에도 프롬은 무의식이라는—꿈과 같은—전통적인 정신분석적 이론들을 무시했다.

프로이트 전통과 단절했지만 그의 영향을 깊이 받았던 프롬은 종종 그를 인용하거나 비평했다. 프로이트와 마찬가지로 그에게도 문화적 신념 체계와 그 체계를 신봉하는 사람들을 심리학적 유형으로 분류하려는 경향이 있었다. 자본주의 사회의 "착취적" "시장적" 성격 유형과 삼위일체 기독교 교리에 대한 "권위적" "퇴보적" 확신이 그 예다.[10] 다음은 프롬의 전형적 주장이다.

지난 수백 년에 걸쳐 긍지와 낙관의 정신이 서구 문화를 특징지었다… 인간의 긍지는 이미 정당화되었다. 인간은 이성의 힘으로 물질적 세상을 꿈이나 동화, 심지어는 유토피아의 이상마저 넘어서는 실재로 만들었다. 인간이 장악한 물리적인 에너지는 인류가 기품 있고 생산적인 삶을 살기에 필요한 물질적 조건들을 얻을 수 있도록 해줄 것이다. 인간의 목표들 중 상당 부분이 아직은 이뤄지지 않았다고 해도, 곧 그것들을 성취하게 되리라는 사실과—과거에는 문제가 되었던—생산의 문제가 원칙적으로는 이미 해결되었다는 사실에는 의심의 여지가 없다.[11]

같은 책 다른 부분에서도 그는 인간 성격의 낙관적 특성에 대해 같은 어조로 이야기한다.

나는 성숙하고 원만하며 생산적인 인간의 성격 구조는 "덕"의 근원과 기초를 포함한다는 사실과, 마지막 분석을 통해서는 "악"이 한 사람의 자아나 자해와는 무관하다는 사실을 보여 주기 위해 노력할 것이다. 자기 포기도 이기심도 아닌 자신의 진정한 인간적 자아에 대한 긍정만이 인본주의적 도덕의 최고 가치이다. 인간이 가치를 신뢰하기 위해선 자기 자신 그리고 선과 생산을 향한 자신의 본질적 능력을 깨달아야 한다.[12]

이러한 견해에서 이웃 사랑과 같은 가치는 인간의 능력을 초월하는 것처럼 전혀 비쳐지지 않는다.

이것은 사람 안에 내재되어 그 사람에게서 뿜어나는 것이다. 사랑은 사람 위로 내려오는 더 높은 힘이 아니며 사람에게 지워진 의무도 아니다. 이것은 사람이 자신을 세상과 연결하고 자신을 참된 자신의 것으로 만들어 주는 자기 자신의 힘이다.[13]

인간 본성 자체가 무엇인지에 대한 인간의 견해에는 물론 그에 대한 결과가 따르기 마련이다.

인간은 무엇이 선한지 알 수 있을 뿐만 아니라 선천적 잠재력과 이성의 힘으로 그것에 따라 행동할 수 있다는 인본주의적 도덕의 입장은 인간의 선천적인 악의 교리가 사실일 경우에는 이치에 맞지 않을 것이다.[14]

기독교에 대한 프롬의 적대감은 『그리스도의 교리(*The Dogma of Christ*)』에서 분명히 나타난다. 그는 그 책에서 하나님에 대한 믿음은 "지배자들의 동맹"으로서만 기능한다고 주장한다.[15] (이러한 그의 입장으로는 예를 들어 소련이나 알바니아, 중국과 같이 무신론적 지배자들에 의해 기독교 성도들이 핍박받는 상황을 설명할 수가 없다. 게다가 동방 유럽과 소련의 사회주의 몰락은 그의 주장을 간단히 말해 우둔한 것으로 만들 뿐이다.) 프롬은 기독교가 프롤레타리아 계급에서 등장했다고 주장했다. 정치적, 사회적 변화를 향한 그들의 소망이 좌절된 이후 초자연적 상상 세계 속에서 그들이 구원을 찾게 되었다는 설명이다.[16] 그의 종교적 입장은 『너희도 하나님처럼 되리라(*You Shall Be as Gods*)』에 또한 분명히 나타난다. 신의 개념은 인류가 하나님이라는 데까지 진화했고, 또한 만일 거룩한 것이 존재한다고 해도 그것의 중심은 자신과 다른 사람들의 자아 속에 있다고 그는 말한다. 프롬의 이상적인 사회는 그가 『건전한 사회(*The Sane Society*)』에서 자세하게 설명한 대로 인본주의적인 공산 사회주의이다.

프롬의 글에는 무신론주의와 물질주의, 정치적 견해는 물론 그 외 다른 가치들까지 심리학적 견해와 지나치게 엉켜 있어 그중 당연히 과학적이라 치부될 수도 있는 주장들조차 식별해 내기 어려울 정도다.

칼 로저스

칼 로저스는 미 중서부 출신으로 1902년 태어났다. 그는 "근면과 보수적인 개신교 가치를 존중할 뿐 아니라 가족 간의 관계가 비교적 긴밀한 대가족에서 태어난 가운데 자녀"로 자신을 묘사한다.[17] 1924년 그는 위스콘신 대학을 졸업하면서 농업 과학에서 목회 준비로 방향을 전환했다. 이후 뉴욕의 유니온 신학교에서 공부했는데 그곳에서 종교에 대한 자유주의적 철학 견해를 접하게 되었다. 짧았던 해외 체류 기간 이후로 그는 기독교를 떠났다. 명확히 진리라고 생각하지 않는, 어떤 고정된 신념 체계들에 영향을 받지 않고 인간을 돕겠다고 결심했기 때문이다. 컬럼비아 대학교의 교육대학으로 적을 옮긴 그는 그곳에서 존 듀이(John Dewey)의 사상을 접했고 1928년 박사학위를 받았다.

다양한 심리 이론들을 접한 로저스는 자신만의 견해를 전개시켰는데 그의 견해는 매우 큰 영향력을 끼쳤다. "비지시적 기법"이나 "내담자 중심 요법"이라 불리던 그의 치료 기술은 생략하고, 이 책에서는 그의 성격 이론과 치료 목표에만 집중할 계획이다. 『인간적 성장(On Becoming a Person)』은 그런 목표에 적합한 작품이다. 로저스는 치료의 목표를 이렇게 말했다.

> 진실하고 투명한 관계를 맺고, **다시 말해서 실제 자기 감정에 충실한 사람이 되고, 다른 사람을 개별적인 존재로 따뜻하게 받아들이고 존중해 주며**, 또 타인을 바라보듯 자신이 속한 세상과 자신을 바

라볼 수 있는 섬세한 능력이 있다면, 만일 이렇게 설명할 수 있는 관계를 맺을 수 있다면, 그 관계의 상대는 이전에 억눌러 왔던 자신의 다른 면들을 경험하고 이해하게 될 것이다. 또한 더욱 효과적으로 기능하여 **더 완전한 사람이 되어 갈 것이다.** 그리고 그가 목표로 삼았던 사람에 더욱 가까워질 것이다. **더욱 자기 주도적이고 자신감에 넘치는 것은 물론 더욱 인간적이고 독특하며 더욱 효과적으로 자기를 표현하게 될 것이다.** 다른 사람들을 더욱 잘 이해하고 잘 받아들이게 될 뿐 아니라 더욱 적절하고 편안히 인생의 문제들을 상대하게 될 것이다.

나는 환자와의 관계, 여러 학생들이나 직원들과의 관계, 내 가족이나 자녀들과의 관계, 그 어느 관계에 대해서든 이러한 진술이 적용될 수 있다고 믿는다. **여기에서 우리는 창의적이고 순응적이며 자주적인 인간을 키워 낼 수 있다는 약동하는 가능성을 얻게 되는 것은 아닐까.**[18]

한때는 제한적이고 전문적이던 심리 치료가 이제는 모든 삶의 관계들에 적용되고 있다. 로저스의 글은 프롬의 글보다 더욱 치료의 과정에 집중하는 동시에 많은 문화적, 역사적 주제들에 대해서는 간과하는 경향이 있다. 그는 치료를 변화하고 자라가는 자아의 과정으로 해석한다.

나는 환자가 받아들여지는 그대로 자기 자신을 경험한다고 가정한다. 그것은 그가 어떤 감정이든—두려움, 절망, 불안, 분노— 그가 어떤 방식으로 표현하든 — 침묵, 몸짓, 눈물, 혹은 말 — 또 그 순간 환자가 자신을 어떠한 모습으로 느끼든 환자는 **자신의 있는 모습 그대로 치료사에 의해 받아들여졌다고 느낀다는 뜻이다.**[19]

더욱 분명한 어조로 로저스는 그의 치료 이론에 대해 다음과 같이 설명한다.

> 물론 그러한 과정이 가능하긴 하지만, 나는 개인이 고정된 상태 혹은 항상성의 상태에서 또 다른 방식의 고정된 상태로 변하는 것은 아니라는 사실을 깨닫게 되었다. 하지만 고정된 상태에서 변화하는 상태로, 고정된 구조에서 유동적인 구조로, 정지된 상태에서 과정으로 움직이는 것이 훨씬 더 중요한 연속성을 지닌다.[20]

치료 과정의 첫 단계에서 환자는 고정되고 정적이며 완전하게 막힌 상태다. 자신의 느낌이나 감정을 인지하지 못하거나 아니면 그것들을 물질적인 외부 환경의 탓으로 돌린다는 것이다. 하지만 (일곱 단계 중) 두 번째 혹은 세 번째 단계의 환자들은 이렇게 묘사될 수 있다.

> "문제는 얼마나 개방적인 태도로 결혼생활에 임하는가예요. 만일 직업을 자기 자신인 것처럼 생각할 정도로 직업이 중요하다면, 당연히 그것은 당신의 관계를 제한하게 될 겁니다."

이 인용에서 자아는 꽤나 동떨어진 대상이다. 따라서 두세 번째 단계로 분리하는 것이 적절할 것이다.

위와 같은 말은 주로 다른 것들 속에 존재하는 반사된 대상으로서 자아를 표현한 것이다.

현재는 나타나지 않는 느낌이나 개인적 의미에 대한 표현과 묘사들 또한 담겨 있다.

감정에 대한 용납이 거의 없다. 대부분 감정은 부끄럽고 나쁘고 비정상적이며 다른 방식으로는 받아들이기 어려운 것으로 표현된다.[21]

로저스는 다섯 번째 단계를 다음과 같이 묘사한다.

감정은 현재의 것으로 자유롭게 표현된다.
"저는 심하게 거절당할 거라고 예상해요. 늘 그래요… 선생님에게서조차 그런 감정을 느끼고 있는 걸요… 그것에 대해 이야기를 하기는 어려워요. 저는 선생님께 되도록이면 최선의 모습을 보이고 싶거든요."

감정은 완전한 경험과 매우 가까이에 있다. 환자들은 두려움과 불신을 느낌에도 불구하고 그와 함께 완전하고 직접적인 감정이 "끓어오르고" 또 "새어 나온다."

"그냥 튀어 나왔어요. 저도 왜 그런지 이해하기는 어려워요. (긴 침묵) 저는 두려움이 무엇인지 이해하려고 노력하는 중이에요."

환자는 외부의 사건에 대해 이야기하고 있다. 그러다 갑자기 고통과 비탄에 빠진 얼굴을 한다.
치료사: "뭐지요? 뭣 때문에 그런 거예요?"

환자: 모르겠어요. (눈물을 흘린다)… 제가 이야기하고 싶지 않은 뭔가에 너무 지나치게 가까이 다가갔나 봐요.[22]

로저스 이론의 정점은 가장 높은 단계인 일곱 번째 단계로 다음과 같이 요약된다.

설명되었던 모든 요소들과 맥락들이 따로따로 인식되고 이해되던 고정된 상태에서 이 모든 맥락들이 서로 분리될 수 없이 연결되는 유동적인 절정의 순간으로 이 과정은 움직여 간다. 그러한 순간에 일어나는 직접성이라는 새로운 경험 속에서 감정과 인식은 상호 침투하며, 자아는 경험 속에 주관적으로 존재하고, 의지는 유기적 방향의 당연한 수행원으로서 따라오게 된다… 이제 사람은 흐름, 움직임의 개체가 된다… 또한 변화라는 통합적 과정이 된다.[23]

에이브러햄 매슬로

에이브러햄 매슬로는 1908년에 태어나 브루클린에서 자랐고 위스콘신 대학교에서 공부했다. 그 후에는 뉴욕의 컬럼비아 교육 대학과 브루클린 대학에서 일찍이 교직 생활을 했다. 자아에 대해 그가 독립적으로 전개한 이론은 로저스의 이론과 흡사하지만 그의 독특한 개념들에 대해서는 언급할 만한 가치가 있다.

매슬로는 인간 욕구의 단계설을 주장한다. 이 단계들의 기초가 선천적이라는 가정 아래, 이 욕구들은 비교적 정해진 순서대로 충족이 된다. 기본적인 생리적 욕구에서 시작해서, 안전의 욕구, 그다음에는 소속과 애정의 욕구, 자기 존중과 지위에 대한 욕구가 충족된 후에는 마지막으로 가장 높은 욕구인 자아실현을 추구하는 것이다. 아랫단계의 욕구들이 먼저 충족되어야 한다는 전제에도 불구하고, 마지막 욕구야말로 인간에게는 가장 특징적인 욕구이다. 이 마지막 욕구가 충족된 사람은 자아가 실현된 사람으로서 다음에 이어지는 특징들을 갖춘 이상적 모범이라 할 수 있다.

(1) 실재에 대한 효과적인 인식과 그것에 대한 편안함
(2) 자아와 다른 사람들에 대한 용납
(3) 자발성
(4) 문화에 얽매이지 않은 자주적인 자아
(5) 창조성(자아 이론가들이 주장하는 이상적인 인간의 공통적인 특징)
(6) 광대하고 신비한 경험인 지고(至高)의 체험(하지만 매슬로에 따르면 이 지고 체험은 자연적인 현상이지 초자연적 현상은 될 수 없다.)
(7) 민주주의, 평등주의, 인본주의 특징의 구조와 가치[24]

이러한 자아실현의 모범들이 가진 필수적 특징을 묘사한 매슬로의 글에는 심오한 의미가 담겨 있다.

몇 세기 이전 우리는 이러한 사람들을 하나님의 길을 걷는 경건한

자들이라 불렀다. 이들 중 몇몇은 자신이 하나님의 존재를 믿는다고 주장했지만 그들이 말하는 하나님은 인격적 대상이라기보다는 추상적인 개념에 가까웠다. 만일 종교를 사회적 행동의 개념으로만 정의할 수 있다면, 무신론자를 포함해 이 모든 사람을 종교적인 사람들로 볼 수 있다. 하지만 초자연적 요소와 제도적인 교리를 포함하고 강조하기 위해(물론 이것이 더욱 일반적인 표현이다) 종교를 더욱 보수적인 용어로 논한다면, 우리의 대답도 매우 달라질 것이다. 그러한 경우에는 다른 어떤 개념도 종교적이라고 할 수 없다.

[창조성은] 우리가 연구하고 관찰한 모든 사람들의 공통적인 특징이다. 여기에 예외는 없다. 이들은 어떠한 방식으로든 특정한 종류의 창조성과 독창성 그리고 창의성을 보여 준다…먼저 이것은 모차르트 같은 이가 보여 주는 특별한 창조성과는 다르다. 우리가 이해하기 어려운 특별한 능력을 보여 주는 이른바 천재들의 창조성이 있음을 인정할 수밖에 없다…여기에서 살펴보는 것은 그런 특별한 창조성이 아니다. 그것은 우리의 심리적 건강이나 기본적 만족과는 아무런 상관이 없기 때문이다. 사실 자아가 실현된 사람의 창조성은 아직은 티 없는 어린이들의 순진하고 보편적인 창조성에 더 가깝다.[25]

매슬로는 이러한 세속적인 성자들의 예로 다음의 사람들을 언급한다. 생의 마지막 무렵의 링컨, 토머스 제퍼슨, 아인슈타인, 엘리노어 루즈벨트, 제인 애덤스, 윌리엄 제임스, 스피노자, 월트 휘트먼, 소로, 베토벤, 조지 워싱턴 카버, 괴테, 유진 V. 뎁스, 알베르트 슈바이처 등이 그 예다.[26]

롤로 메이와 실존주의 심리학

우리가 마지막으로 살펴보게 될 이론가는 롤로 메이다. 그는 미국의 자아 심리학에 영향을 끼친 실존주의 철학의 좋은 예로서 매우 중요한 인물이다. 1909년에 태어난 그는 오벌린에서 인문학사, 유니언 신학교에서 신학학사 그리고 컬럼비아 교육 대학에서 박사학위를 받았다. (그의 교육 배경은 로저스와 매슬로의 교육 배경과 놀랍도록 비슷하다. 이들 모두는 5대호 주변의 주에서 뉴욕 시와 컬럼비아 교육 대학으로 옮겨왔을 뿐 아니라 그중 두 사람의 경우는 길 건너 유니언 신학교를 다니기까지 했으니 말이다.) 비엔나에서 처음으로 심리 치료를 공부하는 동안 유럽의 실존주의에 영향을 받은 메이는 자아 이론에 특별한 공헌을 했다.

철학으로서 실존주의를 정확히 설명하기는 무척이나 어렵고, 실존주의적 치료도 마찬가지다. 하지만 자아 이론이라는 틀의 특징적인 요소를 상징하는 몇 가지 특정한 주제들을 실존주의적 치료에서 분리해 내는 것은 가능하다.

중심 개념은 "거기에 존재하다(being there)"라는 현존(Dasein)의 개념으로, 이것은 자신의 존재에 대한 강렬한 기본적 인지를 의미한다. 메이의 환자였던 한 젊은 여성은 이 기본적인 경험을 이렇게 묘사한다.

그러면 무엇이 남죠? 남는 것은 "존재하는 나"입니다. "존재하는 나"와 접촉하고 받아들이는 행위는, 한번 이해하기만 한다면, (이렇게 생각하는 것이 처음인) 내가 존재하기에 내게는 존재할 권리가 있다는 사실을 경험하게 해 줍니다.

　이러한 경험을 무엇에 비교할까요?…이것은 나 자신이 살아 있다는 경험입니다…데카르트에게 이렇게 말하는 거죠. "나는 생각하고, 느끼고, 행동한다. 고로 나는 존재한다."[27]

이 "존재하는 나"에 대한 경험은 존재에 대한 기초적 경험이다. 메이는 비록 이 경험 자체가 환자의 문제에 대한 해결책은 아니더라도 성공적인 분석을 위한 필수적 조건이라고 주장했다.

존재의 중요한 속성 가운데 하나는 알고 경험하는 자아와 알고 경험되어진 대상을 구분하지 않는다는 것이다. 대신 존재라는 개념은 "자아와 르네상스 직후 서양의 사상과 과학을 매혹시켜 온 대상 사이의 균열을 제거하고 인간을 이해하고자 하는 실존주의적 노력"의 일부라고 할 수 있다.[28] 또한 존재의 상태는 그것의 반대, 즉 비존재 혹은 무의 상태와 분리될 수 없다. 특별히 죽음의 형태로 비존재를 인식하고 대면하는 것은 고뇌(공포 혹은 불안)라는 강력하고 편만한 감정을 불러일으킨다. 실존주의 사상의 중심에는 "곧 닥쳐올 비존재라는 위협적 경험"과 같이 불안이라는 일반적인 상태가 자리한다.[29]

이러한 존재는 "세계 속 존재"로서 세계, 혹은 우주 속에서 인식된다. 실존주의적 세계에는 "주변," 즉 환경을 의미하는 Umwelt, 다른 사람들과 "함께하는 세계," 즉 우리의 사회적 대인관계들을 의미하는 Mitwelt, 그리고 "자신의 세계," 즉 자아와 자신과의 관계를 의미하는 Eigenwelt, 이렇게 세 가지 양상이 있다. 이 세계들 중 둘 혹은 세 가지 모두를 동시에 경험할 수도 있지만 이들을 하나로 합쳐 생각한다면 이들은 우리의 존재의 경험이 일어나는 무대에 불과하다.

실존주의에서 중요한 한 가지 개념은 자기 계발의 과정과 자기 잠재력의 달성을 의미하는 "생성(生成)"이다. 이러한 과정은 자기 달성의 과정을 자아가 스스로 선택하면서 이루어진다. 선택이라는 행위가 자아를 최초의 존재에서 선택으로 창조되는 본질과 함께 실현된 자아의 상태로 인도하는 것이다. 자아는 최초부터 (존재하는 나로) 존재하지만 이 존재에는 선험적 본질이 없다. 대신 선택이라는 행위를 통해 자아의 본질이 창조된다. 자아는 비존재와 고뇌라는 비존재의 경험을 인지하고 직면하면서 용감하게 이러한 선택들을 하게 되는 것이다. 따라서 자신의 잠재력이 계발되지 못할 경우, 혹은 잠재력을 구현할 수 있는 기회를 가로막거나 무시할 경우 죄의식이 일어난다. 그리고 우리는 이전 자기 계발의 수준을 넘어서는 실존적 자아의 중요한 능력을 초월이라고 부른다. 따라서 자기 잠재력이 계발될 때 각각의 새로운 단계는 이전의 단계를 초월하게 되며 이러한 과정이 바로 "생성"이다.

롤로 메이는, 칼 로저스가 실존주의와 직접적인 연관은 없었지만, 특별히 생성을 강조하고 치료사 자신과 환자에 대한 직접적인 경험을 강조함으로써 중요한 실존주의적 양상들을 담은 치료법을 개발했다는 사실을 지적한다.

치료사가 상대의 내면세계에 대해 선호하고 믿으며 이해하게 되면 뜻 깊은 생성의 과정으로 이어질 수 있다. 나는 그런 전제와 믿음을 가지고 치료적 관계를 시작한다. 정확한 진단을 내리고 치료를 장담하는 과학자나 의사로서가 아니라, 개인적인 관계를 맺는 사람으로서 그 관계 속으로 발을 들인다. 내가 환자를 어떤 대상으로 보는 한, 그는 오직 대상이 되려고만 할 것이다.[30]

마지막으로 중요한 것은, 인간 존재에 대한 자연과학은 불가능하다는 것이 실존주의 심리학의 주장이다. 장 폴 사르트르는 이것을 "사람을 사실화된 원리, 결정된 욕구 혹은 대상이 소유본능을 일으키듯 자아가 일으킨 무엇으로 분석하거나 축소하는 것"에 대한 거절로 표현했다.[31]

요약하자면 ─ 실존주의 철학과 마찬가지로 ─ 실존주의 치료는 최초의 존재를 인지하지만, 그 자아가 비존재와 공포라는 관련된 감정을 직면한다는 분리된 자아에서 시작한다. 치료사가 전적으로 존중하고 용납하는 이 자아는, 비존재를 마주하면서 용감하게 자신이 내린 결정들을 전개하라는 격려를 받는다. 잠재력의 성취를 가져다 줄 결정들을 말이다. 이러한 초월적 행위, 즉 선택을 통한 생성은 또한 개인의 본질을 창조한다. 반면 자기 잠재력을 성취하지 못할 경우, 그 실패는 죄의식을 불러온다. 이러한 과정이 성공으로 이어질 때, 최초에는 존재하기만 했던 개인은 이제 자기 자신의 본질을 창조하게 된다.

환자가 경험된 상태의 의미를 자신의 언어로 배워 갈 때 환자는 자기 인식에 도달하게 된다. 이것은 현상학적이며 자연과학에서 발견되는 "객관적"인 주관적 대상의 철학을 통해서가 아니다. 그리고 이 모든 것은 하나님을 제외한 외부적 환경과 사회적이고 대인 관계가 이루어지는 환경 그리고 자아와 자아에 대한 관계, 이 세 가지 양상의 제한된 세계 속에서만 일어난다.

2 만인을 위한 자아 이론

융, 프롬, 로저스, 매슬로, 메이는 모두 이론가들이었다. 지식인들이나 학생들에게 그들이 얼마나 큰 영향을 끼쳤든지, 그들의 이론이 대중에게까지 미치기 위해선 이론이 대중적인 형태로 변환되어야만 한다. 이러한 역할을 한 사람들 가운데 일부는 위에서 언급한 이론가들의 개념을 그들이 실제로 의미하지 않은 극단의 범주까지 확장시켰다. 하지만 우리는 이 유포자들 대부분이 전문 심리학자들이나 정신과 의사들이었다는 사실과, 그들의 역할이 자아 이론을 적절히 표현하고 또 논리적으로 확장시키는 것이었다는 사실을 잊어서는 안 된다. 사실 "이론가"와 "유포자"의 차이를 명확히 구분하기는 쉽지가 않다. 융의 경우를 제외하고는, 앞서 언급한 어느 이론가도 주요 사상가로 손꼽힐 수 없기 때문이다. 고작해야 흥미롭고 유용하지만 제한적인 개념들을 소개한 것에 그칠 뿐이다. 그도 아니면 자아실현과 같이 이미 존재하던 개념들을 상품화했다고 해야 할까. 따라서 그들 대부분의 업적은 대중화를 떠나서는 논의될 수가 없다. 그 가운데 특별히 **로저스의 인카운터 그룹**(집단 감수성 훈련 그룹)과 **완전한 동반자**(결혼과 그 대안들)은 차례대로 논의될 것이다.

우리가 다음에서 묘사할 자아 이론의 특정 표현들 중 다수가 단명했다는 사실을 기억해 두라. 몇 년 전만 해도 눈에 띄던 인카운터 그룹과 같은 표현은 현재는 종적을 감춘 상태다. 하지만 새로운 형태의 대중화된 자아 이론들이 계속해서 등장하고 있다. 그 가운데 가장 대중적인 표현 형태가 바로 자존감이다.

자존감

역사적으로 말하자면 자존감이라는 개념에는 지성적 기원이 없다. 주요 이론가 중 누구도 이것을 그들의 주요 개념으로 잡지 않았기 때문이다. 많은 심리학자들이 다양한 방식으로 자아를 강조했지만, 그들의 관심은 보통 자아실현이나 자기 잠재력을 완전히 성취하는 것에 있었다. 따라서 자존감에 대해 이렇게 강조하는 직접적인 기원을 밝혀내기는 쉬운 일이 아니다. 자존감에 대해 대중이 집착하게 된 원인은 다양한 심리학 이론들이 쉴 새 없이 자아를 언급해 왔기 때문이다. 자존감은 칼 로저스, 에이브러햄 매슬로, "자아강점" 심리학자들 그리고 최근에는 도덕 교육가들과 같이 다양한 이론가들의 저술에 공통적으로 등장한다. 어찌 되었든 자존감에 대한 관심이 오늘날 미국을 장악한 것은 분명한 사실이다. 그중에서도 특히 교육계의 예를 들자면 교육학 교수들과 초중고 학교의 교사들, 교육 위원회는 물론 유치원생을 위한 텔레비전 프로그램에까지 등장했다.[1]

미국 교육에는 자존감의 기초적 개념이 포함되어 있다. 교과 과정은 학생이 자신에 대해 온갖 종류의 긍정적인 것들을 말하고 쓰도록 고안되었다. 또한 선생님은 학생들이 얼마나 훌륭하고 소중한 존재인지를 끊임없이 말해 주어야만 한다고 주장한다.[2] 이것은 종종 "자기대화(self-talk)"라고 불린다. 캘리포니아에서는 학년에 상관없이 여러 과목들에 자존감 교육을 시도하기 위한 특별 위원회가 구성되기도 했다. 이 위원회의 의원들은 학생들의 낮은 자존감이 약물과 십대의 임신, 읽기와 수학의 낮은 점수, 계도의 문제, 높은 자퇴율 등 모든 문제의 주된 요인이라고 확신했다. 자존감을 높이기 위해 고안된 제안에는 성적에 상관 없이 모든 학생들에게 보상이나 포상을 해야 한다는 내용이 들어 있었다. 자존감을 성적과 연결시키지 않았다. 그것은 성적이 실패나 성과 부족을 일으키기도 하고 (이 이론에 따르면) 낮은 자존감을 형성하는 원인이 되기 때문이다.

자존감이라는 개념의 문제가 무엇이냐고 독자들이 물을 수 있다. 사실 문제는 많다. 그것도 본질적인 문제가. 이제까지 자존감에 대한 수천 가지 심리학적 연구가 행해졌다. 이들의 공통적인 의견은 자존감은 복합적 개념으로서 (예를 들어 자아상, 자존심, 자아강점 등과 같은) 다양하고 모호한 방식으로 정의되고 측정된다는 것이다. 하지만 자존감의 의미가 무엇이든 학생들의 행동을 예측해 주는 자존감의 수치에 대한 확실한 증거는 전혀 존재하지 않는다.[3] 높은 자존감 자체가 무엇의 원인이 된다는 증거가 없다는 말이다. 그리고 사실 자존감이 거의 없는 사람들 중 다수가 많은 것을 성취하지 않는가. 예를 들어 많은 책을 저술한 작가이자 대표적 여성운동가인 글로리아 스타이넘은 최근 『내부혁명(Revolution from Within)』이라는 책을 통해 자신이 (다른 무엇도 아닌) 낮은 자존감으로 고통받아 왔다는 사실을 밝히기도 했다.[4] 반면 높은 자존감을 가진 사람들 중 다수는 단순히 자신이 돈이 많고 아름답고 혹은 사회적으로 유명하다는 이유로 행복감을 느끼고 있다. 또한 그들 중에는 자신에 대해 꽤나 좋은 감정을 느끼는 약물 업자들도 있다. 자신이 적대적이고 경쟁적인 환경 속에서 성공적으로 많은 돈을 벌고 있다고 생각하기 때문이다.

1989년 여덟 개 다른 나라의 학생들을 대상으로 수학 경시 대회가 치러졌다.[5] 이 수학 능력에서 미국 학생들은 가장 낮은 점수를 받았고 한국 학생들이 가장 높은 점수를 기록했다. 연구가들은 학생들에게 자신이 수학을 얼마나 잘한다고 생각하는지도 물었다. 스스로 판단했을 때의 수학적 능력은 미국 학생들이 가장 높은 반면, 한국 학생들이 가장 낮은 점수를 기록했다. 수학에 대한 자존감이 수학에 대한 성취도와 역관계를 이루었다는 말이다! 이것은 "좋은 감정"이라는 심리학이 학생들로 하여금 현실을 정확히 인지하지 못하도록 한다는 분명한 예가 된다. 자존감의 이론은 자신에 대해 좋은 감정을 느끼는 사람만이 실제로 모든 것을 잘할 수 있다고 주장하지만—그리고 그것이 왜 모든 학생들에게 자존감이 필요한지에 대한 이유이지만—자신에 대해 좋은 감정을 느끼는 것은 단순히 그 사람을 지나친 자부심이나 자아도취에 빠지도록 하고, 그래서 열심히 공부하지 못하도록 할 수도 있다.

그렇다고 높은 자존감이 늘 성취와 반대 관계에 있다는 것은 아니다. 사실 위의 연구는 자존감의 수치가 긍정적이든 부정적이든 행동과는 이렇다 할 관련이 없다는 사실을 보여 줄 뿐이다. 인생은 복잡하고 따라서 이같이 단순한 공식은 통하지가 않는다. 하지만 우리는 이러한 실패를 미리 예견했어야 했다. 왜냐하면 불안과 자기 의심 때문에 오히려 자극을 받았던 역사 속 영웅들이나 악한들의 예가 많기 때문이다. 역사 속에서 공격적인 전쟁을 이끌어 온 많은 남자들의 키가 작았다는 것은 이미 잘 알려진 사실이다. 율리우스 카이사르, 나폴레옹, 히틀러 그리고 스탈린은 모두 체구가 작았고 그들은 자신이 "작지 않다"는 사실을 증명하기 위해 필사적으로 노력했다. 훌륭한 운동선수들을 비롯해 많은 사람들이 심각한 육체적 장애, 즉 자존감의 부족을 극복한 실례도 많다. 심리학자 알프레드 애들러가 설명한 것처럼 위대한 성취들의 근원에는 "열등감 콤플렉스"에 대한 반응인 "과잉보상"이 많이 있었다는 뜻이다.

자신에 대한 나쁜 감정이 좋다는 것은 아니다. 사실 우리가 자신에 대해 느끼는 감정은 실제로 무언가를 성취하는 것과 [사랑을 통해] "기본적 신뢰"를 소유하는 것, 이 두 가지에 달려 있다. 참된 성취는 우리의 태도를 창조할 뿐 아니라 그것을 정당한 것으로 만든다. 읽기, 수학, 피아노, 야구 등을 배워 그것들을 실제로 할 수 있게 된 아이들은 참된 성취를 하게 된다. 따라서 적절한 자존감을 얻게 된다. 읽기와 쓰기, 셈을 가르치지 않는 학교는 자존감에 대해 올바로 이해하지 못하게 방해할 뿐이다. "성적을 내지 마세요. 아이들을 성적순으로 분류하지 마세요. 아이들이 자신에 대해 좋은 감정을 느끼도록 만들어 주세요."라고 말하는 교육자들이 문제다.[6] 지식은 하나도 없는데 자존감으로 꽉 차는 것이 무슨 소용인가. 곧 현실이 그들의 착각을 덮쳐 오고 학생들은 두 가지 불쾌한 사실을 마주하게 될 것이다. 첫 번째, 자신이 무식하다는 사실과 두 번째, 자신을 가르친 어른들이 실패했을 뿐만 아니라 자신에게 거짓말을 해 왔다는 사실을 말이다. 현실에서 칭찬은 그럴 만한 것에 대한 보상이 되어야 한다. 칭찬이 현실과 연관이 있어야 한다는 말이다.

대부분의 사람들을 참된 자존감, 실제로는 자존심의 감정이자 심리학자들의 표현으로는 "기본적 신뢰"로 이끄는 더욱 중요한 길은 사랑받는 것이다. 가장 중요한 것은 어머니의 사랑이다. 그리고 이 기본적인 사랑과 자신감의 경험은 결코 거짓으로 꾸밀 수 없다. 교사들이 모든 학생들을 "사랑"하는 척, 아니면 그들에게 건네는 무차별적인 칭찬을 통해 이 깊고 오묘한 사랑을 흉내 낼 수 있다고 생각한다면, 그것은 그들이 이러한 사랑의 본질을 오해하고 있다는 증거다. 교사가 학생들 하나하나와 하루에 몇 분씩 어울려 시간을 보낸다고 해서 부모와 같은 사랑이 생겨나는 것은 아니다. 학생은 그러한 사랑이 거짓이라는 것과 교사의 역할은 가르치는 것이고, 가르침은 격려뿐 아니라 훈계와 요구, 징계를 포함한다는 것을 잘 알고 있다. 오늘날 미국 고등학교에서 가장 존경받고 사랑받는 최고의 교사들은 운동부 교사들이다. 그들은 가르치고 성과를 요구할 뿐, 학생들의 자존감에 대해 염려하지 않기 때문이다.

불안해하는 "내면의 아이"에게 정다운 대화들을 시도하고, 자신의 쇠약한 자존감을 일으켜 보려는 사람들도 마찬가지의 문제를 안고 있다. 그러한 시도는 당연히 실패하게 되어 있다. 그 이유는 두 가지다. 첫째, 그 정도로 자신감이 부족한 상태라면 자신의 칭찬을 믿을 수 없기 때문이다. 둘째, 학생들과 마찬가지로 우리 또한 자기 훈련과 성과의 필요를 알고 있기 때문이다.

자존감은 원인이 아니라 반응으로 이해되어야 한다. 자존감은 우리가 이룬 것과 다른 사람들이 우리에게 한 것에 대한 우리의 감정적 반응이다. 바람직한 감정이자 내면의 상태이지만, 행복과 같이 자존감 또한 무엇의 원인은 아니라는 뜻이다. 행복이나 사랑과 같이 얻으려 노력한다고 얻어지는 것도 아니다. 자존감을 얻으려 애써 보라. 분명 실패할 것이다. 하지만 다른 사람들을 위해 선한 일을 하고, 자신을 위해 무언가를 성취한다면, 자신에게 필요한 자존감 모두를 얻게 될 것이다.

너무나 많은 그리스도인들이 자존감에 대해 염려하고 있고 자존감의 회복이 새로운 개혁의 최고봉인 것처럼 선전되는 지금, 이러한 주제는 그리스도인들에게 매우 중요하다고 생각한다. 우리는 분명히 기억해야 한다. 자존감은 철저히 세속적인 개념이다. 따라서 그리스도인들이 특별히 염려해야 할 문제가 아니다. 사실 그리스도인이라면 굉장한 자존감을 이미 가지고 있어야 한다. 하나님이 우리를 그분의 형상대로 지으시고, 우리를 사랑하시며, 우리를 구원하기 위해 자신의 아들을 보내 주셨고, 또한 우리는 그

분과 영원히 함께할 것이기 때문이다. 우리 한 사람 한 사람이 얼마나 소중한지 죄인이 회개할 때마다 천사들이 기뻐한다고까지 했다. 하지만 우리에게는 스스로 자랑스럽게 여길 것이 없다. 우리의 모든 은사들처럼 생명도 받은 것이고, 우리는 모두 연약한 죄인들일 뿐이기 때문이다. 자존감이 높은 사람들이 하나님의 은혜를 더욱 많이 받고 또 천국에 갈 가능성도 더욱 높다는 신학적인 증거는 없다. "온유한 자는 복이 있나니…"와 같이 그 반대의 증거는 있지만 말이다.

덧붙여 자존감은, 행복은 자신에게 달려 있다는 매우 미국적인 생각에 기초한다. 따라서 자존감은 기독교라는 틀 속에서 은근하고 병적인 양상을 띠기 마련이다. 그리스도인들이 거룩을 추구하기보다 "행복을 추구"하는 것을 더욱 강력한 개인의 목표로 삼기 때문이다. 오늘날의 사람들은 자존감을 행복의 필수요소로 생각한다. "자신을 사랑하지 않는다면 행복해질 수 없습니다." 우리가 자신을 사랑해야만 한다는, 즉 하나님이 우리를 충분히 사랑해 주시지 않는다는 생각은 실질적으로는 무신론의 한 형태라고 할 수 있다. 하나님을 믿는다고 말하면서도 우리는 실제로 하나님을 신뢰하지는 않는다. 따라서 많은 그리스도인들이 비성경적인 표어, "하나님은 자신을 사랑하는 자들을 사랑하신다."에 의지해 살고 있는 것이다.

또 다른 문제는 미국인들이 악이나 파괴적인 행동을 "낮은 자존감"을 핑계로 묵인하기 시작했다는 점이다. 하지만 자존감이 높든 낮든, 그것이 우리의 행동을 결정짓지는 않는다. 우리는 자신의 행동에 책임을 져야 하며, 동시에 우리에게는 선을 행하고 악을 피할 책임이 있다. 낮은 자존감이 누구를 알코올 중독자로 만들지 않는다. 마찬가지로 그가 자신의 중독을 인정하고 대책을 세우도록 만들지도 않는다. 모든 결정은 자존감에 상관없이 우리 자신에게 달려 있다는 말이다.

자기 위주 편향

많은 사람들은 자신, 혹은 다른 사람들의 문제가 자존감 부족이라고 말한다. 즉, 자신에 대한 긍정적 태도가 부족하다고 생각한다. 하지만 심리학은 그 반대의 증거를 제시한다. 사회 심리학의 실험들은 사실이 그렇지 않은 경우에도 불구하고 상황을 자신에게 유리한 쪽으로 해석하려는 사람들의 경향을 잘 보여 준다. 잘 알려진 이러한 경향을 우리는 "자기 위주 편향"이라 부른다.[7] 자신의 행동과는 상관이 없이 성공하거나 실패하도록 만들어진 실험에서조차 실험 대상자들은 성공은 자신의 능력 덕분이라고 생각하고 실패는 다른 탓으로 돌리곤 한다. 실패한 것은 자신이 운이 없었고 과제가 원체 어려웠으며 실험에 함께 참여한 그저 그런 파트너 때문이었다고 핑계를 댄다. 간단히 말해, 인간은 성공에 대해서는 자신을 내세우지만 실패에 대해서는 다른 사람들이나 환경을 탓한다는 이야기다. 대부분의 영역에서 사람들이 자기 자신을 "평균 이상"으로 보는 것도 비슷한 맥락이다.

한때 우리는 정신이 건강한 사람은 현실을 정확히 인지하며 객관적이고 실제적으로 자신의 강점과 약점을 파악하고 있다고 생각했다. 하지만 얼마나 많은 사람들이 자신의 능력과 가능성을 자신에게 유리한 쪽으로만 해석하려 하는지, 이제는 자신에 대해 객관적인 사람을 찾기 어려울 정도다. 이것의 또 다른 예는 객관적으로는 그럴 만한 상황이 아닌데도 자신의 판단만을 신뢰하려는 사람들의 경향이다. 어쨌든 인간은 다양한 상황들을 자신에게 유리한 쪽으로 해석하려는 경향을 갖고 있으며, 자존감이 부족한 사람들이라고 해서 자기 위주 편향 또한 부족할 것이라 단정할 수는 없다.

마지막으로 우리 자신에 대해 이렇게 집중하는 경향은 비현실적인 "자기애"를 키워 낸다. 미국은 이미 1970년대의 "나 세대"와 1980년대의 여피족과 함께 이런 자기애를 극복했다고 주장하는 사람들도 있다. 하지만 오늘날의 병적인 자기중심주의는 자존감의 새로운 표현 방식이다. 숙제를 제출하기만 해도 찍어주는 '잘했어요' 도장이나 운동부에 들어가기만 해도 손에 들려주는 트로피는, 우리가 지난 수십 년간 광고에서 보아 온 입에 발린 문구들과 별반 다르지 않다. 현대 소비주의가 이러한 자기애를 지지하고 있는데, 사실 이러한 자기애는 개인주의적 심리학의 극단적 표현이라 할 수 있다. 그리고 교육자들이 반복적으로 읊어대는 주문 덕분에 어린아이들조차 이러한 영향으로부터 자유롭지 못한 것이 사실이다. "이 세상에서 가장 중요한 사람은 너야. 그러니 무엇보다 너 자신을 잘 알고 있어야 해!"[8] 그러한 말을 들을 때 '상기

되는 감정'은 착각이며 아이들은 현실이 아닌 약물에 취한 상태가 된다. 자기애는 수동성과 연약함으로 자아를 채우는 동시에 우리를 달래고 꾈 뿐 아니라 우리의 주의를 흐트러뜨리기까지 한다.

우리 사회, 특별히 교육 분야에서 자기애를 강조하는 이러한 모습은 교묘히 가장된 자기 숭배에 지나지 않는다. 만일 이러한 자기애를 그대로 받아들인다면, 미국은 2억 5천만의 "이 세상에서 가장 중요한 사람들," 즉 금상(金像) 자아들로 빼곡히 들어차게 될 것이다. 그러한 우상숭배가 사회적으로 위험하지 않다고 생각한다면 그것은 우스운 일, 아니 애처로운 일이다.

인카운터 그룹

자아 이론이 일반화될 수 있었던 중요하고 특별한 배경은 보통은 '인카운터 그룹'(Encounter Group)이라고 알려진 소그룹 운동에 있다. 로저스에 따르면 이러한 모임들은 T 그룹, 게슈탈트 상담, 창조력 연수회 등과 같은 다양한 형태로 다음과 같은 공통적인 특징을 갖는다.

집중적으로 이루어지는 이러한 모임에서 진행자는 모인 사람들이 자유롭게 자신을 표현하고, 또 자신을 방어할 필요가 없도록 심리적으로 안전한 분위기를 만들어간다.

상호적 신뢰는 긍정적이든 부정적이든 자신의 진짜 감정을 그대로 표현할 수 있는 서로간에 자유로운 분위기에서 형성된다. 모임의 각 구성원들은—감정적, 지성적, 육체적—잠재력까지 포함해서 자기 자신을 있는 그대로 받아들일 수 있게 된다.

개인이 방어적인 경직성에 의해 억제당하지 않을수록 생각과 태도가 유연하게 변하게 될 가능성이 커진다.

반응의 발달도 있는데, 이것은 각 개인이 다른 사람에게 자신이 어떠한 모습으로 비치는지, 또 자신이 대인 관계 속에서 어떠한 영향력을 갖는지에 대해 배워 가는 과정이다.

이렇게 보다 큰 자유와 발전된 대화는 새로운 생각과 새로운 개념, 새로운 방향을 불러온다. 개혁이 더 이상 위협적이지 않고 바람직하게 느껴지게 된다는 말이다.

그룹 경험을 통한 이러한 배움은 그 이후에도 일시적이거나 영구적으로 배우자와 자녀들, 학생들, 부하직원들, 친구들과의 관계, 심지어 상사들과의 관계로까지 옮겨 가게 된다.[9]

인카운터 그룹이 무엇인지 대충이라도 들어보지 못했던 독자들에게는 로저스의 대략적 묘사가 충분한 설명이 될 테니 내가 구체적인 예를 들 필요는 없을 듯하다. 1960년대와 1970년대 그러한 그룹들은 우후죽순 생겨났고 수백만의 미국인들이 그러한 모임에 적극적으로 참여했다. 로저스는 그러한 모임에 참여하는 수가 1970년 당해에만도 약 75만 명에 달했을 거라고 추측한다.

인카운터 그룹의 효과와 결과에 대한 세심하고 조직적인 연구는 거의 전무했다. 하지만 그들의 효과에 대한 비판적 증거는,

이러한 주제에 대한 두드러진 책으로는 처음이었던 모튼 리버만, 어윈 얄롬, 매튜 마일즈의 『인카운터 그룹(*Encounter Groups*)』에 분명히 제시되어 있다. 이 책에 대한 비평에서 웨인 주시는, 사람들이 일반적으로 주장하는 내용에 관해 저자들이 이러한 유형의 그룹에 대한 연구를 근거로 내린 결론을 아래와 같이 요약한다.

> 연구 대상은 스탠포드 대학의 학생들이었다. 일반 시민의 표본이라고 보기는 어려운 대상이었다. 똑똑하고 의사 표현에 뛰어난 젊은 이들이었기 때문에 긍정적인 치료 결과를 얻어낼 가능성이 컸다. 연구 대상은 기본적으로는 무작위적 방법을 통해 (나이, 성별, 이전의 그룹 경험을 바탕으로) 17개의 그룹들로 나뉘었고, 우리는 (게슈탈트, 교류 분석, 로저스식 등) 10개의 주요 이론의 접근법을 사용했다. 그리고 진행자들은 무슨 이유에서인지 인카운터 문화의 거점으로 알려진 북캘리포니아, 그중에서도 가장 손꼽히는 사람들로 선출했다. (이러한 진행자들의 자격 또한 긍정적인 결과를 얻을 가능성을 높였는데, 그것은 관련법의 부재로 실제 많은 그룹들이 훈련과 경험이라고는 과거 그런 그룹에 속해 있었다는 사실말고는 특별할 게 없는 사람들에 의해 '진행'되었기 때문이다.)[10]

하지만 참여자들의 3분의 1만이 긍정적인 변화를 경험했다. 그리고 약 8퍼센트의 참여자들이 이전의 "현저한 심리적 상처"를 그대로 유지했다.[11]

"이론적 경향"은 결과에 별 영향을 주지 않는 듯했지만, 그와 달리 "인도자의 방식"은 결과에 큰 영향을 끼쳤다. 따뜻하고 격려에 능한 ("아버지와 같은") 인도자일수록 긍정적인 결과를 끌어냈고, 반면 공격적이고 카리스마적인 인도자들은 부정적인 결과를 가져왔다. 자기 자신과 자신의 기술에 대한 맹목적인 신뢰 때문에 누군가 자신의 "희생자"가 되었다는 사실을 보지 못하는 것이 안타까울 뿐이었다.[12]

치료 그룹

가장 최근 그룹에 대해 미국인들이 보인 열정은 치료 그룹 운동으로 이어졌다. 대부분 치료 그룹들의 기초는 알코올 중독 방지 위원회에서 시작한 "12단계 프로그램"이라 할 수 있다. 그 단계들은 대부분 종교적이고 도덕적인 요소를 포함하고 있다. 이러한 모임들은 종교와 도덕을 미국의 심리 치료로 도입한 첫 번째 형태라 할 수 있다. 그리고 **이것이 치료 그룹의 주요하고 긍정적인 두 가지 성과다.** 하지만 많은 치료 그룹들이 인카운터 그룹과 미국 자아 심리학의 영향을 상당히 받았으며, 그러한 자기애가 치료 그룹들의 긍정적인 양상 대부분을 희석시키고 왜곡했다.

먼저 이러한 모임들은 심리적이든 다른 것이든 극단적으로까지 자신의 문제에만 집중하도록 자기애를 부추긴다. 많은 경우 자신의 지난 인생의 아픔과 자신이 해 온 일을 이야기하는 사람들의 간증은 고백이라기보다는 연극에 가깝다. 둘째로, 많은 간증들은 주로 다른 사람들이 자신에게 어떻게 했는지에 집중한다. 자아를 피해자로만 강조하는 것이다. 그러다 보니 모임이 "연민의 장"으로 돌변하는 것은 흔한 일이다. 텔레비전 토크쇼에 나온 게스트가 폭력과 상호의존 등의 슬픈 과거 이야기들을 늘어놓는 것을 독자들도 보았을 것이다. 종국에는 방청객들이 그에게 박수를 보내는데, 이때 즈음이면 잘 쓰인 고백문 하나가 그를 일약 스타로 만들어 주었다는 느낌을 지우기가 어려워진다.

"12단계"에 대한 또 다른 비평은 이 프로그램이 하나님에 대해 그릇된 개념을 주장한다는 것이다. 오늘날의 치료 그룹들은 하나님이 각 개인이 정의하는 대로 이해되어야 한다는 개념을 바탕으로 운영된다. 이러한 "열린" 개념은 기독교와 유대교적 관점으로 볼 때 근본적으로 이설일 뿐만 아니라, 심리학적으로도 해로울 수 있다. 어떤 이들에게 하나님은 자기 자신의 필요와 소원, 혹은 괴이한 견해의 자기애적인 투영일 뿐이다. 찰리 맥카시라는 "인형"을 조종하던 유명한 복화술사 에드가 버겐을 기억하는가. 이러한 모임에서 하나님은 바로 사람들의 인형, 찰리 맥카시가 되는 것이다. 사람들이 하나님을 자신이 원하는 것은 무엇이든 들어주시는 인형처럼 만들어 버린다는 뜻이다. "우리의 생각과 다른" 생각을 가지신 하나님의 공의로움이나, "지혜의 근본"이신 하나님에 대한 두려움과 같은 개념은 이러한 종류의 신성과 제대로 충돌한다.

자기 조력자

자아 이론의 첫 대중화는 1964년 출판되어 3백만 부가 넘게 팔린 에릭 번의 『심리 게임(*Games People Play*)』이라는 책을 통해 이루어졌다. 번은 자아의 상태로만 이루어진 인격을 묘사했다. [그는 비아(非我)의 양상을 완전히 간과했다.] 그가 묘사한 상태들은 다음과 같다. (1) 부모의 형상을 닮은 상태, (2) 현실이라는 객관적인 평가를 향해 자율적으로 움직이는 상태, (3) 어린 시절의 상태에 고착되었지만 여전히 활동적인 초기 유물을 대표하는 상태. 이러한 상태들을 우리는 보통 부모, 성인 그리고 어린아이라고 부르는데, 바람직하지 못한 행동은 부모와 어린아이 상태에서만 일어난다. "내면의 아이"와의 대화가 처음 대중화된 것도 이러한 교류 분석을 통해서다. 번의 책은 상당한 인기를 얻었는데, 그가 사람들 사이의 교류, 즉 "게임"을 분명하고 재치 있게 묘사했기 때문이다. 자아 이론 중 이 특정한 이론의 형태는 교류 분석으로 알려졌다. 이 치료의 목적은 사람들이 자발적이고, 편견이 없이 현실을 직시하며, 다른 사람들과 솔직한 관계를 맺도록 하는 것이다. 즉, 자유로운 성인이 되도록 돕는 것이다.

번의 이론에 이어 전개된 이론은 토머스 해리스의 『마음의 해부학(*I'm OK–You're OK*)』이다. 이 책은 양장본으로만 백만 부 이상 팔렸을 뿐만 아니라 12쇄 이상을 찍어 냈다. 이 교류 분석의 형태에서 또한 심리적 행위자들은 세 가지의 자아 상태(부모, 성인, 어린아이)이며, 그 목적 역시 두려움에서 벗어나 자유롭고 창조적이며 성장하는 인간관계를 계발하는 것이다. 교류 후기의 이론가들은 특히 사업의 성공과 인생이라는 게임 속에서의 승리를 강조했는데, "당신은 승리하기 위해 태어났습니다."가 그들의 테마였다고 할 수 있다.[13]

자기실현으로 분류될 수 있는 다른 두 권의 유명한 책은 나다니엘 브랜든의 『자유로와지다(Breaking Free)』와 『자존감의 심리학(The Psychology of Self-Esteem)』이다. 브랜든의 목표는 개인의 안녕을 위한 필수 요소인 자유와 자존감을 계발하는 것이었다. 비슷한 맥락으로 제스 레어는 『충분하지는 않더라도 나 자신이 내가 가진 전부야(I Ain't Much, Baby—But I'm All I've Got)』라는 책에서 독자들이 "자기 용납과 자기 계발, 사랑이라는 이 증명된 프로그램을 통해 자신들을 자유롭게 하게 될 것"이라 선언했다. 칼 로저스와 베리 스티븐스의 『사람에서 사람으로(Person to Person)』 또한 이것으로 분류될 수 있고, 프레데릭 펄스의 "게슈탈트 이론"을 제시하는 다른 책들도 마찬가지다.[14] 대중화된 자아 이론들을 완벽하게 분류하고 정리하는 것은 거의 불가능하다. 그 이유는 이러한 책들에 대한 대중적인 호감이 대단하기 때문이다. 이제 서점에는 심리학적 자기 조력 코너가 따로 마련되어 있고, 누구든 그곳에서 우리가 여기에서 다룬 것들과 비슷한 책들을 쉽게 찾을 수 있을 것이다.

자기 조력의 한 가지 흥미로운 변형은 자기 주장 훈련이다. 이 치료의 목적은 숫기 없고 소심한 사람을 대인 관계에서 더욱 자신감 있는 사람으로 만드는 데 있다. 보통 치료는 역할 연기를 통해 이루어지는데, 환자는 자신을 이용하려고 하는 사람의 역할을 대신하고 있는 치료사에게 공격적이고 독립적인 반응을 할 수 있도록 연습을 한다. 그리고 이러한 연습의 결과로 환자는 더욱 큰 자신감을 얻는다. 하지만 이 훈련은 자기 주장을 높이 사는 반면, 사랑의 가치는 간과한다는 약점이 있다. 노골적 자기 확대라는 같은 종류의 철학이 비즈니스 세계로도 적용되었다. 로버트 J. 링거가 지은 『협상에서 위협을 사용하는 방법(Winning Through Intimidation)』이 그 예다. 성공을 위한 이 지침서는 비즈니스와 개인적 교류에 있어서 성공은 위협적이고 자신 있는 자세에 달려 있다고 주장한다. 링거는 자신이 개인적 성공을 위한 현실적인 프로그램을 제공한다고 이야기한다. 또한 그는 이웃의 이익을 고려하라는 명령은, 우리를 상대로 한 다른 사람들의 책략이라며 무시해 버린다.[15]

EST와 공개 토론

자아 이론의 한 형태로 매우 유명한 EST(Erhard Seminars Training, 심신 통일 훈련)는 몇 가지 새로운 중요한 특성을 지닌다.[16] (1980년대에는 "공개 토론"으로 그 이름을 바꾸었다.) 가장 먼저는 EST 공개 토론이 이익을 창출하려는 목적으로 그 창립자이자 대표인 베르너 에르하르트가 진두지휘했던 비지니스였다는 사실이다. 이 조직의 내부 기강이 어찌나 강경했던지, 사람들은 그 운영 방식을 독재적 사회주의라고 부르기도 했다.

1971년에 시작한 이 사업은 제대로 훈련된 세미나 인도자들을 비롯하여 수천 명에 달하는 자원봉사 직원들을 포함해, 나중에는 수백만 달러의 규모로 성장했다. 4일에 걸쳐 진행되는 세미나에는 500달러에서 700달러에 달하는 참가비를 내고도 많게는 250명의 사람들이 참여하곤 했다. 이 세미나를 위해선 잘 훈련된 인도자들과 세미나가 진행되는 60시간 동안 규칙에 복종하겠다는 의지를 갖춘 참가자들이 필요했다. 장시간에 걸친 이러한 세미나는 화려한 대규모 호텔에서 열린다는 점만 제외하면 이전의 부흥회 방식과 비슷했다.

세미나 인도자들은 베르너 에르하르트의 가르침과 인격 모두를 가능한 한 많이 닮도록 훈련받았다. 이 훈련의 주된 목적은 "인생을 경험하는 그들의 능력을 변화시키는 것"이었다. 여기에서 중요한 단어는 바로 '**경험**'이다. 이 프로그램이 주로 노력을 기울이는 것은 새로운 방식의 믿음과 생각이 아니라, 새로운 방식의 경험이었기 때문이다. 이러한 목적을 위해 다양한 기술들이 사용되었는데, 이들은 공통적으로 자아에 집중했다. 그리고 이러한 기술들은 인카운터 그룹, 매슬로, 게슈탈트 치료, 선종, 사이언톨로지 등 다양한 출처에서 비롯되었다. 동양 종교에서 빌려온 몇 가지 기술들이—적어도 이전의 자아 이론들에 비했을 때—"영적" 풍미를 더해주긴 했지만 여전히 자아를 엄청나게 강조했다.

EST 졸업생 칼 프레드릭이 쓴 『EST, 새로운 방식의 게임(*EST, Playing the Game the New Way*)』이라는 책에서 인용해 온 이 철학의 일부는 다음과 같다.

당신이 최고의 존재다.(171쪽)

"현실"은 당신 생각의 반영이다. 완전히. 완벽히.(177쪽)

이제 당신은 자신과 작은 게임을 벌여야 한다. 당신이 자신에게 이렇게 말했다고 하자. "이거, 심심한데. 대화를 하는 것이 더 재미있을 거 같아." 따라서 당신은 말장난을 시작했다. 그것이 인생이다. 하나의 커다란 말장난. 더 이상 자신을 속이지 마라. 그들 또한 태초가 시작되고 얼마 지나지 않아 그것을 적어 두기까지 하지 않았는가. "이 말씀은 곧 하나님이시니라."

물론 사실이다.(168-9쪽)

또한 옳은 것과 그른 것이 존재하지 않는다는 사실도 기억하라. 비도덕적이라는 말은 어불성설이다.(174쪽)

당신은 대화가 재미있을 거라고 생각했다. 그리고 당신이 모든 규칙들을 만들어 냈다. 따라서 그 게임에 대한 책임은 당신에게 있다. 모든 책임이.(190쪽)

그리고 그것은 중요하지 않다. 당신이 규칙이다. 선택하라. 중요한 것은 없다. 선택해라. 인생은 하나의 커다란 "그래서 뭐?" "선택하라"이다. (191쪽)

이 책은 선택이라는 대중화된 실존주의적 관심과 순수한 로저스의 입장을 혼합해 끝을 맺는다.

"그들"이 이야기해 준 생각들을 버리고 자신만의 생각들을 창조하는 것. 그것이 살아 있다는 의미다.

★ 신이 된 심리학

> 인생의 유일한 목적은 자신이 근원이라는 점을 인정하고, 자신이 알고 있는 사람으로서 "존재"하는 것이다. 그리고 모든 것은 거기에서 시작한다.[17] (211-2쪽)

프레드릭이 원래의 메시지를 대중화시키기 위해 내용을 평범하게 만들거나 왜곡시켰다고 생각한다면, 그의 견해를 칼 로저스의 견해와 비교해 보는 것이 유익할 것이다. 로저스는 분명히 표현했다. "선택하는 사람은 나다." 그리고 "경험의 가치를 결정하는 사람도 나다."[18] 프레드릭의 메시지를 실존주의 철학의 거장인 장 폴 사르트르의 주장과 비교한다면 상황은 더욱 흥미로워진다.

> 내가 하나님 아버지를 저버렸다면, 누군가 대신 가치를 창조해 줄 사람이 필요하다…우리가 가치를 창조해야 한다는 말은 바로 이런 뜻이다. 인생에는 선험적 의미가 없다. 당신이 진정으로 살아 있기 전까지, 인생은 아무것도 아니다. 인생에 의미를 부여하는 것은 당신에게 달려 있으며 가치는 당신이 선택하는 의미 외에는 아무것도 아니다.[19]

상위 중산층의 교양 있는 수십만 명의 참여자들이 말 그대로 놀라운 자기 신격화, 행복과 건강을 스스로 선택했다. 그들은 인생이라는 게임을 승리로 이끌 수 있다는 전능한 자아에 대한 내용을 듣기 위해 기꺼이 지갑을 열었다. 인생이라는 게임에는 본래 내재된 의미가 없다는 믿음에도 불구하고 말이다.

자조 섹스

이제까지의 토론에서 언급하지는 않았지만 우리가 경험을 받아들이고 사랑을 표현하는 주된 방식 중 하나는 섹스다. 이제까지 언급된 모든 저자들은 섹스와 섹스의 적극적 발견과 탐구에 대한 개방을 주장해 왔다. 알렉스 컴포트의 『성의 기쁨(Joy of Sex)』과 『성의 기쁨 II(More Joy of Sex)』 같은 책들이 대단한 성공을 거둘 수 있었던 것은 자아 이론의 영향을 받은 사람들의 공이라 할 수 있다. 컴포트와 비슷한 입장을 취했던 존 머니는 이전의 "생식적" 섹스 대신, 새로운 "오락적" 섹스의 개념을 주창했다. 섹스를 더 이상 기능으로 보지 않은 것이다.[20]

컴포트는 문화가 지우는 억압에서 벗어나 특별히는 관계와 감각적인 경험에 자신을 개방하자는 점을 강조했는데, 그것은 섹스와 자아 이론에 대한 "머니와 컴포트"의 오락 이론의 연결고리가 되었다. 그러다 보니 섹스는 사랑의 한 표현 방식으로 쉽게 해석이 된다. 그리고 이러한 요인들은 한목소리로 섹스를 자아 이론의 주요한 강조점으로 만들어 버린다. 본질적인 지배 원리를 설명하자면 섹스가 자아의 종이라는 것이다.

베스트셀러 『개방된 결혼(Open Marriage)』을 통해 저자인 네나 오닐과 조지 오닐은 사랑, 성장, 신뢰의 걸림돌이 되는 의무와 구속의 요소를 제거한 후 정절을 새롭게 정의해야 한다고 주장한다.

열린 결혼에서 정절은 자신이 성장하고 배우자가 성장하며, 그러한 성장으로 말미암아 이룬 자기 발견을 공유하는 것에 대한 약속으로 다시 정의되어야 한다. 정절은 서로에 대한 성적, 심리적 구속이 아닌, 성장과 정직, 자아와 서로를 충실하고 진실하게 존중하는 것이다.

열린 부부 관계에서 두 사람은 자신의 정체성과 배우자에 대한 신뢰, 다른 관계라는 새로운 가능성이 존재하는 관계 속에서 안정감을 누린다. (이렇게 제한적이지 않은) 열린 사랑은 다른 사람들을 포함하는 것으로까지 확대될 수 있다.

이러한 혼외 관계들은 물론 섹스를 포함할 수 있다. 이것은 전적으로 부부 사이의 문제다. 만일 그들이 혼외 관계를 맺고 있다면, 그것은 그들 부부 관계를 바탕으로 이루어진다. 그들이 성숙한 사랑을 경험했고 서로에 대해 참된 신뢰를 가지고 있으며 관대한 태도로 다른 사람들을 사랑하고 즐기는 것은 물론 그 사랑과 기쁨을 질투가 없이 자신들의 결혼 관계 속으로 들여올 수 있기 때문에 그것이 가능했다는 뜻이다.[21]

안타깝게도 그들의 책이 출판되고 몇 해가 지나지 않아 오닐 부부는 이혼을 했다. 두 사람 중 누구도 자신들의 충고를 따를 만큼 "성숙"하지는 않았던 모양이다.

열린 섹스를 옹호하는 주장이 어디로까지 흘러갔는지는 캐롤라인 고든의 『그룹 섹스를 위한 가이드(Beginner's Guide to Group Sex)』에 잘 나타나 있다. 이 책은 오닐의 논제를 받아들여 섹스를 위해 자신의 배우자를 교환하는 것, 완곡하게는 프리섹스가 훌륭하고 성숙한 결혼의 참된 증거라고 강력히 주장한다. 자아가 실현되어 질투하지 않는 사람이라면 경험을 추구할 뿐만 아니라 섹스와 같이 자연스런 것들에 긴장하지 않을 테니 말이다. 고든은 다음과 같은 소제목들을 가지고 집단 섹스의 기술과 태도를 묘사한다. "파티를 위해 무엇을 입을 것인가?" "누가 무엇을 누구에게 어떻게 해야 하는가?" "흥분제와 도구" "부츠와 채찍을 가져올 동안 잠시 기다려 주세요." 그룹 섹스가 쾌락의 문제로만 다루어지고 있다. 그리고 사람들이 얼마나 마구잡이식으로 이러한 결정을 내리는지는 그의 결론에서 잘 나타난다.

> 모든 사람이 같은 사이즈의 신발을 신지 않는 것과 마찬가지로 동거나 계약 결혼이 모든 사람들에게 적절한 것은 아니다. 당신과 배우자에게 가장 "편안한" 것이 무엇인지 찾고 발견하는 것이 가장 중요하다. 개구리 다리 시식과 같이 프리섹스의 여부는 언제든 무효화될 수 있다. 만일 개구리 다리가 맛있다면 더 주문을 하면 되고, 맛이 없다면 다시는 입에 대지 않으면 된다. 마찬가지로 프리섹스 또한 시도해 본 이후 계속하거나 멈출 수도 있고, 적절히 하거나 많이 할 수도 있다. 각 커플에겐 그들의 기호에 따라 가장 적절한 것을 선택할 자유가 있다.[22]

결혼과 성의 만족에 관한 책들의 선전에도 불구하고 이혼율은 1970년 후반과 1980년대 초 최고치를 경신했다.[23] 이혼한 사람들의 말을 있는 그대로 받아들인다면, 이혼율의 증가는 자아 이론이 주장해 온 가치들의 결과물이다. 특히 자아 이론의 가치들이 페미니즘이라는 귀에 거슬리는 형태와 맞물린다면 이혼은 당연한 결론이다. 여성들은 그들에게도 지난 수년 동안 많은 남성들이 누려 온 자기중심적인 삶을 살아갈 권리가 있다고 주장하고 있다.

진지하고 지속적인 인간관계에서 지나치도록 자신만만한 자유는 불가능하다. 특별히 그 관계가 참사랑이나 부모의 의무를 포함하는 경우에는 더욱 그러하다. 크리스토퍼 라쉬가 기록한 것처럼 자기희생과 더 높은 대상에 대한 복종을 포함하는 사랑의 개념은 치료적 감각을 참을 수 없이 불쾌하게 여길 것이다. 왜냐하면 "후 프로이트파의 치료의 사명"은 "모든 충동을 만족시키는 것"이기 때문이다.[24]

최근에 나온 마돈나의 『섹스(Sex)』라는 책은 인기를 끌었을 뿐 아니라 SM(가학피학성 변태 성욕) 섹스를 미국의 주류문화로 등극시키기까지 했다. 그녀의 책이 우리 "거실"의 SM 안내서가 되었다는 말이다.[25] 모든 충동의 치료적 만족의 또 다른 대표적 예는 『동성애 섹스의 새로운 기쁨(The New Joy of Gay Sex)』이다.[26] 이 책은 어린이들과의 섹스와 동물과의 섹스에 대해 활발한 토론을 벌인다. 그뿐 아니라 독자들은 자신의 아버지와 정사를 나누는 것도 상상할 수 있다. 결국 가치와 의미는 우리 자신에게 달려 있기 때문이다. 게다가 우리가 알고 있는 것처럼 억압은 우리의 자아실현에 결코 좋은 것이 아니다. 아니, 그것은 터무니없는 것이다!

3 사이비 과학으로서의 자아주의

이전 장의 내용을 통해 자아 이론이 과학의 한 분야가 아니라 매우 대중적이고 세속적이며 인본주의적인 "종교"라는 사실이 분명해졌다. 자아 이론의 종교적 특성에 대해서는 나중에 더 많은 증거를 제시하겠지만, 자아 심리학이 보통은 종교로서 작용한다는 사실을 보이려는 지금의 목적을 생각할 때 종교에 대한 프롬의 정의를 인용하는 것이 나쁘지 않을 것이다. 종교는 "어떤 단체가 공유하는 조직적인 생각이나 행동으로, 개인에게 방향의 틀과 헌신의 대상을 제공한다."[1] 이것을 정황적으로 이해하기 위해 현대 교육 철학의 창설자 존 듀이에게서 인본주의의 종교적 주장의 예를 한 가지 또 빌려 왔다. 듀이는 그의 책 『공통된 믿음(*A Common Faith*)』에서 인본주의를 활동적인 "공통의 믿음"으로 만들자고 주장한다. 인본주의 속에는 "학파, 계급, 인종에 제한되어서는 안 될 종교적 믿음의 모든 요소들이 포함되어 있다. 그리고 그러한 믿음은 이제까지 인류에게 공통으로 내재된 믿음이었다. **이제 남은 것은 그것을 분명하고 투쟁적인 것으로 만드는 것이다.**"[2]

프롬의 정의와 듀이의 주장은 "자아"와 인류를 향한 인본주의의 집념을 보여 준다. 더불어 우리가 이제까지 이야기해 온 종류의 세속적인 인본주의가 가진 공격적인 이념의 특성을 뚜렷히 보여 준다. 우리는 이러한 종교와 자기표현, 창조력 등에 대한 이론적 해석을 가리키기 위해 "**자아주의**(*selfism*)"라는 용어를 사용할 것이다. "**이기주의**(*selfishness*)"나 "**자기 본위**(*egotism*)" 등의 용어는 지양할 생각인데, 그 이유는 그러한 용어들이 현대의 현상을 정확히 묘사하지 못하고 비평적 시각을 잃어버렸기 때문이다.

이어지는 장들에 대한 구체적 비평에 앞서 일반적인 사실 하나를 짚고 넘어가 보자. 자아주의 심리학은 인생에는 한계가 있다는 것과, 그러한 한계를 인정하는 것이 지혜의 근본이라는 사실을 완전히 간과한다. 변화에 대한 인간의 능력을 지나치게 강조하는 것이다. 자아주의자들은 의무나 절제, 억제, 구속 등을 받아들이려 하지 않는다. 대신 그들에게는 변화할 권리와 기회만이 존재한다. 매우 많은 자아주의자들은 불변하는 도덕 관계나 대인 관계, 영속적인 개인의 양상이 없다고 가정한다. 모든 것은 곧 쓸려나갈 모래사장에 쓰인 내용과 같이 변화한다는 생각이다.[3] 자신이 정한 목표에 청신호를 보내려는 경향은 물론 자아주의의 주된 매력 중 하나다. 특별히 변화를 오랫동안 선한 것으로만 여겨 온 문화 속에서는 더욱 그러하다.

정신의학, 생물학 그리고 실험 심리학

자아주의에 대한 과학적 비평의 주요 출처는 (1) 정신분석과 정신의학, (2) 생물학자들이나 행동학자들의 동물 행동에 관한 연구, (3) 실험 심리학자들의 연구 세 가지다. 이 세 가지 학문은 모두 동일한 결론을 내린다. 파괴적인 것을 포함한 공격성은 인간이 태어날 때부터 존재하는 자연적이고 내재적인 본능이라는 것이다.

정신의학자들은 자아주의가 18-19세기 유행했던, 정신에 대한 낙천적이고 피상적이며 의식적인 해석으로 후퇴한 것이라는 이유로 자아주의를 거부한다. 프로이트의 업적 가운데 하나는 인간 본성의 무의식적이고 비이성적인 요소를 개념화시킨 것이다. 많은 사람들은 프로이트가 주장한 생의 본능(성)과 죽음의 본능(공격성) 사이의 이분법적 대립을 부정했다. 하지만 사디즘(가학성 성애), 공격성, 자기도취적 조작, 반복적 악몽 등과 같이 매우 다양한 사람들을 통해 수년 동안 모아진 임상 증거는 사실 압도적이다. 이론적 견해로 볼 때 사회가 그러한 것들을 야기했다는 한쪽으로 치우친 낙관적 설명보다 인간에게 내재된 이중적인 본질을 받아들이는 편이 훨씬 간단하고 효과적이다.

예를 들어 유명한 정신분석학자인 멜라니 클라인은 모든 유아가 상당한 분노와 증오, 질투를 가지고 태어난다는 가정을 바탕으로 이론을 세워 나갔다.[4] 이러한 최초의 감정은 어머니의 사랑을 경험할 때에만 감소한다. 클라인은 대부분의 사람들은 "악"하게 태어났고, "선"은 예를 들어 어머니의 사랑과 같은 외부의 것을 통해 온다고 가정했다.[5] 이러한 극단적 입장을 꼭 취해야 한다는 뜻은 아니며 또한 다른 많은 정신분석학자들이 이와 반대되는 의견을 주장하고 있지만, 환경이 증오와 분노, 질투를 만들어 내는 데 커다란 역할을 한다고 주장하는 사람들조차도 욕구 불만이나 다른 형태의 고통을 경험할 경우 우리가 이러한 부정적인 감정을 통해 반응하려는 경향을 타고난다는 점은 인정한다.

최근 몇십 년 동안 많은 심리학자들과 정신분석학자들은 자기애와 경계역 성격 장애에 집중해 왔다. 심각한 정신 장애를 앓는 대부분의 환자들은 상당한 분노와 질투 등의 감정을 가지고 있었다. 인간 정신의 깊이를 탐구할수록 우리의 본질적인 "아름다움과 빛"에는 그에 상대적인 "쓰라림과 어두움"이 존재한다는 사실을 분명히 알 수 있었다. 그러다 보니 1983년 유명한 정신의학자 M. 스캇 펙이 악의 존재를 인정하고 그것에 대해 분석한 책인 『거짓의 사람들(*The People of the Lie*)』을 펴냈을 때 임상 심리학자들이 그리 놀라지 않은 것은 당연한 일이다.[6]

유명한 프랑스의 정신분석학자 자크 라캉의 입장—자아의 능력은 착각의 한 종류라는—은 다음과 같이 요약될 수 있다.

> 라캉이 미국 자아 심리학과 절교한 것은… 분명한 사실이다. 미국 이론가들이 통합과 통제, 완성, 적응의 대리인이라는 프로이트식 자아 개념을 유지해 온 반면, 라캉은… 자아에 대해 꺼림칙한 개념을 상기시키는 것으로 출발점을 삼았기 때문이다… 미국인들은 자아의

통제라는 언어를 사용하지만, 라캉은 주종(主從)이라는 (헤겔식) 변증법으로 통제를 설명하는 전략을 선택했다. 미국인에게는 능력의 대리인이 라캉에게는 능력에 대한 착각의 피해자가 된 것이다. 객관성의 보호자는 탁월한 이론가여야 하며, 그의 주된 역할은 [무의식적 심리학에 대해] 생각하려 하는 초기의 추문에서 자아를 보호하는 것이다.[7]

간략히 말해 자아주의는 이미 건강하거나 사소한 신경증을 앓는 환자들에게야 단기간 안에 긍정적 영향을 미치기도 하지만, "심층" 심리학자들이나 심각한 정신장애의 환자들을 돌보는 사람들의 견해에서는 피상적 이론에 그친다는 뜻이다.

예로 노벨상 수상자들인 콘라드 로렌츠와 니코 틴버겐과 같은 행동학자들은 공격성을 동물, 특히는 영장류, 그중에서도 인간의 기본적인 특성이라고 완벽히 인정했다.[8] 그들은 또한 사회적 구조를 유지하고 같은 종의 다른 무리들과 적절한 거리를 유지하기 위해서는 공격성이 꽤 유용하다고 생각했다. 침략자들의 공격을 막아 내는 것도 그 유익 가운데 하나다. 행동학자들에게 공격성은 다른 특성들과 마찬가지로 환경에 따라 "선한" 것, 즉 기능적인 것, 혹은 "악한" 것, 즉 역기능적인 것 모두가 될 수 있다. 인간에게는 원래 공격성이 없다는 것은 터무니없는 주장이다. 사실 종(種)으로서 인간이 가진 성공하고 지배하려는 경향은 우리에게 오히려 공격성이 많다는 사실을 강력히 증명해 준다. 로렌츠와 틴버겐은 인간의 공격적 능력이 최근 문화적 변화와 맞물려 그 균형을 잃었다고 믿으며, 우리 공격성의 정확한 본질과 우리가 그것을 어떻게 지배해야 할지에 대해 열띤 토론을 벌이고 있다. 자아 이론가들과 많은 가치를 공유하는 유명한 인본주의자 겸 생물학자 르네 뒤보는 인간의 잠재력에 대한 모든 분석은 공격성을 인간의 기본적 속성으로 인정하는 것에서부터 시작해야 한다고 주장했다. 그는 이렇게 기록한다. "인간이 사냥꾼으로 진화한 사실을 기억할 때, 인간이 죽이고자 하는 생물학적 경향을 타고 났다는 사실은 그리 놀랄 만한 일이 아니다."[9]

또 다른 유명한 생물학자 겸 인본주의자 루트비히 폰 베르탈란피도 역시 선과 악의 잠재력을 인간의 내재된 본성으로 인정했다. 그는 순수하게 생물학적인 근거로 살인과 강간, 절도 등을 금하는 기본적인 도덕규범이 생존을 위해 꼭 필요하다고 주장한다. 또한 동지애나 사랑과 같은 긍정적 구속도 생물학적으로 필요한 요소다. 그러한 도덕적 기준과 일치하는 행동은 다른 사회적 동물들과 원시인 무리에서도 공통적으로 발견된다. 베르탈란피에게 기본적인 도덕이란 간단히 말해 언어화된 본능이었다. 그는 이어 인간 폭력의 근원에 대해 흥미로운 해석을 전개한다. 인간의 근본적 특성이 상징화의 능력에 있다는 것이다. 즉, 전쟁의 근원이 "이념 혹은 상징의 충돌"이지 생물학적 생존의 문제가 아니라는 주장이다. 전쟁은 인간의 공격성이 자연스럽게 드러난 결과로, 가장 분명한 인간의 형태가 우리의 상징 체계로 나타난 것이다. 악의 근원에 대한 구약의 설명이 놀랍도록 정확하다고 그는 이야기한다. 그는 이렇게 표현했다. "인간은 자신을 다른 존재들과 구별해준 독특성에 대하여 값을 치러야 했다. 선악을 알게 하는 나무가 바로 사망의 나무다."[10]

　성과 같이 이른바 긍정적인 욕구의 표현이 역기능적일 수 있다는 사실을 자아주의자들과 주요 이론가들은 간과해 왔다. 오히려 오늘날 자기중심적인 성의 혁명이 불러온 부정적 결과에 익숙하게 노출된 사람들은 일반인들이다. 심리학 학회들은 수백만의 성병 사례들과 (그중 일부는 에이즈와 헤르페즈처럼 치료가 불가능한 질병들이다) 골반 내 염증 질환과 다른 성병으로 인한 불임 사례들과 더불어 많은 성적 행위들이 중독의 형태라는 사실을 인정했다. 성중독은 본인이 제어할 수 없을 정도의 잦은 사창가 출입과 자위행위(남자와 여자를 모두 포함), 포르노 시청 그리고 동성애의 시도를 포함한다.[11]

　또 다른 병적 현상은 가학 피학성 변태 성욕(SM)인데 이것은 중독일 수도 아닐 수도 있다. 오로지 SM의 기쁨을 묘사하기 위해 상당수의 책들이 쓰였다.『섹스의 기쁨』,『섹스의 기쁨 II』,『그룹 섹스(Group Sex)』,『동성애 섹스의 새로운 기쁨(The New Joy of Gay Sex)』이 그 예다. 당신만 좋다면 SM은 나쁜 것이 아니며 직접 경험해 보지 않았다면 그것을 비판하지 말라는 그들의 주장을 옹호하는 책들도 등장했다.[12] 이러한 행위에 대한 선전은 또한「빌리지 보이스(The Village Voice)」와 같은 간행물에도 대대적으로 실리고 있다. 쾌락에 적응하는 정도(혹은 적절한 자극의 정도)가 경험과 함께 지속적으로 상승한다는 잘 알려진 심리학 이론에도 불구하고, 자아 이론가들은 우리가 자신의 생물학적 갈망을 만족시키기 위해 자신과 다른 사람들을 괴롭히고 있다는 사실을 간과한다. 이러한

"쾌락의 상대성" 때문에 사람들이 같은 정도의 쾌락을 위해 더욱 더 극단적인 상황으로 자신을 몰아가는 것이다. 하지만 극단의 상황은 부작용을 불러오며 따라서 실제로 쾌락은 감소하게 되어 있다.[13] 심리학자 도널드 캠벨은 부부관계와 다른 대인 관계들 속에서 적응도가 상승할수록 쾌락에 대한 기대 또한 상승한다는 사실을 강조했고, 또한 그러한 욕구 불만은 현대의 높은 이혼율의 원인이 된다고 이야기했다. 쾌락에 대한 약속보다는 의무에 대한 강조가 전반적으로 더 높은 만족을 가져올 것이라는 주장이다.[14]

인간 본성에는 선을 향한 잠재력만이 존재한다는 가정을 지지하기 위해 매슬로는 다양한 종류의 증거들을 인용했다. 코퍼와 애플리는 잘 알려진 책 『동기부여(*Motivation*)』에서 한정된 과학적 증거[예를 들어 특정한 육체적 기능인 무의식적 규제(항상성)나 어린이와 동물들의 식이요법에 대한 자기선택과 같은]들은 논제와는 무관하거나 설득력이 없다고 주장한다. 그들은 이어 이렇게 기록한다.

> 매슬로가 인간 본성에 대한 자신의 견해를 지지하기 위해 어린이들이 보통 성인이나 학생들에 비해 꾸밈이나 거침이 없으며 방어적이지도 않고 호기심이 넘치며 창조적이라는 사실을 또 다른 증거로 제시했다. 이것을 부인하기는 어렵지만, 그렇다고 그것을 증명해 줄 직접적인 자료가 있는 것은 아니다. 물론 어린이들이 동시에 성가시고 충동적이며 근시안적이고 공격적이며 자기중심적이고 육체의 필요에 지배를 받는다는 사실을 간과한 채, 왜 그러한 특징들만 인간 본성이라는 일반적 견해를 지지하는 증거가 되어야 하는지도 의문이다.[15]

매슬로의 잘 알려진 "자기실현"이라는 개념에 대해서는 비교적 연구가 별로 이루어지지 않았을 뿐만 아니라 그나마도 대부분 부정적인 의견을 제시한다. 예를 들어 매슬로는 자기실현이 이루어진 사람들은 창조력이 뛰어날 것이라고 가정한다. 하지만 매티스의 실험은[16] 매슬로의 이 같은 가정을 뒷받침할 증거를 찾지 못했다. 매슬로는 또한 자기실현이 된 사람들은 육체적으로도 건강할 것이라고 예측했다. 하지만 이것을 증명하려던 다른 조사 역시 증거를 찾아내지 못했다.[17] 매슬로의 욕구 단계론은 몇 가지 문제점이 있다. 한 성격 심리학자가 지적한 것처럼 "매슬로가 육체적인 필요보다 강하지 않다고 여겼던 가치를 위해 굶주림과 목마름을 견디는 것은 물론이고, 죽음까지 불사하겠다는 사람들이 실제로 존재하기 때문"이다.[18] 매슬로의 이론으로는 이것을 설명할 수 없고 자기실현이라는 그의 정의도 마찬가지다. 개인의 자기실현 정도를 측정해 주는 테스트가 있긴 하지만, 그것은 명백한 반종교적 편향을 비롯하여 다양한 이유로 비판의 대상이 되어 왔다.[19]

가장 기본적인 인간의 필요가 육체적 욕구와 안전에 대한 욕구라는 매슬로의 가정 또한 비판의 대상이 된다. 갓 태어난 아기에게는 다른 무엇보다 자신을 사랑해 주는 어머니가 필요하기 때문이다. 누군가 갓난아이를 안아 돌보아 주지 않는다면 아이는 곧 죽게 된다. 육체적인 필요가 충족되었더라도 누군가 만져 주고 잡아 주지 않는다면, 즉 아이가 대인 관계에서 필요한 관심을 받지 못한다면 튼튼하게 자라지 못할 수도 있고, 때로는 죽을 수도 있다는 연구 결과도 있다. 간략히 말해 사랑이 사람의 육체적 건강과 긴밀하게 연결되어 있다는 말이다. 따라서 가장 먼저 육체적 욕구, 그 이후 안전에 대한 욕구, 또 그 이후 애정과 소속에 대한 욕구, 그러고 나서야 자기 존중의 욕구가 충족될 수 있다는 매슬로의 주장은 그릇된 것이라는 뜻이다. 그렇게 순서가 정해질 수는 없다.

자기실현의 마지막 문제점은 매슬로 자신이 증명해 준다. 그는 노년에 자기실현은 오직 성인들에게서만 발견된다고 주장했다. 그는 자기실현의 개념이 어린이들에게는 적용될 수 없고, 심지어 대학생들조차 자기실현의 예가 될 수는 없다고 분명히 말했다.[20] 하지만 자기실현에 가장 열정을 보이는 것은 바로 (초중고) 공립학교들이다. (교육자들은 매슬로의 주장을 묵살했다.) 또한 자기실현의 의미를 탐구하기 위한 연구 대부분은 대학생들을 대상으로 이루어졌다.

그의 이론과는 달리 실제의 매슬로는 현실주의자에 가까웠다. 그는 악의 존재를 인정했을 뿐 아니라 인생의 말년인 1970년에는 당시 시대적 "어리석음"에 대한 자신의 업적을 수정하려 노력하기도 했다.[21]

간단히 말해 자기실현에 대한 경험적 증거는 그것에 대한 광범위한 열정에 비해 너무나도 빈약하다.

칼 로저스는 치료 과정을 녹음해서, 보통은 정성(定性)적 방식으로 그것을 다시 분석하여, 거의 최초로 심리 치료의 경험적인 연구를 시작했다. 또한 그는 스티븐슨이 개발한 Q분류라는 기술을 사용했는데, 그것은 환자의 자기 개념에 관련한 초기 연구의 도약점이 되기도 했다.[22] 하지만 유망했던 이러한 초기 시도들에도 불구하고, 로저스와 그의 제자들이 이어간 연구들은 별 성과를 거두지 못했다. 오히려 로저스는 방향을 180도 바꾸어 방법론과 연구 설계적 측면에서 볼 때 심리학은 한쪽으로 치우친 임의적 학문이라고 공격했다.[23] 이에 대해 한스 스트럽과 같은 유명한 임상 심리학자들은 로저스와 그의 제자들은 모순적 정신을 지닌 비합리주의자들이며, 그들이 과학적으로 완전한 임상 심리학을 공연히 비판한다고 반격했다.[24]

자아 이론가들은 그들의 주장이 광범위한 경험적 자료, 즉 환자의 진술이나 감정, 행동에 기초한다는 사실을 강조한다. 임상적 배경은 충분한 증거를 제공하며, 그것이 표준적 과학 실험을 위한 전통적인 필요를 만족시키지 못한다고 해서 그러한 증거를 무시해서는 안 된다는 주장이다. 그들의 주장은 기독교뿐 아니라 다른 종교들에게도 매우 중요하다. 그것이 만일 사실이라면, 그들이 말하는 증거에 대한 동일한 기준이 성직자와 그들의 인도를 구하는 영적으로 갈급한 사람들 사이에도 적용되어야 하기 때문이다.

그러한 경험의 유효성을 뒷받침하기 위해 회심이나 영적 거듭남의 효과에 대해서도 "임상적 증거"가 사용되어져 왔다. 언어적 표현과 (자신의 고백이든 다른 사람의 증언이든) 큰 기쁨과 지혜, 성도가 된다는 효력은 전통적으로 중요한 기독교의 증거로 받아들여졌다. 그리고 이러한 배경과 관계 속에서 얻은 결과들도 과학적인 증거로 받아들여질 수 있다는 주장이 된다.

이러한 종류의 증거는 정보 수집의 첫 단계로 받아들여야 하며, 이 단계에 이어 가정을 실험으로 옮기는 더욱 세심하고 전통적이며 과학적인 과정이 뒤따른다는 반론 또한 설득력이 없다. 그러한 반박이 어불성설인 이유는 세 가지다. (1) 자아 이론의 경우 이러한 종류의 증거는 그 자체로 충분하다고 주장한다. (2) 자아 이론가들의 경우 더 이상 과학적 단계의 진보가 없이 이미 20-30년의 시간이 흘렀다. (3) 마지막으로 심리 치료사들과 임상 심리학자들은 최근 전통적인 과학의 입장이 원칙적으로 적절치 않다고 주장하고 있기 때문이다. 예를 들자면, 실존주의적 심리학자들은 "현대 심리학에서 모든 주요 운동들의 이론적 역할에 대한 의문을 제기하는데, 그것은 인간에 대한 연구가 완전히 자연과학일 수 있다는 점을 가정한다."[25]

인본주의적인 관점과 관련 심리학에서 과학적 기준을 완전히 상실했다는 점은 심리학 교과서들조차 인정하는 사실이다. 그 예로 성격 이론에 대한 한 유명 교과서는 매슬로의 이론에 대해 "어디에서 과학을 벗고 어디에서 영감을 시작했는지 알 수가 없다."고 말한다.[26] 정신분석—그리고 치료 과정에서 수집된 증거에 바탕을 둔 모든 심리 치료 이론들—에 대한 최근의 비평은 그러한 심리학이 원칙적으로 과학적이지 않다는 사실을 보여 준다. 다른 말로 하면 증거를 수집하는 기초적 상황이 너무나도 편향적이고 주관적이며 통제되지 못해, 그것에서 온 어떠한 정보도 과학적으로 평가될 수 없다는 뜻이다.

더욱 흥미로운 사실은 최근 많은 치료 이론가들이 치료의 과정을 과학적이라기보다는 설명적인 것으로 주장한다는 것이다.[27] 도날드 스펜스를 비롯한 이 이론가들은 심리 치료를 일종의 개인 역사의 전개로 보는데, 물론 그것의 사실 여부는 확인이 불가능하다. 스펜스뿐만 아니라 많은 심리 치료사들은 심리 치료가 과학적이지 않고 앞으로도 절대 과학적이 않을 거란 사실을 받아들이며 그 사실을 축하하기까지 한다. 점점 더 많은 심리 치료사들이 심리 치료를 이상적 형태로도조차 과학과 의학의 형태로 보지 않으려 한다는 뜻이다.

과학적 관점으로부터의 일탈은 심리학의 모델이 자연과학이나 의학으로 보기에는 모두 적절하지 않다는 다양한 논쟁에서 비롯되었다. 프랭크와 프랭크와 같은 주요 이론가들은 심리 치료가 설득의 과정이라 주장하는데, 그러한 과정 속에서 치료사에 대한 환자의 믿음뿐만 아니라 어느 이론이든 능수능란하게 적용할 수 있는 치료사의 풍부한 경험과 그의 따뜻하고 호의적인 지지가 환자의 고통을 경감시킨다는 이야기다.[28] 오늘날의 심리 치료는 환자의 믿음을 효과적으로 정당화시키기 위한 체계를 갖추려 애쓰는 반면, 심리 치료의 다양한 이론들이 과연 "사실인지를 증명"하고자 하는 노력은 전혀 강조하지 않고 있다. 이전 임상 심리학은 사실에 대한 그들의 주장을 지지하기 위해 (또한 수백만 달러의 정부 지원과 보험금 청구를 위해) 그들의 학문이 성실한 과학이라는 사실을 열정적으로 주장하곤 했다. 하지만 오늘날 많은 사람들이 심리학을 종교적 치유나 회심과 별반 다르지 않게 분류하고 있다.

심리 치료의 효과를 개념화시키고 평가하기 위한 진지하고 조직적이고 과학적인 시도들이 있어 왔다. 보급자들의 주장에 비할 때 결과는 사실 미미한 편이지만, 의지가 강한 사람들에게는 심리 치료나 상담이 도움이 된다는 증거는 충분한 편이었다. 그러나 그러한 긍정적 결과가 치료사들이 지지하는 특정 이론들 때문이라고 보기는 어려웠다. 따라서 치료사가 프로이트파인지, 융파인지, 신(新)프로이트파인지, 인본주의자인지, 아니면 절충 치료사인지는 그렇게 중요하지가 않다. 심리 치료의 효과는 모든 종류의 치료에 존재하는 공통 분모에서 오기 때문이다. 그것은 치료에 대한 환자의 약속과 환자에 대한 치료사의 긍정적인 지지뿐만 아니라 (주로는 경험에서 비롯되는) 환자의 비뚤어진 생각에 대한 도전과 긍정적 변화를 유도해 내는 치료사의 능력에 있었다.[29]

이러한 설명의 유일한 예외는 (공포증이나 공황발작과 같이) 매우 특정한 심리적 문제가 있을 경우로, 이러한 때에는 "대화" 치료와 같은 형태들보다 인지 행동 방식들이 훨씬 효과적이었다.[30] (하지만 이러한 접근들은 인본주의적인 자아 심리학에 속하지 않는다.)

우리는 원래 그토록 선한 존재인가?

인간의 내재된 본성이 완벽히 선하다는 자아주의자들의 신념은 정확히 얼마나 극단적일까? 대답은 '무척'이다. 수백만 권의 책들을 팔아 치우며 이제까지 이 이론을 보급해 온 사람들은 거의 한목소리로 자아의 선을 장담한다. 하지만 이기적 이용이나 자기애, 혹은 가학성 성애로 이어질 수 있는 그러한 자기 표현의 문제에 대해 그들은 거의 아무런 언급도 하지 않는다. 이렇게 불쾌한 양상은 건너뛰면서 "당신 자신을 사랑하고 신뢰하며 자신이 좋아하는 일만 하세요."라는 메시지를 지속적으로 전한다. 그러니 그들이 인기 있는 건 당연하지 않겠는가.

이론가들은 이러한 문제를 진지하거나 충분히 다루지 않는다. 성격 이론에 대한 그들의 글에서 홀과 린지는 "인간은 절대 악하지 않은, 즉 본질적으로 선한 내재적 본성을 가지고 있다."는 매슬로의 입장을 분명히 묘사했다.[31] 또한 "인간이 선천적으로 악하다는 신조가 맞다면" 인본주의 도덕의 입장은 이치에 맞지 않을 것이라던 프롬의 앞선 주장도 잊어선 안 된다. 로저스의 낙관주의 역시 악의적 공격성, 가학성 성애 그리고 자기애적 자아와 같은 문제들을 조직적으로 다루는 데는 실패했다. 자신의 치료 이론에 대한 로저스의 앞선 두 가지 진술은 그러한 한계를 잘 말해 준다. 로저스는 자신의 이론을 요약하면서 치료에 있어서 가장 중요한 점은 환자가 점차적으로 "자신을 향한 무조건적인 긍정적 관심"을 느끼는 것과, "자기 자신을 평가의 중심"으로서 경험하는 것이라고 주장했다.[32] 이 요약 어디에서도 그는 그러한 원리들을 제한하거나, 그 원리들이 적용되지 않는 사람들과 상황들에 주의를 기울이지 않는다. 그것은 그의 다른 저술에서도 마찬가지다. 이것은 자기애와 유아론(唯我論) 그리고 방종을 격려하는 것이나 다름없다.

프롬은 악의 문제와 자신의 입장에 그 문제가 미치는 이론적 중요성을 잘 알고 있었다. 그리고 더욱 커져 가는 비판의 목소리에 대항하고, 자신의 인본주의적 입장을 논하기 위해 『파괴란 무엇인가(*The Anatomy of Human Destructiveness*)』를 집필했다.[33)] 하지만 상당한 분량에도 불구하고, 이 책 역시 그의 "낙관적" 인본주의를 옹호하는 데는 실패했다.

프롬의 논쟁에는 몇 가지 중요한 결점이 있다. 첫째, 그는 공격성을 두 가지 종류로 나눈다. 방어적이고, 따라서 유용한 "선"한 공격성과 공격적이고 따라서 악한 공격성이다. 후자만이 진짜 악이고 이런 악이 생겨나는 원인은 착취하는 사회에 있지 인간의 본성과는 아무런 관련이 없다는 주장이다. 이해하기 어려운 점은 왜 착취하는 사회의 존재가 인간의 본성과는 아무 관련이 없다고 생각하는가 하는 점이다. 사람들이 그렇게 선하다면 사회가 어떻게 악해질 수 있을까? 이러한 분류에는 또 다른 문제가 있다. 실제 삶에서 이런 차이점을 구분해 내는 사람이 없다는 사실이다. 우리는 다른 사람들의 정당하고 방어적인 반응을 적대적이고 공격적인 공격성으로 이해하려는 성향이 강하다. 이것은 사회의 영향을 거의 받지 않는 한 살배기 아이들에게조차 공통적으로 나타나는 현상이다. 이와 같이 파괴적이고 악한 공격성의 중심에는 우리의 잘못된 성향이 자리한다. 그리고 원죄라는 신학적 개념이 설명하는 내용이 바로 우리의 이러한 판단과 의지의 잘못된 성향인 것이다.

둘째, 프롬은 잔혹하고 악하다고 잘 알려진 역사적 인물들의 성격을 설명하려 시도했다. 하지만 그들이 성인이 되어 저지른 폭력과 악을 설명해 줄 만한 특이한 유아 시절의 환경을 찾아내지는 못했다. 그 역사적 인물들에게 폭력적 부모가 있었다고 가정한다 해도, 여전히 여러 가지 다른 문제들이 떠오를 수 있다. (1) 우리는 왜 우리를 해치는 사람들을 미워할까? 궂은 날씨를 피하듯 그냥 그들을 피할 수는 없는 걸까? (2) 폭력적인 부모들의 동기는 어디에서 비롯된 걸까? 그들은 어쩌다 그런 사람들이 된 걸까? 그들이 그저 착취하는 사회의 일부라는 주장은 너무나도 모호하다. 또한 우리에게 폭력에 대한 잠재적 능력이 없는데, 착취하는 사회의 배경이 어떻게 우리에게 그런 영향을 끼칠 수 있을까? 다시 말해 증오와 폭력은 왜 그렇게 쉽고 또 자연스럽게 그 모습을 드러내는 걸까?

세 번째 주요한 결점은 프롬의 예가 모두 극단적이라는 사실이다. 사실 악이 상대적으로 흔하지 않다는 그의 가정을 생각한다면 이는 당연한 결과다. 하지만 프롬의 이론이 어떠하든, 사실 평범한 사람들은 악을 일상적으로 경험한다. 파괴적 행동과 무례함, 미움은 대도시와 시골 마을을 가리지 않으며 대학 캠퍼스, 신학교, 정부 기관, 기업, 공장 그리고 가정 등에서 매일같이 표현된다. "착한" 사람들이라고 해서 악담과 배신과 같은 행동들을 하지 않는 것은 아니다. 악은 평범하고 사소한 것들에서 비롯된다. 폭력적인 생각과 상상 그리고 사소한 증오는 우리에게 익숙할 뿐만 아니라 기쁨을 주는 활동들이다. 우리는 그들을 소중히 여기기까지 한다. 역사 속의 위대한 악마들이 꼭 이 책을 읽고 있는 독자들이나 나보다 악하다고 볼 수는 없다. 그들은 정치적 권력을 통해 자신들의 악한 의도를 전개할 수 있었지만 대부분의 우리에게는 그러한 권력이 없다는 것이 차이점이다. 하지만 악은 다를 바가 없다. 폭력이나 복수는 세상 모든 사람들이 즐겨하는 생각으로, 그러한 내면의 생각이 지루해질 때면 우리 모두는 복수나 폭력을 전문적으로 다루는 텔레비전 프로그램이나 영화, 책들에서 무한한 공급을 받는다.

또한 프롬은 권태를 공격적 활동을 자극하는 한 요인으로 인정하지 않았다. 폭력과 전쟁의 가장 큰 매력 가운데 하나는 많은 경우 그것이 분출구가 되어 권태로부터 탈출하게 해 준다는 점인데 말이다. 심리학자 겸 인류학자인 어니스트 베커는 전쟁에 대한 역사적 동기를 이렇게 묘사했다.

> 인간은 부족 생활에서 오는 개인적인 욕구 불만, 예를 들어 성적 질투나 슬픔을 극복하기 위해, 또 어떠한 경우는 권태로움의 이유로 전쟁을 벌이곤 했다. 원시적 수준의 삶은 단조롭고, 따라서 전쟁은 새로운 경험과 여행, 실질적 자극의 중요한 원천이 되곤 했다.[34]

남자 아이들이 전쟁 놀이를 하는 이유는 그러한 놀이를 통해 증오나 폭력성을 보이기 위해서라기보다, 그러한 놀이가 재미있기 때문이다. 지루함이나 자극의 필요성은 청소년 범죄와 약물, 성 문제 같은 오늘날 많은 사회적 문제들의 원인으로서 철저히 간과되어 왔다.

마지막으로 프롬의 생물학적 증거는 지극히 비전형적이다. 예를 들자면 수컷 사자나 고양이가 그들의 새끼를 죽이는 것과 같은 동일한 종 안에서 일어나는 치명적인 공격성을 그는 무시했다. 이것은 일부 영장류들에게서도 나타나는 현상이다. 또한 그는 침

팬지와 개코원숭이처럼 사회적으로 서로 밀착된 동물들이 자신의 무리에게는 최대로 협력하면서 다른 무리에게는 극대의 공격성을 동시에 보인다는 증거에 대해서도 논하지 않았다. 하지만 생물학자들이 제시하는 도덕과 윤리에 대한 진화 이론들을 포함해, 사회에 대한 진화 이론들을 고의로 생략한 것에 비한다면 이러한 편협한 선택은 사실 아무것도 아니다.[35] 과학자들의 논쟁은 이렇게까지 극단적으로 이어진다. "유기체는 단독으로 존재하지 않는다. 그것의 주된 기능 또한 다른 유기체를 생산하는 것이 아니다. 유기체는 유전자를 생산해 잠시 보관하는 역할을 할 뿐이다."[36] (도덕적 윤리들은 언어화된 본능이라던 베르탈란피의 견해를 기억해 보라.) 우리의 생물학적 본성이 사회를 이해하는 이론적 근거, 즉 인본주의적 자아 이론가들이 주장하는 모호한 개념과는 본질적으로 다른 근거를 제공해 준다는 사실을 이해하기 위해 그렇게 극단적인 생물학적 환원주의를 받아들일 필요까지는 없다. 사회 생물학자들은 생물학이 우리 눈동자의 색깔을 결정 짓듯, 우리 사회 구조와 역할을 대부분 결정 짓는다는 극단적인 주장을 펼치기 때문이다. 예를 들어 많은 사회 생물학자들은 완전한 결정론을 강조하면서 모든 사람들은 본질적으로 이기적인 존재라고 주장한다. 이타주의 역시 생물학적으로 결정된 것이며 개인의—혹은 그룹의—가장된 이기주의라고 해석하는 것이다. 이것은 인본주의자들과는 정반대의 해석으로 인간을 완전히 이기적인 존재로 보는 것이다.

    자연적 자아의 완전한 선을 옹호하는 심리학자들은 이제 거의 없다. 이러한 변화가 일어난 데에는 역사적, 사회적 사건들이 중요한 원인을 제공했다. 예를 들어 홀로코스트는 인간이 얼마만큼 악할 수 있는지에 대해 심원한 질문을 제기했다. 중동과 인도, 동유럽 그리고 아일랜드를 비롯해 전세계적으로 일어난 민족, 인종, 종교 갈등과 더불어 미국 내에서 끊임없이 일어나는 고통스런 인종 문제 역시 이전 심리학자들의 낙관적인 가정을 순진하고 어리석은 것으로 만들어 버렸다.

인간의 본성은 거의 완전하게 선하며 악은 사회가 저지른 일종의 실수라는 견해에 대한 과학적 비평으로, 미국 심리학 협회(American Psychological Association, APA) 의장이자 인간 사회에 대한 사회적, 생물학적 해석의 주창자인 사회 심리학자 도널드 캠벨의 의견을 제시함으로써 결론을 짓고 싶다. 현대 미국 사회에 만연한 "제재를 모르고 지나치게 자기도취적이며 이기적인 개인들의 비이상적인 결과물"을 바라보며 캠벨은 그러한 책임을 심리학에 돌리고 있다.

> 생물학적 진화가 제시하는 인간의 충동은 개인적으로나 사회적으로 옳고 이상적인 반면, 억압적인 도덕적 전통은 그르다는 가정이 현대 심리학의 기본적 배경이다. 하지만 이러한 가정은 과학적으로 그릇된 것이다. 80-90퍼센트의 대학 수업은 물론 이제 초중고등학교까지 장악해 버린 이러한 배경의 견해를 선전함으로써, 심리학은 우리가 아직은 온전히 이해하지 못하는, 사회 진화론적인 억제 구조가 가진 굉장히 소중한 가치를 소유하지 못하도록 방해하고 있다.

그는 "인간이 지닌 육체적이고 동물적인 본성 탓에 죄와 유혹 그리고 원죄라는 개념에는 사회적 기능성과 심리적 유효성을 담게 되었다."고까지 구체적으로 말했다.[37]

4 심리학의 철학

정의에 대한 질문

자아주의와 관련된 철학적 견해의 가장 큰 문제점은 자아주의의 주창자들이 그들의 주요 개념인 자아를 제대로 정의하지 못한다는 데에 있다. 실존주의자들의 글에는 이러한 문제에 대한 분명한 인식이 드러나 있다. 하지만 거기에도 여러 가지 심각한 문제들이 있고 그 문제들은 아래에서 언급될 계획이다. 미국 자아 이론가들은 이 근본적인 문제를 간과해 왔다. 그들에게 "자아"의 개념은 자명했다. 각 개인이 경험하는 대로의 "나"를 있는 그대로 받아들였다는 말이다. 물론 자기를 실현하는 가운데 있는 자아의 예는 많겠지만, 그러한 예들이 이러한 기초적 문제의 해결점은 될 순 없다.

예를 들어 자아는 생물학으로부터 기인하는 걸까? 그렇다면 자아 이론가들은 우리의 생물학적인 본성을 무시하는 걸까? 대신 그들은 아래와 같은 놀라운 묘사를 제공한다.

태초에 나는 나 자신의 경험 외에는 아무것도 모르는 한 사람이었다. 하지만 새로운 것을 배웠고 나는 두 사람이 되었다… 태초에 내가 있었고 나는 선했다. 그리고 내게 또 다른 내가 다가왔다. 권위 바깥의 내가.[1]

우리가 기본적으로 선하다는 완벽한 낙관주의, 성경의 창조 기사의 언어로 표현되고(스티븐의 마지막 두세 문장은 마치 패러디처럼 보인다) 모든 악은 다른 사람들에게서 왔다는 합리화로 완성된 신비하고 정의되지 않은 "나"에 대한 가정. 이와 더불어 위와 같은 요약적 진술은 혼란스러운 사고의 절정이라 할 수 있다. 모두 선하게 태어난 사람들이 어떻게 악이 만연한 사회를 만들어 냈는지에 대해서는 전혀 논의되지 않고 있다.

자아에 대한 또 다른 중요한 문제는 자아 속에는 충돌하는 부분들이나 층들이 분명히 존재한다는 것이다. 우리 모두는 다른 목표들과 다른 이상들 사이의 충돌을 경험해 보았다. 그렇다면 그중 무엇이 "진짜" 자아일까? 다양한 자아들 가운데 어떻게 하나를 고를 수 있을까? 만일 "진짜" 자아는 하나이고 진짜 자아는 서로 충돌하지 않는다는 주장이 사실이라면, 그러한 주장의 근거는 무엇일까? 인식된 자아의 참된 잠재력은 무엇일까? 자아라는 개념에는 참된 존재를 제한하는 본성이 들어 있고 따라서 거부되어야 하는 것은 아닐까? 사실 자아의 개념은 사회, 특별히 현대 서구 사회가 만든 것은 아닌가? 자아와 사회를 끊임없이 비교할 뿐 아니라 사회를 자아의 적으로까지 보는 자아 이론가들이야 그렇게 생각하지 않겠지만 말이다.

이와 같은 문제점들은 오랫동안 제기되어 왔다. B. F. 스키너의 입장이 적절하다고 생각하진 않지만, 그가 1956년 로저스와의 토론에서 지적한 다음의 내용에는 공감이 된다.

> 환자가 스스로 방향을 정하게 되었다는 증거가 어디에 있는가? 환자가 스스로 자신의 이상과 목표를 선택하게 되었다는 증거가 어디에 있는가? 치료사가 대신 선택하지 않고 또 아무리 환자의 "자기실현"을 강조한다고 해도, 필요에 따라 그 상황에 뛰어들 준비가 되어 있는 한 치료사가 통제권을 쥐고 있는 것이다. 예를 들어 환자가 더욱 능숙한 거짓말쟁이가 되거나 그의 상사를 죽이겠다는 목표를 선택한다면 어떻게 하겠는가? 한 발 물러서 치료사가 완전히 손을 떼었거나 환자에게 더 이상 치료가 필요하지 않은 상태가 되었다고 가정해 보자. 환자에게 영향을 미치는 다른 요인들은 어떠한가? 환자가 스스로 정한 목표가 이전의 도덕적, 종교적 훈련과 관계가 없다고 볼 수 있을까? 혹은 그가 속한 무리의 전통적 지혜나 그가 중요하게 생각하는 다른 사람들의 의견이나 태도와 무관하다고 할 수 있을까? 물론 그렇지 않다.[2]

당시―그리고 그 이후로도―로저스는 아무런 대답을 하지 않았다.[3]

텅 빈 자아

자아의 사회적 본질에 관한 문제는 최근 몇 년 동안 관심의 대상이 되어 왔다. 이 문제를 분명히 하기 위해 나는 쿠쉬만의 「왜 자아가 텅 비었나(Why the Self Is Empty)」라는 논문을 요약할 생각이다. 이 문제에 대한 그의 묘사가 매우 간결하고 설득력이 있기 때문이다.[4]

쿠쉬만은 "자아"가 기본적인 사회의 구성이기 때문에 자아의 의미는 그 개인이 살고 있는 공동체나 역사적인 정황 속에서 정의되어야 한다고 강력히 주장한다. 그러한 맥락으로 볼 때 자아는 사회나 역사적 상황의 변화와 더불어, 계속적으로 변화하고 발전하는 일종의 움직이는 과녁과도 같다. 자아의 특정한 양상은 그대로 유지될 수도 있겠지만 대부분은 유동적인 개념이라는 뜻이다.

그는 현대 미국인의 자아 구조를 보다 전통적인 개념들에 비교한다. 미국인의 자아가 절약하고 자신의 성적인 충동과 공격적인 충동을 제어하던 예전과 달리 천천히 변해 가고 있기 때문이다. 이전에 반해 제2차 세계대전 이후 떠오른 좀 더 새로운 자아는 "자기실현," 즉 소비하고 자신의 충동을 만족시켜야 한다는 강한 욕구를 느끼는 존재다.

쿠쉬만에 따르면 이전의 자아는 도덕적인 성품과 종교적 성품을 개발하는 데 집중한 반면, 최근의 자아는 세속적인 성품에 더욱 관심을 둔다. 이 최근의 자아는 또한 자주성이나 독립심이 부족하고 내부 지향적이다. 시대가 더 옛날이고 더 전통적일수록 자아는 대인 관계, 대가족, 이웃, 작은 규모의 공동체 그리고 종교적인 믿음에 뿌리를 두었다. 하지만 현대 경제와 정치가 변화하면서 대가족은 핵가족화되었고, 최근에는 핵가족이 더욱 작은 규모인 편부모 가정으로까지 축소되고 있다. 게다가 오늘날 많은 사람들은 도시 환경에서 가족과 친구들과는 분리된 삶을 살고 있다. 또한 많은 사람들이 직업을 중심으로 자주 움직이게 되면서 평생 관계의 가능성은 더욱 크게 감소하고 있다.

쿠쉬만의 기본적 논제는 전통적인 자아에서 사회적 정체성을 제거하고 나면 본질적으로는 "텅 빈" 자아가 남는다는 것이다. 그리고 현대 사회가 창조해 낸 이러한 내면의 공허함은 심리학과 광고라는 두 가지의 새로운 사회적 힘으로 대신 채워진다. 광고는—혹은 "소비 사회"는—정체성 부족에서 오는 자아의 허기를 만족시키는 역할을 한다. 따라서 오늘날 우리는 우리가 사용하는 상품과 그 상품과 관련된 이미지 그리고 휴가나 오락과 같이 우리가 구매하는 활동들로 우리 자신이 누구인지를 이해한다. "생활양식"이 우리의 정체성이 되었다는 말이다. 쿠쉬만은 상업주의와 더불어 심리 치료 또한 공허함으로 고통당하는 사람들에게 의미와 정체성을 부여하기 위해 생겨났다고 주장한다.

쿠쉬만과 마찬가지로 나도 바로 이러한 필요 때문에 심리학 이론들이 개발되었고 인기를 얻었다고 생각한다. 그들은 자아와 자아실현에 대한 이론들을 제공함으로써, 사회가 야기해 온 사람들의 공허함을 채워 왔다. 자신의 환자들 대다수가 인생의 의미를 잃어버린 삼사십 대였다고 이야기한 융의 경우를 예로 들어 보자.

그는 자신의 환자 대부분이 종교적 위기를 경험하고 있다는 이야기를 하기도 했다. 융의 이론은 환자의 개인적, 집단적 무의식은 온갖 종류의 인격화된 힘으로 가득하다 설명한다. 모든 사람들의 무의식은 원형을 포함하며, 이 원형은 특별히 자아의 원형들, 페르소나, 그림자, 아니마 혹은 아니무스 그리고 대지와 현자, 영웅 등과 같은 다양한 형태들로 각 개인을 상징한다. 쿠쉬만과 비슷한 시각에서 나는 융 또한 사람의 공허한 자아를 온갖 다른 인물들로 대신해 채웠다고 생각한다. 그리고 그러한 매혹적 인물들은 일생 동안 그 환자들을 쫓아다녔다. 다른 말로 내면의 심리적 공동체가 외면의 사회적 관계들을 대체한 것이다.

하지만 쿠쉬만은 이러한 광고와 심리학의 도움에도 불구하고 현대적 자아는 여전히 공허한 상태로 남아 있다고 믿는다. 그것이 치료사와의 관계든 치료 그룹과의 관계든 치료 심리학적 관계들이 이전의 전통적 대인관계에서의 정체성을 대체할 수는 없기 때문이다. 융이 주장하는 무의식 속에서 나오는 인격화된 힘들도 인간 공동체를 향한 우리의 깊은 필요를 만족시키기에는 역부족이다. 마지막으로 우리가 구매하는 상품들—과 그것에 관련된 이미지들—이 인격적 정체성에 대한 필요를 진정으로 만족시킨다고 생각하는 사람들 또한 거의 없다. 간략히 말해 텅 빈 자아에 대한 현대의 해결책은 모두 실패로 끝이 났다.

기본적 모순

좀 더 일반적인 인본주의 심리학의 자아와는 다른 실존주의적인 자아의 개념은 이제까지 잘 묘사되어 왔다. 매킨타이어가 묘사한 실존주의적 자아의 분명한 특성은 다음과 같다.

> 실존주의적 개인은 데카르트의 근본 철학(나는 생각한다, 고로 존재한다)이 빠진 데카르트식 자아라고 할 수 있다. 사르트르는 데카르트의 철학을 현상학으로부터 물려받았다. 사르트르에게 인식의 주체로서의 개인은 분리된 데카르트식 자아다. 그리고 도덕적 존재로서의 개인은, 이성 우선주의가 기준이 없는 선택들로 대체된 칸트식 인간이다. 하나님도 자연도 우주를 이성적이고 의미 있는 것으로 만들지는 못하며, 지식이나 도덕과 같이 사회적으로 성립되고 인정된 기준이라는 배경도 존재하지 않는다. 실존주의가 말하는 개인이야말로 데카르트의 참된 후계자다.[5]

매킨타이어의 요약은 실존주의적 자아에 중요한 철학적 문제들이 포함되어 있다는 사실을 잘 보여 준다. 먼저, 기준 없는 선택이라는 개념에 바탕을 둔 자아가 가능하지 않다는 사실이다. 기준이 없는 선택은 선택이 아니기 때문이다. 너무나도 모순적이고 이상하지만 실존주의에게는 핵심적인 이러한 개념은, 실제로는 그 개념을 의지하고 있는 실존주의적 자아에 앞서 선행되어야만 하는 개념이다. 실제로 모든 사람들이—때로는 무의식적으로—기존의 기준을 받아들이며, 바로 그곳에서 실존주의 개인 철학이 시작한다. 하지만 존재의 부조리를 이유로 실존주의는 어떠한 기준도—특별히 실험되지 않은 기준들이라면—받아들이기를 거부한다. 그 말은 선험적이거나 외부적으로 유효한 원리가 존재하지 않는다는 뜻이다. 내재적 의미가 없는 것은 인생 자체도 마찬가지다.

따라서 철저한 실존주의자는 결코 실존주의적 인생을 시작할 수가 없다. 그것은 선택의 과정이 시작될 수 없기 때문이다. 선택하기 위해 기준의 문제를 그냥 지나칠 수가 없다는 말이다. 유일하게 중요한 철학적 질문은 자살을 할 것이냐 말 것이냐의 문제라던 카뮈의 말처럼 실존주의자들도 이러한 문제점을 인식한다. 하지만 보통의 실존주의자들은 완벽한 부조리의 원리를 무시하고 되어 가는 과정의 자아와 다른 가치(기준)들이 유효하며 완전히 무의미하지는 않다는 가정으로 그 허무주의를 벗어 버린다.

이제 선택이라는 과정이 시작되었지만 무엇이 자기실현이라는 실제적 목표가 되어야 하는지에 대한 문제가 여전히 우리를 가로막는다. 내 앞에 놓인 많은 가치들과 가능성들 중에서 나는 무엇을 선택해야 할까? 실존주의의 유명한 개념 "진정한 자아"를 정의하는 데 있어 실존주의는 별 도움을 주지 않는다. 사회나 정치 철학들 중 무엇이라도 실현의 기초가 될 수 있기 때문이다. 주요 실존주의 작가들이 이러한 사실의 증거가 된다. 20세기 가장 위대한 실존주의자였던 마르틴 하이데거는 나치 당원이었고, 칼 야스퍼스는 자유주의자였다. 장 폴 사르트르는 공산주의자, 마르크스주의자였다. 키에르케고르는 완고한 보수파로 1848년 자유주의 운동에 대한 군주의 진압을 옹호하기도 했다. 그리고 니체는 파시스트에서 왜곡된 인본주의자이자 적그리스도에까지 온갖 것으로 해석되어 왔다.[6]

    미국 자아 이론가들이 거의 만장일치로 옹호하는 자유 인본주의는 실존주의와 미국 자아주의 이론에서 도덕적 상대주의가 가진 상당한 문제들을 이제까지 숨겨 왔다. 하지만 자아 이론이 자유 인본주의적 가치와 본질적으로 관련이 되어 있다는 근거는 분명하지 않다. 하지만 그럴 것이라는 일반적인 추측은 미국 자아주의 이론가들의 유대 기독교 유산에서 비롯된 가정과 가치의 (대부분은 무의식적인) 영향 그리고 지난 세대의 서구 자유주의, 혹은 사회주의 지성 공동체의 영향에서 비롯된다. 미국이 이전과는 다를 뿐 아니라 더욱 사나워져 가는 정치적, 지성적 분위기로 그 자리를 옮겨 가면서 자아주의와 일맥상통하는 개인적, 사회적, 정치적 입장 또한 극단적인 불균형을 경험한다는 사실은 명백하다. 예를 들자면 백인과 흑인의 인종차별 문제가 그렇다.

    실존주의에서 가정하는 것과 그 가정의 내부적 모순과 문제점을 더욱 자세히 들여다 보자. 실존주의자들은 자아의 존재(Eigenwelt)를 받아들이지만, 미국 자아주의자들과 마찬가지로 선천적인 생물학적 요인이 자아에 어떠한 영향을 미치는지에 대해서는 아무런 언급도 하지 않는다. 그들은 또한 실존주의적 자아가 현대 서구 사회의 결과물이라는 사실을 간과한다. 사회적 요인과 내면의 정신적 요인이 자아에 미치는 영향을 제대로 이해하지 못했으니, 이들이 실존주의적 자아의 활동 무대를 정의하지 못하는 것은 당연하다. 이러한 요인들이 "진정한 실존주의적 자아"의 상태를 좌우하기 때문이다. 이러한 이해가 없는 진정성을 향한 탐구는 그 실체가 없다고 할 정도로 모호하기 그지없다.

예를 들자면 이런 것이다. 당신이 선택하지 않았기 때문에 이어지는 모든 것들은—이 밖에도 많은 것들이—진정한 것이 아니다. 당신의 나이, 성별, 인종, 태어난 나라, 가족, 언어, 당신의 무의식적인 인격적 특성(나쁜 것과 좋은 것 모두), 당신의 열정적(혹은 조용한) 기질, 당신의 건강, 기억력, 신장, 몸무게, 지성, 목소리, 건강한 (혹은 그렇지 않은) 치아, 코의 모양, 혈색, 눈동자의 색 등 모두가 말이다. 진정한 것이 아닌 껍질들은 하나씩 벗겨지고 결국 껍질을 모두 벗겨 낸 양파와 같이, 자아에는 순전한 영적 능력만이 남는다. 하지만 대부분의 자아주의자들은 실제로는 아직 진정성에서는 먼 수준에서 그러한 노력을 멈춘다. 과학을 벗어 버리고, 실체가 없는 영혼이라는 전통적 개념과 별반 다르지 않은 언어를 구사하기까지 이르는 사람도 몇몇 있지만.

또 다른 중요한 문제는 실존주의가 정신적 생활의 필수 요소로 "이성"—논리적, 수학적, 과학적인—을 받아들였다는 데에 있다. 이성의 선험적 존재는 인간 존재의 어떠한 한 부분(이성)이 먼저 그 본질을 갖는다는 증거를 제공해 준다. 게다가 사고의 과정은 (실존주의에 따르면) 우리 본성이 개발되는 통로인 선택에 아주 중요한 영향을 끼치는 요소이기도 하다. 이성은 우리 존재가 시작될 때부터 함께해 온 본성이며, 이러한 이성의 선험적 활동을 통해 선택이 이루어지고, 개인으로서의 본성(본질)이 개발된다는 말이다. 따라서 자아의 본질은 이성의 본질에서 비롯된다고 말할 수 있다. 자아주의자들은 어떻게 이성이 이른바 진정한 자아를 "선택"하는 데 관련한 결정들을 선행하고 좌우하는지에 대해서 간과했다. 그것은 그들이 인류의 모든 생물학적, 혹은 선천적 특징을 무시하려는 경향과 같은 맥락이다.

브라우닝의 비평

인본주의적 심리학에 대한 브라우닝의 비평은 대부분 인상적이지만 그중에서도 특별히 인상적인 내용이 한 가지 있다. 로저스와 매슬로가 자기실현의 개념을 묘사적 개념에서 도덕적 규범으로 발전시켰다는 점을 지적한 사실이다.[7] 그들은 자기실현을 묘사하는 것에서 자기실현이 좋다는, 따라서 우리가 그것을 추구해야 한다는 제안으로까지 나아갔다. 그리고 그들은 자기실현이야말로 우리의 모든 고등의 도덕 문제들을 해결할 수 있는 처방이라고 주장했다. 로저스는 누구든지 자기실현의 원리를 따르는 사람은 "자기실현이 모든 주어진 상황 속에서 가장 만족스러운 행동을 위한 적절한 수단이 된다는 사실"을 발견할 거라고 기록했다.[8] 또한 그는 그 이후에도 자기실현을 향한 자신의 본질적 경향을 의지하는 사람들은 "'옳다고 느껴지는' 것을 하는 것이야말로 진정한 만족을 향한 충분하고 신뢰할 만한 길잡이라는 사실"을 배우게 될 거라고 주장했다. 다른 말로 하면, 자기실현이 우리가 도덕적 결정을 내리는 데 적절한 인도자가 되어 준다는 뜻이다.

매슬로 역시 자기실현의 묘사에서 보편적 원리와 도덕적 행동의 길잡이로서의 처방으로 건너뛴다. "무엇이 선인가"에 대한 매슬로의 대답은 "자기실현"이며, "무엇이 악인가?"에 대한 대답은 인류가 가진 "자기실현의 본성을 억제하거나 부인하는 모든 것"이 된다.[9]

브라우닝의 주장대로 여기에는 심각한 문제들이 따른다. 먼저는 자기실현이 선하다는 주장과, 자기실현이 모든 도덕적 결정에 믿을 만한 인도자가 된다는 주장에 이성적 근거가 없다는 사실이다. 로저스와 매슬로는 이러한 가정에 설득력 있는 근거를 제시하지 못하고 있다. 마지막으로 중대한 문제가 있다. 이러한 이론가들은 각각 다른 사람들의 자기실현이 서로 출동하지 않고 성취될 수 있다고 가정한다는 사실이다. 자기실현가들 사이에 놀라운 화합이 있으리라고 기대하는 것이다. 브라우닝은 놀랍도록 순진한 이 견해에 대해 다음과 같이 요약했다.

> (로저스와 매슬로 같은) 도덕적 이기주의자들은 미리 예정된 화합을 예상한다. 세상이 그렇게 움직일 것이며… 모든 잠재력을 실현하는 일은 기본적으로 보완적이라 서로 다른 잠재력들이 결코 서로 충돌할 수 없을 것이라고 말이다.[10]

윤리적, 과학적으로 그릇된 설명들

철학적 관점으로 본 비평에서 마지막으로, 우리는 자아주의가 자신을 보통은 과학과 윤리로 설명한다는 사실을 지적해야 한다. 자아 이론이 과학이라는 주장은 **과학**이라는 단어의 의미를 생각할 때 타당하지 않다. 이것은 인본주의적 정의가 심리학이나 심리 치료를 종교나 문학, 정치 이념 그리고 윤리와 더 이상 구별하지 않기 때문이다. 하지만 지난 수십 년간 과학으로 여겨져 온 **심리학**이라는 이름, 수많은 대학 강의실에서 심리학자들(전문가들)이 가르쳐 온 자아 이론 그리고 자아 이론이 실험될 수 있다는 모호한 주장들까지 이제껏 자아주의는 과학이 누릴 수 있는 특권과 과학에게 주어지는 진리의 가치들을 자신의 것으로 가로채 왔다.

심리학이 자아 이론의 세속적 인본주의적 가치들을 증명했으므로 과학이라는 암시를 주려는 자아주의자들에게서 이런 문제들이 드러난다. 자아주의 주창자들 대부분은 그들 이론의 윤리적 성격에 대해 잘 알고 있다. 또한 그들은 치료 심리학이 가치가 없이는 움직일 수 없다고 강력히 주장한다. 그리고 오늘날 많은 사람들은 이러한 견해를 기꺼이 받아들인다. 하지만 어떻게 자아의 내재적인 선과 "실현"에 대한 도덕적 열정, "현재에 대한 경험" 그리고 "창조적 자아가 되어 가는 과정"을 과학적으로 증명할 수 있다는 것일까? 이들은 분명 과학적으로 증명될 수 없는 가치들이다. 과학이 가치를 증명할 수 있다는 만족할 만한 증거는 현재 어디에도 없다. 하지만 자아 이론을 가르치는 사람들은 자아 이론의 개념과 가치들을 과학적인 진리라고 주장하기 위해, 심리학의 과학적 신분에서 가져온 권위를 대신해 사용하고 있다.

여기에서 나는 잠깐 나의 개인적인 경험들을 언급하고 싶다. 학생으로서의 나의 경험을 돌아보면, 처음 몇 주 동안 학생들은 심리학이 "행동 과학," 혹은 "정신에 대한 과학적 연구"라는 내용의 강의들을 듣게 된다. 그리고 그다음으로는 "자기실현"과 "인카운터 그룹의 진행 과정과 목표"에 대한 강의들이 이어지는데, 이즈음이면 심리학의 과학적 신분에 대한 초반의 주장이 여전히 유효한지에 대한 의구심이 생기기 마련이다. 그리고 1960년, 젊은 교수였던 나는 동기부여와 성격에 대해 가르쳤는데, 이 강의들은 매슬로, 프롬, 로저스의 이론 수업에서 동기부여에 관한 본능과 호르몬 그리고 생화학적 이해에 관한 강의로 이어졌다. 이러한 흐름은 이른바 동기부여와 성격의 과학적 연구라는 교육 과정의 일반적인 형태로 지금까지도 유지되고 있다. 내가 만일 자아의 문제에 관해 이성적이고 관측적인 통합 이론을 제공하여, 인간의 동기부여를 기독교적 시각으로 가르쳤더라면, 많은 사람들이 여전히 과학으로 여기고 있는 세속적 학문에 종교를 끌어들였다며 나를 비난했을 것이다.

현재 나는 성격 이론에 관련된 대학원 과정을 가르치고 있고, 그 과정은 우리가 이곳에서 다루었던 대부분의 이론가들을 언급한다. 이 이론들에 대한 과학적 지식은 지난 15년 동안 줄어들었다. 그럼에도 불구하고 사람들은 여전히 이러한 이론들이 객관적이고 적어도 거의 과학에 가깝다고 생각하고 있다. 우리는 그들의 철학적 가정뿐만 아니라 도덕적인 가정들까지도 비판할 수 있다. 하지만 성격에 대한 기독교적인 (같은 맥락에서 유대교 또한) 이론은 받아들여지지 않고 있다. 더욱 이해하기 어려운 것은—우리 대학에서도 사용되고 있는—성격 이론에 관한 어느 유명한 교과서는 자그마치 한 장(章)에 걸쳐 불교의 성격 이론을 다루고 있다는 사실이다![11]

5 자아주의와 가족

분리된 개인

이전 장들의 내용을 통해 자아주의의 개념과 가치가 영구적인 대인관계를 형성하고 유지하는 일에 기여하지 않는다는 사실이 분명해졌다. 혹은 의무, 인내, 자기희생처럼 헌신을 필요로 하는 가치들과도 별 관계가 없다. 우리 사회 속에서 자아주의의 확대가 가족의 붕괴에 크게 기여했다는 사실은 부인하기 어렵다. 자아주의의 많은 사례들은 개인 스스로 정한 목표 때문에 배우자나 부모와 갈등을 겪게 되었음을 보여 준다. 사실 이것은 당연한 결과다. 자아주의 문학들이 일반적으로 이혼과 결별, 결혼이나 가족 관계를 해체하는 가치들을 옹호하기 때문이다. 그리고 이 모든 것들은 성장이나 자유, "지속적인 흐름"이라는 미명 하에 이루어졌다.

오늘날 심리 치료의 사회적 파괴성은 치료 과정 자체에 있다. 심리학자들은 환자의 결혼생활이 이혼으로 끝날 경우, 그 원인을 사회나 개인으로 돌리겠지만 말이다. 문제는 심리 치료가 병적으로 환자 개인에게만 집중한다는 데에서 시작한다. 대부분의 치료에 환자의 자녀나 배우자, 부모가 참석하지 않는다는 사실이 그 증거다. 자기 환자와의 동일시를 경험하는 치료사를 전통적인 변호사와 의뢰인의 관계에 비교하면 어떨까. 하지만 이도 적절하지 않다. 이러한 경우라도 사건에 관련된 모든 사람들이 법정에 출두 —적어도 자신의 입장을 진술—할 기회를 얻기 때문이다.

    환자와의 지나친 동일시와 환자에 대한 지나친 신뢰는 심리 치료의 독이다. 어린 시절 성적으로 학대를 받았다는 환자의 진술을 있는 그대로 사실이라고 믿었던 프로이트가 좋은 예다. 외부의 정보를 통해 그는 그러한 진술 가운데 어느 정도가 거짓이었다는 사실을 알게 되었다. 치료사가 환자의 배경이나 환자의 다른 가족들을 알고 있었다면, 특별히 전이(轉移)적 관계가 시작된 상태라면 (다른 말로는 환자가 아버지나 어머니와의 관계를 치료사에게 투영하기 시작했다면) 치료사는 그러한 왜곡을 바로잡을 수 있다. 전이의 분석은 환자가 어떻게 대인관계들을 왜곡하는지 보여 준다. 따라서 치료사는 이러한 왜곡들을 고려해 치료를 진행할 수 있다. 하지만 이와 반대로 낯선 두 사람이 처음 만나 치료가 시작되고, 환자 중심적인 치료는 환자가 사실이라고 이해하고 있는 부분에 대하여 치료사가 거의 반기를 들지 않게 만든다. 이론상 완벽한 신뢰가 요구되며, 전이가 쉽게 일어나지 않는 단기간의 환자 중심 요법에서는 치료사가 환자의 설명을 무조건 받아들이는 데 대한 방해 요소가 거의 없다.

    이러한 치료가 반(反)가족적 가치들을 부추긴다는 주장은 심리 치료사 자신이 이혼을 했거나 가족과 전통적인 종교를 떠난 비율이 높다는 사실과 맞물려 설득력을 더해 간다. 치료사들은 자기 자신의 삶의 양식을 사회가 인정해 주기를 바란다. 따라서 다른 사람들에게도 그러한 양식을 종용하게 된다는 말이다.

치료사가 자신의 환자들을 반가족적인 태도, 혹은 가족에 적대적인 "기억"으로 끌어들일 수 있다는 위험성은 그저 이론적인 이야기가 아니다. 어린 시절 부모나 다른 친척들에게서 성적으로나 육체적인 폭력을 경험했다는 사람들의 보고가 최근 많이 있었다. 물론 이들 보고 가운데 많은 수는 사실이다. 하지만 이들 중 다수가 사실이 아니라는 증거는 계속해서 나오고 있다.[1] 우리는 우리의 기억, 특별히 어린 시절에 대한 기억이 매우 불확실하다는 사실을 잊어서는 안 된다.[2] 어린아이들은 쉽게 다른 사람들에게서 듣거나 텔레비전이나 영화에서 본 이야기들을 사실로 받아들인다.[3] 게다가 실제로 일어난 후 여러 해가 지나 더듬어 기억하게 되는 사건들은 여러 사람들과 정황들로 합성이 되기도 한다. 사실 많은 심리학자들은 어린 시절에 대한 성인들의 모든 기억이 매우 부정확하며 기억하는 순간 그 사람—혹은 그 사람의 치료사—의 의도로 기억의 내용이 결정된다고 믿는다. 모든 어린 시절의 기억 속에서 폭력을 찾아내리라 다짐한 치료사에게서 오는 압력 또한 이러한 의도 중 하나가 된다. 최근 많은 환자들이 치료사들의 압력으로 어린 시절 폭력의 기억을 위조한 적이 있다고 인정했고, 앞으로도 이러한 시인들은 계속해서 수면 위로 떠오를 것이다. 자녀들(과 다른 사람들)의 잘못된 고소에서 부모들을 보호하겠다고 구성되는 협회까지 생길 정도이니 말이다.

자아 이론과 이혼

많은 자아 이론가들, 특히 칼 로저스는 결혼에 가치를 두지 않을 뿐 아니라 사실 이혼을 장려하기까지 한다. 월라크 부부는 이러한 로저스의 논리를 효과적으로 요약했고, 나는 그들의 요점을 이곳에서 다시 정리해 볼 생각이다. 로저스는 "남자와 여자의 관계는 중요하고 유지할 만한 가치가 있다. 하지만 이것은 결혼이 각자에게 좀 더 나은 성장의 경험일 경우에만 가능하다."[4] 월라크 부부는 이러한 극단적 개인주의를 지적하며 물었다. "만일 한쪽이 병이 들면 어떻게 하겠는가?"[5] 또 이런 질문도 가능하다. "자녀들은 어떻게 될 것인가?" 이혼의 심각한 피해자가 자녀들이라는 사실과, 부모의 이혼을 경험한 아이들 중 3분의 1이 심리적으로 회복되지 못한다는 사실을 우리는 잘 알고 있다.[6] 불행히도 부모의 자기실현이 자녀를 파괴하고 있는 것이다. 약속을 포함하는 결혼의 개념은 둘 중 하나라도 결혼생활이 자신의 자기실현을 방해한다고 느끼는 순간, 그 사람은 그 관계를 떠나야만 한다는 논리에 이끌려 그 종적을 감추어 버렸다. 미국의 이혼율은 1960년대부터 급격히 증가해서 1980년대 초 절정에 달했는데, 이러한 현상의 원인은 물론 위와 같은 논리에 있다. 미국의 수십만 어린이들에게 부모의 이혼은 일종의 아동 학대이다.

결혼에 대한 이러한 "로저스식" 이해는 결혼이 "구속력 없는 약속"이라는 표현에서 가장 잘 나타난다. 둥근 네모가 존재하지 않듯이 "구속력 없는 약속"이라는 표현은 그 자체가 모순이다.

우리 문제의 출처, 부모

자아주의의 반(反)가족적 영향은 다양한 심리 치료 속에 들어 있는 반(反)부모적 편견들로 더욱 악화된다. 이러한 편견은 오이디푸스 콤플렉스라는 프로이트의 가설과 함께 오래전부터 존재해 왔다. 오이디푸스 콤플렉스는 아들이 네 살이 될 즈음 아버지와 아들 사이에 강한 증오심이 형성된다는 가설로, 그것이 남성의 인격 형성에 주요하고 일반적인 경험이라는 주장이다. 왜 아버지가 이러한 증오의 대상이 되어야 하는지에 대한 정확한 근거가 없다. 잘못이라면 아들의 어머니와 결혼을 한 것과 아들보다 덩치가 큰 것이라고나 할까. 오이디푸스 증오는 예를 들자면 두려움과 같은 다양한 방법으로 완화될 수도 있지만, 많은 경우 이러한 증오는 일생 동안 살아 있을 뿐 아니라 언제든 다시 부활할 수 있다. 반면 프로이트와 자아 이론은 아버지의 사랑에 대해 전혀 강조하지 않는다. 그러한 사랑이 분명 더욱 일반적인데도 말이다.

더욱 최근, 이러한 이론들은 어머니에게로 그들의 관심을 옮겨 어머니의 존재가 위압적이고 남성성을 억제하며 지배적이고 위협적이며 유혹적이고 또 감정적으로 불완전하다고 집중 공격을 해 왔다. 아버지에 이어 어머니 또한 공격의 대상이 된 것이다. 하지만 이것은 "희생양" 놀이에 불과하다. 언제쯤이 되어야 심리학 이론은 우리의 잘못이 부모에게 있지 않고—우리의 잘못을 하늘의 별들에게 떠넘길 수 없듯—우리 자신에게 있다는 사실을 받아들일 수 있을까?[7]

오이디푸스 콤플렉스와 악한 어머니의 흔적은 교류 분석에 여전히 남아 있는데, 이 교류 분석에서 아버지와 어머니는 남녀의 구별이 없이 "부모"라는 자아 상태로 구분이 된다. 자기 긍정−타인 긍정 속에서 부모는 선한 특성을 가지고 있음에도 불구하고 우리 문제의 주요한 원인으로만 비쳐질 뿐이다. 이에 비해 어린아이는 연약하지만 순결하고 행복하며 선한 존재로 묘사된다. 다음의 글을 유념하라.

에머슨은 "[아이의] 불쾌한 표정을 어떻게 해석해야 할지 우리가 잘 알아야 한다"고 주장한다. 어린아이에게는 그럴 만한 능력이 없기 때문이다. 더불어 이 불쾌한 표정은 결국 아이 자신에게로 방향을 틀어 아이가 자신에 대해 부정적으로 생각하도록 만들기 때문이다. **'또 내가 잘못한 거야. 언제나 그렇지. 죽을 때까지 늘 이런 식이겠지.'**

그리고 그 와중에도 타협이 불가능한 절대적 의무들이 이토록 무력한 어린아이 위로 지워진다. 어린아이는 (유전자가 이끄는 대로) 자기 임의대로 변을 보고, 탐구하고, 알아 가고, 부딪히고, 부수고, 감정을 표현하고, 움직임이나 발견에 관한 모든 기쁨을 경험하고 싶어 한다. 하지만 아이가 처한 환경, 특히 부모의 지속적인 요구 때문에 아이는 이러한 기본적인 만족들을 부모의 용납이라는 보상과 맞바꾸게 된다. 쉽게 오는 만큼 또 쉽게 사라지는 이러한 용납이 어린아이에게는 이해하기 어려운 신비인데, 그가 아직은 원인과 결과 사이의 관계를 이해하지 못하는 까닭이다.

그리고 이 좌절과 문명화의 과정에 따라오는 결과는 주로 부정적인 감정이다…

하지만 절망하지 마라! 어린아이 내면에는 많은 긍정적 것들이 들어 있으니 말이다. 창조력과 호기심, 탐구하고 알려는 열정, 만지고 느끼고 경험하려는 욕구, 또한 첫 경험들의 유쾌하고 신선한 감정들이 그 안에 담겨 있다. 셀 수 없을 정도로 많은 깨달음의 순간들, 작은 인간으로서 처음 경험했던 모든 일들, 정원 호스에서 들이킨 첫 모금의 물, 부드러운 고양이를 처음 쓰다듬었을 때와 어머니의 젖꼭지를 처음 물었을 때 그리고 스위치를 처음 올려 불을 켰을 때의 감정들이 어린아이 속에 기억으로 남아 있다는 말이다.[8]

본질적으로 선하고 행복한 아이라는 신화는(매슬로의 비슷한 가정을 기억하라) 부정적인 영향들은 오로지 외부에서만 기인한다는 주장과 더불어 순진함에 가까운 감상주의다. 사실 부모와 사회는 아이에게 사랑과 음식, 음악, 함께 놀 친구, 춤, 유치원, 게임, 여행, 공작놀이, 이야기 등 많은 긍정적인 영향을 제공한다. 이상의 활동들은 아이들에게 커다란 기쁨을 줄 뿐만 아니라 평범한 아이들의 일상으로서, 일반적이고 긍정적이며 주목할 만하고 또 지속적으로 이어지는 활동들이다. 이런 활동들은 전혀 언급이 되지 않으며 아이들이 스스로에게 미치는 부정적인 영향―본질적인 인간의 본성―또한 마찬가지다. 한 살배기의 첫 번째 질투, 다른 아이를 때리는 것으로 표현된 첫 번째 증오(어른들처럼 아이들도 이러한 증오를 즐기는 것처럼 보이기도 한다), "내 것"이라는 개념은 쉽게 배우는 것과는 달리 "네 것"을 어렵게 배우는 것, 아이들의 극단적인 자기중심성, 또한 아이들도 상대하기 어려운 폭군이 될 수 있다는 놀라운 가능성 등은 모두 간과된다는 뜻이다.

어린아이들이 함께 나누고 놀고 협력하도록 돕기 위해 부모와 교사들이 들이는 노력은, 어린이들의 부정적인 역량과 부모와 사회의 긍정적인 역량을 여실히 보여 준다. 하지만 교류 분석은 아이들을 부모가 야기한 부정적 감정들의 저장소로서만 바라본다. 이들에 따르면 부정적 경험은 마치 녹음된 테이프와 같아서 일생 동안 반복적으로 재생이 된다. 부모가 쳐 놓은 덫에서 빠져나가기 위한 방법으로서 해리스는 세 번째 자아 상태인, 성별의 구분이 없는 성인을 소개한다. 성인은 다음과 같이 그 발달 과정을 시작한다.

> 10개월 된 아이는 오로지 자신의 인지와 생각을 바탕으로 자신이 무언가를 할 수 있다는 사실을 깨닫게 된다. 그리고 이러한 자기실현이 성인으로의 시작이다…또한 자신의 부모를 통해 "배운 개념"과 자신이 어린아이로서 "느낀 개념"을 구분하는 능력은 성인이 되어 가기 위해 필요한 자료의 토대가 된다.[9]

이 자기실현은 일종의 컴퓨터 처리과정으로 묘사된다.

> [성인의] 주된 관심은 자극을 정보로 전환하고 그러한 정보를 이전

의 경험에 비추어 처리하고 정리 보관하는 것이다.

성인은 정보를 처리하는 컴퓨터로서 세 가지 출처에서 오는 정보들을 평가한 후 모든 결정을 내린다. 그 세 가지 출처는 부모와 어린아이 그리고 성인이 과거에 모았거나 현재 모으고 있는 자료들이다.[10]

이즈음이면 예측이 가능하겠지만 창조력은 부모와는 아무런 관련이 없고 어린아이의 자연적인 호기심에서 출발해 정보를 처리하는 성인에 의해 개발이 된다. 어린아이는 "하고 싶다"를 그리고 성인은 창조력이 실현되기에 꼭 필요한 "어떻게"를 제공한다. 흥미롭게도 여기에서 호기심은 완전히 긍정적인 동기로만 여겨지며 호기심과 공격성과의 연결고리는 간과되고 있다.

교류 분석이 주장하는 권선징악극의 기본 줄거리는 가난하고 연약하지만 본질적으로는 행복하고 선하며 창조적인 어린아이가 심술궂은 늙은 부모가 지우는 짐에서 구원받는다는 내용인데, 그 구원자는 성인으로서 자기를 실현하고 정보를 처리하는 컴퓨터라는 것이다. 어쨌든 구원받은 아이는 더 이상 "인생 게임"에서 실패할 이유가 없다.

치료 그룹의 주된 활동 가운데 한 가지는 환자들이 자기 부모나 다른 가족들을 비평—혹은 공격—하는 것이다. 치료 그룹 구성원들은 하나같이 그들의 가족이 "역기능적"이었다는 사실을 발견한다. 사실 "역기능 가족"은 치료 그룹에서 가장 즐겨 사용되는 말이기도 하다. 이러한 강조는 너무나 지나쳐 최근에는 모든 가족 가운데 94퍼센트가 역기능적이라는 발표도 있었다. "역기능"이라는 표현이 너무 쉽게 사용되다 보니 그러한 발표가 별 의미 없이 이루어졌을 수도 있다. 하지만 누군가 94퍼센트의 사람들이 건강상 문제를 가지고 있다고 발표를 했다고 하자. 조사나 통계, 또는 다른 신뢰할 만한 근거가 없이 그러한 주장을 내세우는 것이 너무 우스워 우리는 그를 현대판 만병통치약 약장수 정도로 분류하려 들지 않을까.

자기 문제의 원인이 자신들의 가족이라고 주장하는 많은 사람들의 경우를 좀 더 자세히 살펴보자. 먼저 폭력에 대한 그들의 주장이 과연 사실인지를 살펴보아야 한다. 치료 그룹이나 심리 치료 중 제시된 증언을 의심할 만한 이유는 많이 있다. 이들 중 일부는 앞서 언급이 되었다. 하지만 가장 중요한 이유는 치료 그룹의 구성원들이 자신의 가족이 얼마나 역기능적이었는지에 대해 나누어야만 한다고 느끼는 강한 사회적 압력이다. 이러한 증언은 자기 문제에 대해 각 구성원의 이해심을 얻게 해 주고, 치료 그룹 운동의 이론적, 이념적 경향을 승인해 주기 때문이다. 부모에 대한 이러한 고소들 가운데 다수는 매우 극단적이다 못해, 형사 고소가 가능할 정도의 범죄라는 사실을 기억해 보라. 이러한 극단적인 내용에도 불구하고, 그들의 부모나 다른 형제들은 자신을 변호하기는커녕 그러한 증언이 사실인지에 대해조차 함구하고 있다. 다시 말해 치료 그룹의 분위기 자체가 격렬한 비방이라는 뜻이다.

한 발 물러서 이러한 고발이 사실이라고 해 보자. 그리고 사실인 경우도 물론 있다. 그렇지만 환자가 이러한 사실, 즉 이 지식을 가지고 무엇을 할 수 있을까? 이러한 사실에 집착하는 것이 과연 유익할까? 아니 꼭 필요한 일일까? 치료 그룹과 심리 치료의 일반적인 주장은 환자가 과거 다른 사람에게서 받은 정신적 충격의 피해자라는 것이다. 그리고 이러한 피해자적 상태는 두 가지 심각하고 유해한 결과를 불러온다. 먼저 피해자적 상태는 근본적으로 수동적이다. 무엇보다 이것은 상당한 자기 연민을 포함하며, 코브라 앞에서와 같은 최면상태를 유지시킨다. 환자가 과거 악마의 손아귀에 잡혀 여전히 꼼짝하지 못한다는 말이다.

다음으로 이 피해자적 상태는 강한 도덕적 우월감을 불러온다. 이러한 주장은 어린아이가 부모보다 더 도덕적이며 더 나은 존재라는 믿음에서 온다. 치료 그룹에 속한 많은 사람들은 자신의 부모를 매우 혹독하게 정죄한다. 비난과 원망도 난무한다. 그들은 그들 부모의 삶을 이해하려 노력하지 않고, 그들 부모에게도 부모가 있었다는 사실과, 거슬러 올라가 보면 우리 모두가 스스로 죄를 지었던 아담과 하와에까지 이른다는 사실을 간과한다. 또한 치료 그룹 구성원들은 자신의 실패와 연약함에 대해서는 긍휼을 구하면서 자신의 부모를 이해하거나 또는 그들을 향해 긍휼한 마음을 품지 않는다.

이러한 문제를 기독교 관점에서 살펴보자. 가장 먼저 우리는 다른 사람을 판단해서는 안 된다. 이것에 대해 예수님은 반복해서 말씀하셨다. "어찌하여 형제의 눈 속에 있는 티는 보고 네 눈 속에 있는 들보는 깨닫지 못하느냐?" "심판은 주께 속한 것이다." "비판을 받지 아니하려거든 비판하지 마라."가 그 예다. 따라서 "하나님이여 나는 내가 나의 부모와 같지 아니함을 감사하나이다."라는 식의 이들의 주장은 바리새인의 기도와 다를 바가 없다. 이들 가운데 다수는 그들의 부모가—예를 들어 성적인 행동을 두고— 다른 사람들을 쉽게 판단했다고 불평을 한다. 하지만 그들 자신이 자신의 부모를 더욱 쉽게 판단하고 있다.

기독교와 가족

부모에 대한 증오가 실제로는 얼마나 어리석은지에 상관없이 이러한 증오는 너무나도 오랫동안 심리치료사들과 환자들을 지배해 왔고, 그들에게 이러한 증오는 거의 제2의 천성이 되어 버렸다. 우리는 예수님의 돌아온 탕자라는 비유 속 탕자의 고백을 패러디한 내용을 반복해 듣고 있다. "아버지, 아버지께서는 죄를 지었사오니 지금부터는 저의 아버지라 일컬음을 감당하지 못하겠나이다." 치유적 치료가 환자를 향한 사랑과 감사, 존경 그리고 용서를 바탕으로 진행되어야 한다는 견해는 이러한 자아주의자들의 글 속에 전혀 제시되지 않는다. 환자의 가족 관계를 적극적으로 강화하는 치료를 한 번 상상해 보라. 가족 구성원들이 공통적으로 가지고 있는 것을 재발견하기 위해, 부모는 가르쳤지만 환자가 거절했던 진리를 다시금 끄집어내기 위해 그리고 또래 집단의 압력이나 자신의 의지로 거절했던 부모의 이전 도움을 상기시키기 위해 치료를 사용할 순 없을까? 사실 부모라기보다는 많은 자녀들이 자신을 사랑하지만 당황해 어쩔 줄 몰라 하던 부모를 상대로 잔혹한 잘못들을 저질러 왔다. 실제 상위 중산계급 가족들 중에는 심리적으로 "뭉그러진 부모"들이 어찌나 많은지 이것을 증후군으로 인정해야 할 정도다.

자아주의 심리학과는 달리 전통적 기독교와 유대교는 가족과 공동체를 적극적으로 지지한다. 그리스도인에게 가족은 사회의 기본적인 모형이다. 아버지, 어머니, 형제 그리고 자매는 가톨릭과 개신교에서 모두 공통적으로 사용되는 언어다. 모든 그리스도인들은 이 땅에서 교회로 대표되는 그리스도의 신비한 몸의 일원으로서 형제자매다. 언제나 통합은 교회가 사회적으로 강조해 온 메시지였다. 그리고 이런 가족에 대한 강한 지지는 유대교 또한 마찬가지다. 많은 사람들은 유대인이 생존할 수 있었던 원인으로 가족을 중요하게 생각하는 그들의 태도를 이야기한다.

기독교에서 가족은 그 규모는 작지만 기독교 신학의 생생한 구현이 된다. 성부 아버지, 성자 예수님 그리고 하나님의 자녀로서의 우리는 성경에서 나오는 중요한 주제다. 그렇다면 고의적으로 가족을 훼손하고 공격하는 이념이 사실은 기독교를 공격하고 있다고 볼 수 있지 않을까? 크리스마스라는 거룩한 날, 모성과 탄생이라는 기쁨의 축제에 대해서도 한번 생각해 보자. 낙태를 권면하는 심리학자는 사실 크리스마스를 축하하는 의미와 신념에 대항하는 것이라고 생각할 수 있지 않을까? 낙태가 성행하는 오늘날과 같은 환경 속에서 처녀 마리아가 임신을 했다고 상상해 보자. 크리스마스라는 중요한 신학적 정황 속에서 볼 때, 뱃속의 태아를 죽이는 것은 아기 그리스도를 죽이는 것과 다름이 없는 행위다.

지난 10년 동안 특별히 서구 사회는 현대 경제와 과학이 환경의 일부를 나머지와 분리된 것으로 다루면서 어떻게 환경을 오염시켜 왔는지 지켜보았다. 이러한 분석적 태도가 (분석은 말 그대로 쪼갠다는 의미다) 현대 과학과 기술을 지배해 왔고, 곧 주변 환경의 양식과 통합을 파괴했다. 나는 현대 심리학을 비슷한 맥락으로 이해하고 싶다. 현대 심리학은 분리된 개인 그리고 전통과 공동체라는 구조, 가족으로 표현되는 사회적 구속을 향한 개인의 증오를 분석적으로 (혹은 지나치게 단순화한 태도로) 강조해 왔다. 그리고 그것은 "사회적으로 만연한 오염"을 불러왔다.[11] 현대 산업 사회가 먼저는 대가족을 핵가족으로, 그 핵가족을 다시 더 작은 규모의 편부모 형태의 가족으로, 이제는 부모가 아닌 정부 프로그램이 아이들을 키우는 형태로 이끌어 가고 있다는 사실은 결코 우연이 아니다.

물론 지난 수년간 가족은 실패했다는 진부한 주장이 있어 왔고, 그 때문에 더욱 많은 사람들이 심리 치료를 찾게 되었다. 하지만 실패하고 있는 것은 가족이 아니다. 실패하고 있는 것은 자기애적 목표에 사로잡힌 독립적이고 변덕스러운 개인에 대한 분석적 강조와 함께 바로 근대주의다. 경제적 만족을 향한 제어되지 않는 욕구가 우리의 생물학적 생태계를 파괴했듯이, 개인적 만족을 향한 제어되지 않는 추구 역시 우리의 사회적 생태계에 파괴적인 요인이 된다. 오늘날 젊은이들의 무의미한 삶에 대한 해답은, 부서지고 관심을 받지 못하는 가정에서 어린아이들이 자라지 않도록 돕는 것이다. 그리고 이것은 가족과 일반적인 사회적 구속의 가치와 중요성에 대해 현재 널리 퍼져 있는 신념에 변화가 일기

전에는 어려운 일이다.

    한 가지 희망적인 경향은 "가족 치료"라 불리는 심리 치료의 접근방식이다. 이 치료는 이상적인 가족이라는 이론을 가정할 뿐 아니라 종교적, 도덕적으로 중요한 질문을 던지기도 한다. 이들이 새롭게 내린 가족에 대한 정의를 비롯하여 여기에도 물론 위험한 요소들이 있다. 하지만 가족이라는 구성과 가족의 유지에 대한 관심은 사회적 통합에 대한 관심이다. 따라서 이제까지 너무나 많은 영혼들을 자기애에 사로잡힌 사회적 분자들로 만들어 온 극단적 자기중심 치료에 비한다면 이것은 환영할 만한 움직임이 분명하다.

6 자아 이론과 교육

가치 명료화

　　　　　　　이번 장은 미국에서 최근 여러 해 동안 가장 큰 영향력을 미치고 있는 도덕 교육 모델에 대한 비평이다. 물론 이 모델 또한 자아에 기초한다. 가치 명료화라고 알려진 이 특정한 접근법은 루이스 E. 래스와 시드니 B. 사이몬 그리고 그들의 동료들에 의해 개발되었다.[1] 이 모델이 처음 발표된 것은 1960년대이지만 공립학교에서 널리 보급된 것은 1970-1980년대였다. 하지만 이 모델은 오늘날까지도 영향력을 끼치고 있다.

　　간단히 가치 명료화는 관련된 과정의 일련으로, 다음과 같은 목표를 갖고 있다.

　　학생과 교사를 모두 능동적인 가치 형성과 판단으로 이끌어가도록 설계되었다. 따라서 이것은 특정한 가치를 가르치지 않는다. 훈계나 설교도 없다. 학생들이 실질적인 경험을 하게 해서 그들이 **자기 자신의** 감정과 **자기 자신의** 생각 그리고 **자기 자신의** 신념을 인지할 수 있도록 돕는 것이다. 그래서 결과적으로는 그들이 **자기 자**

신의 가치 체계에 근거한 의식적이고 의도적인 선택과 결정을 내리도록 하는 것이 이 과정의 목표라 할 수 있다.[2]

위의 단락이 보여 주듯 가치 명료화라는 접근은 덕을 찬양하고 악을 비난하던 이전의 전통(훈계나 설교로 표현된)과는 대조적이다. 사이몬과 래스는 "어른들이 그들의 가치를 젊은이들에게 가르치는 것"은 어떠한 형태든 시대에 뒤떨어진 행위라 비난한다.[3] 가치를 직접적으로 가르치는 것이 시대에 맞지 않는 이유는 오늘날 복합적인 사회가 서로 일치하지 않는 다른 가치 기준들을 제공하기 때문이다. "부모는 자녀들에게 해야 할 것과 하지 말아야 할 것들을 가르친다. 하지만 그와는 다른 기준들을 교회가 가르치기도 한다. 또래 집단은 가치에 대한 제3의 견해를 제공한다. 할리우드와 유명 잡지들은 제4의 견해를…신좌파와 반문화의 대변인은 제8의 견해를 건네는 식이다."[4]

이렇게 혼란스런 현대적 배경을 고려해 가치 명료화의 주창자들은 도덕을 가르쳐서는 안 된다고 주장한다. 그들은 가치라는 문제에 대한 무관심 또한 거부하는데, 그러한 무관심이 문제를 간과할 뿐만 아니라 학생들을 대중문화의 피해자로 만들 수 있기 때문이다. 따라서 래스와 사이몬을 비롯해, 그들의 동료들은 학생들에게 필요한 것은 과정에 대한 이해라고 이야기한다. 이 과정을 통해 학생들은 그들 자신의 가치를 고려 특정한 환경 속에서 최선을 선택하게 된다는 설명이다.

젊은이들이 "자신만의 가치 구조를 세워 가도록" 돕기 위해 래스는 "가치화 과정"에 집중한다.⁵⁾ 가치 명료화에 따르면 가치화는 각각의 하위 그룹과 함께 세 가지 단계로 이루어지는데 그 단계는 다음과 같다.

자신의 신념과 행동을 선택한다.
  1. 여러 가지 대안들 중에서 선택한다.
  2. 그 결과들을 심사숙고하여 선택한다.
  3. 자유롭게 선택한다.

자신의 신념과 행동을 존중한다.
  4. 존중하고 소중히 여긴다.
  5. 필요하다면 공개적으로 확언한다.

자신의 신념에 근거해 행동한다.
  6. 행동한다.
  7. 일정하고 반복적인 행동한다.⁶⁾

특정한 가치들을 가르치는 대신, 이미 존재하는 신념이나 행동 양식을 가치화시키는 데 필요한 이 일곱 가지 요소들을 학생들이 잘 이용하도록 돕는 것이 이 가치 명료화의 목표다. 가치 명료화의 이론가들은 그러한 과정을 효과적으로 적용하도록 설계된 교실 학습법을 제안한다. 그리고 이러한 "전략"이 그들이 출판해 온 책들의 골자다.

다시 자아 이론

래스와 그의 동료들은 자기실현과 자아가 본질적으로 선하다는 사실을 주장한 이론가들의 대표주자인 심리학자 칼 로저스와 비슷한 경향을 보인다.[7] 가치 명료화 이론가들은 악을 행하고 다른 사람을 해칠 수도 있는 인간 본성의 일부를 인정하지 않는다. 따라서 그러한 문제에 대해서도 결코 논하지 않는다. 악의 문제는 객관적 가치의 문제뿐 아니라 본질적으로는 흠이 있는 자아를 우리가 어떻게 다루어야 하는지의 문제 또한 야기한다. 가치 명료화라는 모델 속의 자아는 절대적인 능력을 자랑하기 때문이다.

"완벽한 내재적 선"이라는 가정에 대한 반증은 이미 언급되었던 과학적 증거와 이론적 증거뿐만이 아니다. 지난 20여 년간 교실에서 학생들은 자기 표현을 더 많이 하게 되었지만, 그것이 학생들의 행복이나 정신 건강에 기여하지는 못했다. 오히려 놀라울 정도로 학생 폭력이 증가했으며 성적은 지속적으로 떨어졌다. 간단히 가치 명료화 이론의 핵심인 자아의 전적인 선에 대한 가정이 거짓이라는 뜻이다. 사실 이것만으로도 왜 가치 명료화 이론이 도덕 교육의 이론으로서 부적절한지는 분명해진다.

가치 명료화 이론가들은 자신의 심리학적 가정과 교육학적 가정들에 대해 거의 설명하지 않았을 뿐만 아니라 내가 알기로는 변호하지도 않았다. 하지만 그들의 접근방식에서 이러한 전제들은 필수적 요소이고, 인간 본성과 교육에 대한 그들의 가정은 가치 명료화라는 모델로부터 쉽게 유추가 가능하다. 자기 표현과 자기 인식에 대한 강조와 더불어 자아라는 개념은 가치 명료화의 핵심이다. 철학자 니콜라스 월터스토프는 자아에 대한 심리학의 개념과 가치 명료화 이론가들의 교육 이론 사이의 연관 관계를 아래의 글에서 잘 묘사해 준다.

> 기본적 논제는 각 **자아**에게 본질적으로 다양한 욕구와 관심, 동기 부여가 존재한다는 사실과 정신 건강과 행복은 이러한 본질적인 욕구가 자연 환경과 사회 환경 속에서 만족될 때 가능하다는 사실 그리고 개인의 정신 건강과 행복이 그 사람의 궁극적인 선을 형성한다는 사실이다. [이 이론가들은]자연 환경과 사회 환경에 대한 유연성을 강조한 것이 특징이다…하지만 다른 사람의 소원과 기대를 자신에게 지우는 것만은 무조건적으로 피해야 한다. 그것의 결과가 불행과 질병이기 때문이다.
>
> 교육가에게 적절한 목표는 어린아이에게―다른 사람의 소원을 아이에게 대신 지우지 않는―**자유롭고**―아이의 소원과 관심을 만족시키는―**자양분**이 될 만한 환경을 제공하는 것이다.

몇몇은 이러한 자유롭고 자양분이 될 만한 학교 환경이 아이들에게 필요한 전부라고 주장한다.

> 하지만 인간에게는 그들의 자연적 요구와 관심을 내면적으로 억제하려는 경향이 있고, 그 결과로 정신 질병이나 불행이 일어난다고

주장하는 이들도 있다… 따라서 학교는 자유롭고 자양분이 될 만한 학교 환경을 제공해야 할 뿐만 아니라 자기 표현을 억제하지 않도록 노력해야 한다.[8]

가치 명료화의 주창자들은 후자의 견해를 지지한다. 그들 과정의 목표는 가치의 영역에서 학생들이 가정이나 교회 혹은 다른 곳들에서 습득한 모든 억제 요소를 제거하는 것이다. (이들에게 억제는 무조건 부정적인 것이다.)

자아는 본질적으로 선하며 타락은 그 사람의 부모나 사회를 통해서만 온다는 견해는 근대의 루소와 함께 등장해서, 19세기로 이어졌으며, 20세기에 특히 미국에서 그 꽃을 피웠다. 그리고 이러한 인간 본성의 자기 표현이나 실현에 관한 이론은 심리학보다는 교육 이론을 더욱 강력히 장악해 왔다. 로저스 치료에서 매슬로의 자기실현, 열린 교실, 자존감 프로그램 그리고 가치 명료화까지 "자아 이론가"들은 교육자가 되어 "자기 표현"을 통해 정신 건강과 행복을 활성화시키려 노력해 왔다. 만일 학생들 사이에서 (아니면 학생들과 교사들 사이에서) 무조건적 신뢰를 쌓고, 억제를 제거하며, 도덕적 상대주의를 지지하고, 각자가 자신이 원하는 대로 행동할 수 있다면, 모든 것이 괜찮아질 거라는 생각이었다. 하지만 불행히도 그들의 그러한 바람은 이루어지지 않았다.[9]

철학적 비평

가치 명료화의 도덕적 입장은 개인적 상대주의로 무엇이든 각 개인에 따라 선과 악이 결정된다는 것이다. 사실 가치는 존재하지 않는다는 비교적 극단적인 입장을 고수하는 것처럼 보일 때도 있다. 세상에는 개인의 호불호(好不好)만 존재한다는 뜻이다. 어찌 되었든 누군가의 가치나 행동을 비난하거나 찬양하는 것은 모두 불가능해진다. 하지만 가치 명료화의 이러한 상대주의적 입장에는 모순이 많다. 전체적으로 볼 때, 이러한 모순이 이 이론의 일관성을 훼손시킨다. 그 가운데 첫 번째 모순은 모든 가치들에 대해 개인적 상대주의의 견해를 유지하고 있음에도 불구하고 이 이론가들은 가치 명료화가 옳다고 믿는다는 사실이다. 상대주의는 잊어버리고 학생들은 가치를 명료화시키는 자신들의 모델을 존중**해야만 한다**고 그들은 주장한다. 래스와 사이몬은 교사들이 가치를 가르치는 전통적 방법을 비난해 왔다. 하지만 그들도 마찬가지로 교사들에게 가치 명료화를 가르치라고 종용한다. 사실 자신의 학문을 변호하는 것 자체가 여느 사람들과 마찬가지로 훈계나 설교를 하는 것이다. 그들은 가치를 가르치는 전통적 방식을 어린아이들을 상대로 한 "선전," "상업," 혹은 "자신이 선호하는 가치의 강요"라고 비난해 왔다. 하지만 자신들의 견해라는 가치에 대해선 그러한 상대주의는 온데간데없고 그들 또한 자신의 도덕적 견해를 강요할 뿐이다.

두 번째 주요한 모순은 도덕 상대주의가 가진 기본적 모순에서 온다. 월터스토프는 이러한 점을 훌륭히 지적했고 그의 분석은 다음과 같다.

교실에서 어린아이들이 자신이 원하는 것은 무엇이든 모두 할 수 있도록 교사가 허용해야 하는가, 라는 질문에 대한 그들의 대답은 "아니오"이다. 학생들이 특정 "선택"을 할 수 있는지, 할 수 없는지의 기준을 정할 권리가 교사에게 있기 때문이다. 그 선택들이 그르기 때문이 아니라, 교사들이 그러한 선택을 **용납할 수 없기** 때문이다. 월터스토프가 결론지었듯이 가치 명료화는 이렇게 임의적인 권위로 탈바꿈을 해 버렸다. 이 이해하기 어려운 "논리"는 가치 명료화 이론가들 자신이 제공한 다음의 예를 통해 잘 묘사된다.

교사: 그러니까 여러분 가운데 몇 사람은 시험에서 정직한 것이 최선이라 생각한다는 거죠? (몇몇의 학생들이 고개를 끄덕인다.) 하지만 정직하지 않은 것도 괜찮다고 생각하는 사람도 있고요? (몇몇은 망설이다가 살짝 고개를 끄덕인다.) 물론 잘 모르겠다고 생각하는 사람들도 있을 거예요… (학생들이 고개를 끄덕인다).

진저: 그 이야기는 우리가 스스로 시험에서 정직할지 그렇지 않을지 결정할 수 있다는 뜻인가요?

교사: 아니에요, 그 이야기는 여러분이 가치에 대한 결정을 내릴 수 있다는 뜻이에요. 선생님은 개인적으로 정직을 추구해요. 그리고 여러분이 정직하지 않기로 선택한다고 하더라도 나는 여러분이 이 교실 안에서 시험을 정직하게 치르도록 강요할 거예요. 여러분이 정

직하지 않아도 될 다른 삶의 영역들이 있겠지만 모든 사람이 **언제든 자기 원하는 대로** 할 수 있는 건 아니니까요. 이 교실 안에서 치르는 시험은 정직한 태도로 치러 주세요.

진저: 그렇다면 어떻게 우리가 무엇이든 스스로 결정한다는 거죠? 선생님께서 저희에게 무엇에 가치를 두라고 지금 말씀해 주시는 거 아닌가요?

샘: 네, 맞아요. 선생님께서 저희에게 우리가 무엇을 하고 또 무엇을 믿어야 할지 말씀해 주시는 거 같아요.

교사: 아니에요. 어떠한 가치를 추구해야 한다고 여러분을 가르칠 의도는 아니었어요. 그건 여러분이 정할 일이에요. 하지만 이 교실 안에서는, 다른 곳에서야 상관이 없지만, 여러분은 정직하게 시험을 치러야 하고, 그렇지 않을 경우 어떤 처벌을 받게 될 거예요. 선생님은 정직이라는 기준이 없이 여러분이 시험을 치르도록 할 수 없기 때문이에요. 부정을 자신의 가치로 택한 사람이라도 이곳에서는 그 가치를 실천해선 안 돼요. 선생님의 요점은 그거예요. 또 다른 질문 있어요?[10]

이 놀랄 만한 예를 다른 상황에 빗대어 보자. "다른 가게에서는 도둑질을 해도 되지만, 우리 가게에서는 정직해 주시기를 기대합니다." 혹은 "내 수업에서는 인종차별주의자—혹은 성범죄자—가 되어서는 안 되지만 다른 곳에서는 당신의 결정을 따라도 괜찮습니다." 다른 곳에서는 상관이 없습니다!

교실에서 특정한 행동을 금하는 경우의 유일한 논리는 교사 개인에게 학생의 그러한 선택이 거슬리거나 불편하기 때문이라는 것이다. 그리고 물론 (대부분의 경우!) 교사에게는 자신의 의지를 실행할 만한 권력이 있다.

앞서 언급했듯이 가치 명료화 이론가들은 모든 학생이 자기 자신의 도덕을 선택하고 개발해야 한다는 견해를 노골적으로 지지한다. 도덕이 각 개인에게 상대적이라는 주장이다. 가치 명료화 주창자들은, 물론 꺼려지겠지만, 결과적으로 그들의 이론과 학문, 또한 도덕에 대하여 한 가지 특정한 해석을 강요하고 또 가르친다는 사실을 인정해야 한다. 도덕과 가치에 대한 수많은 접근 방법 중에서 그들의 것만이 옳다고 그들도 주장한다는 뜻이다.

개인적 상대주의가 야기하는 또 다른 주요 문제점은 이것이 도덕적 삶에 대한 모든 절대적이거나 비상대적인 해석을 노골적으로 반대한다는 데 있다. 가치 명료화는 전통적인 종교 도덕에 대한 전면적 공격이다. 따라서 전통적인 유대교, 기독교, 이슬람 그리고 힌두교는 가치 명료화를 거절할 것이다. 또한 같은 이유로 가치 명료화 주창자들 역시 아리스토텔레스의 도덕이나 비슷한 종류인 "유명 이교도"들의 현대적 견해를 거절할 것이다. 여기에는 심각한 정치적 문제가 따른다. 공립학교들은 가치 명료화를 지지해 왔으며 물론 개인적 상대주의라는 도덕에 특권적 자리를 부여해 왔다. 이 말은 특정한 가치들이 진리라고 믿는, 더욱 구체적으로는 전통적 종교의 입장을 고수하는 학생들과 학부모들의 가치를 제대로 공격하는 데 공립학교들이 세금을 사용해 왔다는 뜻이 된다. 그러한 정책은 공립학교 교실에서 그들이 추구하는 가치가 존중받거나 적어도 공격을 받지는 않으리라고 기대하는 시민들에게는 불공평한 처사다.

과정과 전략에 대한 비평

가치 명료화는 대부분, 교실 안에서 활동으로 실천되는 논리의 좋은 예다. 이러한 활동은 "전략"이라 불리는데, 그것은 가치 명료화 철학이라는 틀 안에서 가치를 토론하고 또 명료화하기에 좋은 도구다. 이들 전략의 수는 70개가 넘으며 그 전략이 사실 이 접근법의 인기에 상당 부분 기여했다. 가치 명료화가 상대주의 철학이라는 사실을 아는 사람이라도 도덕 교육의 주제에 접근하기에는 괜찮은 도구라며 이 전략들을 사용할 정도니 말이다.[11]

먼저 이 전략들은 학생에게 묻는 질문들을 포함하는데, 이 질문들은 미국 사회의 작은 단편인 사회적 이념을 구체적으로 표현한 것이다. 이 질문들은 세속적이고, 상대적이며, 매우 자유분방하고, 공공연히 반종교적이며, 보통은 급진적 자유주의의 성격을 띤다. 물론 사회적으로야 합법적인 견해겠지만 공립학교에서 특별한 위치를 얻을 만한 견해는 절대로 아니다.

게다가 그 과정은 언제나 가족과 사회로부터 분리된 자아에만 집중하는데, 그 자아는 대안적인 가치들 중 명확하고 자신이 개인적으로 느끼는 매력에 기초해 선택을 한다. 그리고 이러한 과정은, 베넷과 들라트르가 지적한 것처럼, 학생들이 도덕을 자기만족으로 이해하도록 격려한다.

가치 명료화라는 일반적 과정에는 다른 부정적 결과들도 따른다. 주어진 주제에 대해 학생들이 제안해 오는 도덕적 견해의 수를 교사가 늘려 가도록 돕는 것이 이 과정의 목표인데, 이러한 목표는 가치가 각 개인에게 상대적이라는 개념을 강화시킨다. 예를 들어 혼전 순결이라는 문제에는 여러 가지 다른 대안적 가치들이 있으며, 자신이 선택한 가치와 다른 가치를 실천하는 친구가 적어도 하나는 있기 마련이다. 이러한 경우, 친구 사이에 고통스러운 거절을 경험하지 않고는 절대적인 가치를 향한 자신의 신념을 유지하기가 어려워진다. 어떠한 신념을 붙드는 사람을 거절하지 않고는 그 신념을 거절하기 어려운 것은 성인들이라도 마찬가지다.

성인을 대상으로 가치 명료화 전략을 사용하는 것에 대한 또 다른 편견의 예를 베넷과 들라트르의 논문에서 인용했다.

> 사이몬은 "당신이 당신의 가족들이나 친구들과 함께 토론할 기회를 갖기를 원하고, 그 토론을 통해 여러 가지 대안들 중 하나를 선택하고 왜 그러한 대안을 선택했는지 그 이유를 나누어 보기를 권면한다." 그가 제안하는 토론의 "유쾌한 가능성들" 가운데 하나는 다음과 같다.
>
> 당신의 배우자는 매우 매력적이다. 그리고 당신의 절친한 친구가 당신의 배우자에게 매력을 느끼고 있다. 당신은 그들이 어떻게 행동하기를 바라는가?

a. 그들의 관계를 은밀하게 감추어 당신이 알지 못하도록 하기를 원한다.
b. 당신에게 솔직하게 털어놓고 당신이 현실을 받아들일 수 있도록 하기를 원한다.
c. 이혼을 원한다.

이러한 토론에서… 자기억제나 정절, 다른 사람에 대한 배려, 상호적 관계와 약속에 대한 존중이라는 모든 가능성은 간과되었다.[12]

치우치고 제한된 내용의 대안들과 더불어 위의 예는 가치 명료화의 한계를 잘 보여 준다.

가치 명료화를 평가한 연구 조사들

가치 명료화가 끼치는 부정적인 영향은 분명한 — 예를 들어 특정한 사회적 이념을 강요하고, 방종을 권면하며, 부모의 가치를 무시하거나 거절하는 것처럼 — 반면, 이것의 **직접적**이고 의도적인 영향은 명확하지 않다. 이러한 접근에 대한 높은 관심과 출판에도 불구하고, 그중 극히 일부만이 집중적이고 정밀한 조사 연구에 임하는 실정이다. 다른 말로 이제까지 대부분의 책들은 이 접근법의 실천서들 혹은 일반적인 변론일 뿐이었다는 뜻이다. 이 접근법이 실제로 효과가 있는지에 대한 관심은 비교적 적었다.

가치 명료화의 주창자들은 그들의 목적이 학생들의 정신 상태가 아니라 그들의 실제 행동을 바꾸는 데 있다고 주장한다. 하지만 행동에 대한 그들의 정의에 귀를 기울일 때, 그들이 말하는 "행동"은 정신 상태와 매우 밀접하다는 사실을 우리는 알게 된다. 이들은 학생들이 무관심이나 지나친 순응, 경솔함 등을 극복하고, "분명한 목적이 있고, 자신감 넘치며, 긍정적이고 열정적인 행동 양식"을 취하기를 원한다. (보통은 긍정적인 위와 같은 특성들이 도덕적이거나 비도덕적인 결과를 모두 불러올 수 있다는 사실에 주목하라. 예를 들어 분명한 목적을 가졌고, 자신감에 넘쳤으며, 열정적이었던 히틀러나 스탈린의 경우처럼.) 가치 명료화에 대한 연구 대부분이 학생들의 정신 상태를 가늠하기 위한 지면 테스트였다는 사실이 바로 그 증거다. 이 연구는 대상을 둘로 나누어 한 대상 그룹은 가치 명료화에 미리 노출을 시키는 반면, 다른 한 대상 그룹은 그 노출에서 제외시켰다. 이후 두 그룹을 비교해서 가치 명료화라는 접근이 과연 그들을 더욱 긍적적이고 자신감에 넘치는 학생들로 만들었는지를 평가하는 것이다.

    레밍은 가치 명료화라는 접근에 관하여 우수성으로 따지자면 몇 개 되지 않는 연구들을 검토했다.[13] 그리고 그는 이 연구들이 통계적으로 볼 때 중요한 의미를 지니는 70개의 서로 다른 테스트들을 자료로 사용했다는 사실을 발견했다. (많은 연구들이 그러한 테스트를 적어도 2개 이상 자료로 사용했다.) 하지만 실험 그룹이 적절한 방향으로 움직인 경우는 70개의 테스트 중에서 15개의(21퍼센트) 경우뿐이었다. 나머지 55개의 테스트에서는 중요한 변화가 일어나지 않았거나, 변화가 있었다 해도 부정적인 것들뿐이었다. 이 연구에 대한 또 다른 정밀한 분석 또한 가치 명료화가 그들이 주장하는 효과를 불러오지 못한다는 비슷한 결론을 제시하고 있다.[14]

따라서 가치 명료화가 그 지지자들이 주장해 온 효과를 지면 테스트에서조차 증명해 내지 못한다는 사실이 분명해졌다. 그렇다고 가치 명료화의 효과가 전혀 없다는 뜻은 아니다. 다만 가치 명료화를 만들어 낸 사람들이 바라는 대로의 효과가 나타나지 않았다는 뜻이다. 이것이 부작용을 일으키는지, 이것의 영향이 좋은지 나쁜지는 평가 연구에서 다룰 문제는 아니라고 생각한다.

만일 효과가 있다면 그것의 가정을 고려해서 이러한 접근이 과연 유익한 것인지 고심해 보아야 한다. 이 접근법의 가정은 (a) 모든 사람들, 특히 젊은이들은 자신이 추구하는 가치가 무엇이든 그것을 절대적으로 믿어야 한다는 것과 (b) 다른 사람들의 간섭이 없이 스스로 선택한 가치들이 선하다는 것이다. 하지만 상식은 물론 위에 언급된 연구들 중 무엇도 이러한 가정을 지지하지 않는다. 많은 경우 모호함이나 열린 마음은 지극히 정상적이고 건강한 것이다. 그런 태도는 배우거나 적어도 양쪽의 견해를 모두 살피겠다는 의지를 나타내 주기 때문이다. 그 견해가 올바르다면 난관이 왔을 때라도 그것을 실천해야 하는데 그럴 경우 자신감과 확신은 매우 유익한 도움이다. 하지만 다른 경우 그러한 태도는 교만이나 독단주의가 될 수도 있다. 특별한 지도가 없이도 젊은이들이 스스로 선한 가치를 선택할 수 있다는 가정은 우리가 누누이 이야기 했듯이 인간 본성에 대한 순진한 견해에 지나지 않는다. 사실 중요한 사회적 문제들에 대한 우리 견해는 대부분 주변의 사회적 환경에 의해 형성된다. 따라서 청소년들의 주장과는 정반대로 젊은이들의 가치 형성에 지대한 영향을 미치는 것은 주변 어른들이다. 교사들과 같이 책임이 무거운 어른들이 선한 가치들을 가르치지 않는다면, ─폭력집단, 텔레비전, 대중 매체들과 같은─다른 출처들이 학생들에게 악한 가치들을 가르치게 될 것이다. 물론 그런 가치들을 선택하는 학생들은 그것이 자신 스스로 내린 결론이었다 생각하겠지만 말이다.

사생활 침해에 관한 비평

가치 명료화의 기술과 전략은 학생들과 그들 가족의 사생활을 심각할 정도로 침해하곤 한다. 그리고 사실 가치 명료화를 비롯해 학교에서 사용되는 관련된 과정들의 가장 강력한 비평가들은 사생활 침해의 실제 피해자들이었던 학부모들이다.[15] 앨런 락우드 교수는 이 중요한 비평의 본질을 정확히 설명했다.[16] 나는 그의 분석을 이곳에서 요약할 생각이다.

가장 먼저 사생활은 모든 미국인들이 중요하게 여기는 가치로, 모든 사람들이 그것에 대한 일반적 권리를 인정한다. 이에 대한 이유를 한번 생각해 보자. 사생활이라는 권리는 우리를 공개적 창피나 조롱으로부터 보호해 준다. "예를 들어 미식축구 팀의 주장이 너덜너덜해질 정도로 오래된 곰 인형을 아직까지 끌어안고 잔다는 사실이 알려질 경우 그가 당하게 될 괴롭힘을 상상해 보라. 마찬가지로 인종차별주의가 만연한 공동체에서 살고 있는 어떤 사람이 인종차별 폐지를 주장하게 된다면 당연히 그 사회는 그를 적대하게 될 것이다."[17]

사생활에 대한 권리는 또한 우리가 심리적인 안녕을 유지하도록 돕는 역할을 한다. 인생이 주는 압력과 요구에서 안식하기 위해 우리에게는 사생활이 필요하다. 자신의 인생을 홀로 반추해 볼 시간이 필요하다는 말이다. 만일 우리가 자신의 감정, 생각, 계획들을-특별히 아직은 완전히 형성되지 않아 불확실한 경우라면 더욱-다른 사람들과 나누어야 한다는 지속적인 압력에 시달린다면 이러한 반추가 과연 가능할까? 심리적인 안녕에 이보다 더욱 중요한 문제는 신념과 소망, 믿음 그리고 궁극적으로는 비밀이어야 하는 매우 개인적인 내면의 중심이다. 이러한 것들을 공개적으로 드러내야 한다는 강요는 대부분의 사람들에게 심리적인 위협이 될 수 있다.

라우드는 또한 "사생활은…정치적 민주주의의 특징인 자유의 보전을 위해 꼭 필요하다."고 기록했다.[18] 비밀 투표, 집회의 자유 그리고 다른 많은 자유들은 사회와 정부의 감시가 제한되고 개인 사생활이 보장될 때에만 가능하다. 하지만 사생활에 대한 권리는 절대적이지 않다고 라우드는 이야기한다. 원활한 운영을 위해 정부나 학교 혹은 다른 공공기관들이 필요로 하는 정보가 있기 때문이다. 하지만 사생활의 권리는 매우 중요하며 정당한 이유가 없는 사생활 침해는 용납될 수 없다.

    사생활 유지를 위해 우리는 우리 자신에 관한 정보를 스스로 관리할 줄 알아야 한다. 누군가 나의 정보를 물어왔을 때, 어떠한 정보를 그리고 무엇을 위해 그것을 요구하는지 내가 먼저 알아야 한다는 뜻이다. 이것은 다른 말로 **고지**(告知)에 입각한 동의다. 정보 수집의 방법들 가운데 일부는 이러한 원칙을 무시한다. 먼저, 고지에 입각한 동의는―아이들에게는 없는―성숙한 판단을 요구한다. 둘째, 요구되는 정보의 내용이 구체적이어야 한다. 하지만 투영법 테스트와 같은 많은 심리 테스트들이 응답자들의 정보를 유도해 내는데, 정작 응답자들은 그 사실을 인식하지 못한다. 예를 들자면, 로르샤흐 테스트(Rorschach inkblots)나 문장을 완성하는 내용이 들어 있는 테스트가 그러하다. 이러한 경우, 사람들은 자신도 모르게 자신에 관한 정보를 유출하게 된다. 물론 이러한 일이 심리 치료라는 정황 속에서 이루어진다면 이야기는 다르다. 왜냐하면 이러한 경우 환자가 먼저 심리적인 도움을 요청해 왔고, 치료사는 그러한 정보를 어떻게 사용해야 할지 훈련을 받은 사람으로서 또한 비밀을 유지할 법적 의무가 있기 때문이다. 하지만 아마추어 심리학자인 교사가 교실이라는 환경 속에서 그러한 정보를 요구하는 경우라면 이것은 사생활 침해일 가능성이 매우 높다.

    그러한 권리가 침해를 받는 또 다른 예는 개인 정보를 공개해야 한다는 강한 압력 때문에, 자신의 정보를 공개하게 되는 경우다. (이러한 압력이 존재한다는 사실을 미리 알고 그룹 치료를 참여한 사람의 경우는 물론 다르며, 그러한 경우 사생활 권리에 대한 침해는 성립되지 않는다.)

락우드가 분명히 말한 대로 가치 명료화에서 사용되는 많은 질문들은 학생들의 사생활을 침해한다. 특별히는 가족 관계와 개인의 감정적 생활 그리고 일반적인 세계관에 대한 질문들이 그러하다. 위의 모든 예는 분명 그 사람의 개인적인 삶을 침해하는 내용들이다. 락우드는 가치 명료화의 안내서에서 다음의 질문들을 예로 빌려 왔다.

가족 관계: 어머니의 직업이 무엇입니까? 어머니는 그 직업을 좋아하십니까? 어머니가 늘 집에 계십니까? 부모님에 대한 가장 큰 불만은 무엇입니까? 가족 구성원 가운데 다른 가족들에게 가장 큰 근심이 되는 사람은 누구입니까? 그리고 그 이유는 무엇입니까?

개인의 행동과 감정: 여러분이 울었던 최근 열 번의 기억을 더듬어 보세요. 여러분이 울었던 이유는 각각 무엇이었죠? 여러분의 행동들 가운데 부끄러웠던 것이 있나요? 밤에는 무슨 꿈을 꾸지요? 여러분이 나누기에 가장 꺼려지는 이야기는 무엇인가요?

일반적인 세계관: 여러분 가운데 몇 명이나 부모가 자녀들에게 자위행위를 가르쳐야 한다고 생각하나요? 여러분의 부모님이 지속적인 갈등을 겪고 있다면, 여러분은 부모님께 무엇을 바라겠어요? 이혼을 하고 아버지는 집을 떠난다, 자녀들을 위해 자신의 감정을 숨기고 계속 함께 산다, 아니면 이혼을 하고 아버지가 집에 남아 여러분과 함께 산다.[19]

위의 질문들이 학생이나 부모 혹은 둘 모두의 사생활을 침해한다는 것은 분명한 사실이다. 또한 이러한 질문들이 이뤄지는 교실에는 강한 압력이 존재하며, 학생들의 대답이 학교나 그 공동체에 속한 다른 사람들에게 공개적으로 알려질 가능성이 높고, 학생들이 고지에 입각한 동의를 하기에 너무 어리다. 뿐만 아니라 교사나 진행자가 심리학적으로 훈련을 받지 않았으며 부모는 말할 것도 없이 학생들이 이러한 과정에 참여하기로 동의한 적이 없다는 사실을 기억해야 한다.

사생활 침해의 문제는 더욱 심각해져 가치 명료화 질문들은 정해진 답이 없는 일종의 투영법 기술을 사용하기도 한다. 락우드는 학생들이 문장을 완성해야 하는 다음의 가치 명료화 질문들을 예로 언급한다.

비밀이지만 저는 사실…을 원해요.
제 가장 친구에게 저는…을 털어놓고 싶어요.
제 부모님은 보통…세요.
저는 종종 저 자신이…라는 사실을 발견해요.[20]

락우드는 그의 분석을 통해 다음과 같은 결론을 내린다. "가치 명료화의 내용과 방법 가운데 상당 부분은 학생들과 그들 가족의 사생활에 대한 권리를 위협하는 내용을 포함한다."[21] 락우드의 분석이 어찌나 설득력이 있고 명쾌한지 그의 이러한 비평 하나만으로도 고지에 입각한 동의가 이뤄지지 않는 학교에서의 가치 명료화라는 도덕에 대한 접근은 지양되어야 한다는 주장이 충분한 근거를 얻는다.

가치 명료화는 어떻게 인기를 얻게 되었을까?

이렇게 명백한 문제들이 있음에도 불구하고 어떻게 가치 명료화는 그토록 인기를 얻게 된 것일까? 자연스런 질문이다. 그리고 사실 그 인기는 대단했다. 가치 명료화의 이론가들은 많은 교육협의회의 강사로 초청을 받았고 그들의 책은 몇 십만 권씩 팔려 나갔다. 교실에서 어떻게 가치 명료화를 사용해야 하는지 교사들을 훈련시키기 위한 연수회들은 교사들과 교육가들을 대상으로 전국적 규모로, 혹은 지역적 규모로 수도 없이 열렸다. 가치 명료화를 어떻게 사용해야 하는지에 대해 수만 명의 교사들이 훈련을 받았다는 말이다. 결과적으로 가치 명료화는 1970년대 전미로 급속도로 번져 나갔고 1990년대에는 교과 과정의 상당 부분까지 영향을 끼쳤다. 특별히 가치와―약물이나, 건강, 성 교육과 같은―연관된 주제들을 다루는 과목들에서는 더욱 그러했다.

가치 명료화가 인기를 얻게 된 원인으로는 다음과 같은 것들을 들 수 있다.

1. 학생들의 입장에서는 준비가 필요하지 않기 때문이다. 가치 명료화의 전략들은 이해하기가 쉽고 열정적인 그룹 토의로 분위기를 쉽게 이끌어 간다.

2. 교사는—선생이 아니라—진행자에 불과하다. 그것은 교사가 실제로 가르쳐야 할 내용이 없기 때문이다. 결과적으로 교사 또한 준비가 필요 없다. 시험도 굳이 필요가 없는데, 옳거나 그릇된 답이 정해져 있지 않기 때문이다. 수업의 성공은 열정적이고 능동적인 토의에 달려 있다.

3. 학생 각자가 자신의 가치를 선택하도록 해야 한다는 가치 명료화의 철학은 우리의 소비 사회와 잘 맞아떨어지기 때문이다. 사람들은 읽고 싶은 잡지나 보고 싶은 영화, 사용해 보고 싶은 비누를 집어 드는 것처럼 가치도 선택할 수 있다.

4. 가치 명료화의 대안이라면 특정 가치들을 직접적으로 가르치는 것인데, 이것은 실행이 거의 불가능한 대안이다. 그 이유는 가치들을 뒷받침하는 근거의 내용이 학생들과 교사들 모두에게 낯설거나 아니면 쉽게 반박될 수 있는 내용들이기 때문이다. 특정한 가치들을 가르치기 위해서는 훈련과 지식이 필요한데 이러한 훈련을 받았거나 적절한 지식을 습득한 교사들은 거의 없다. 마지막으로 그러한 가치들을 가르치는 유일한 방법이 강의나 설교뿐이라는 데에 있다. 학생들은 이러한 방식을 달가워하지 않기 때문이다.

5. 특별히 다원론적 사회 속에서 교사들은 어떤 특정한 가치를 가르치는 것이 불법이라고 생각하기 때문이다. 학부모가 동의하지 않는 어떤 특정 가치를 가르칠 경우, 학부모의 원성을 듣는다든가 고소를 당할 것을 우려하는 것이다. 이러한 두려움뿐만 아니라, 그 주창자들의 주장대로 가치 명료화가 가치중립적이라는 점을 교사들이 믿고 있다는 것이 또 다른 요인이 된다.

왜 가치 명료화를 지양해야 하는가?

학생들이 자신의 가치를 스스로 선택(개인적 상대주의)하도록 돕는다는 주장은 매력적이다. 그럼에도 불구하고, 우리는 가치 명료화라는 접근을 반드시 지양해야 한다. 그것의 주된 이유는 개인의 상대주의가 사회적 무질서로 향하는 지름길이고, 또한 이것이 우리의 상식에 어긋나기 때문이다.

사회적 무질서라는 표현이 추상적이고 또 나와는 상관없는 말처럼 들릴 수 있겠지만 사실은 그렇지가 않다. 예를 들어 인종차별주의를 가치 명료화의 관점으로 볼 때, 이것은 나쁘지 않은 것이 된다. 상대의 인종이나 종교, 민족적 배경을 이유로 그 사람을 싫어하는 것은 학생들 자신이 선택한 이상, 좋은 것이기 때문이다. 학교를 거부하는 것, 약물 복용을 찬성하는 것, 시험 중 부정행위를 저지르는 것, 급우의 물건을 훔치는 것, 이 모두가 괜찮은 것이다. 만일 가치가 각 개인에게 달렸다고 가정한다면 말이다. 가치 명료화의 주창자들은 이러한 행동들을 금지하지 않을 것이다.

상식은 우리에게 사람들이 일반적으로 동경하고 정당한 것으로 받아들이는 특정한 가치들(혹은 덕목들)이 존재한다고 이야기해 준다. 정직과 이타주의, 의협심, 근면, 충실과 같은 특성들은 어느 곳에서든 동경의 대상이 되지만, 반면 거짓말쟁이나 도둑, 겁쟁이, 게으르고 이기적인 사람, 배신자는 아무도 반기지 않는다. 간단히 말해 문화를 넘나드는 가치와 그것에 병행하는 인격적인 특성이 존재한다는 말이다. 이것에 덧붙여 앞서 언급되었던 다른 비평들이 가치 명료화에 쐐기를 박는다. 가치 명료화는 기본적으로 자아가 다른 사람들을 해치거나 조종하려는 경향이 조금도 없는 완전히 선한 존재라고 가정한다. 또한 가치 명료화에서 사용하는 전략들이나 연습들은 특정한 이념적 편견을 포함할 뿐 아니라 그런 질문들은 학생이나 그들 가족의 사생활을 침해하기도 한다.

매우 간단한 말로, 가치 명료화의 모순과 그 설득력 없는 논리는 자신이 어리석고 무능하다는 사실을 스스로 증명하고 있다. 대부분은 학부모들의 반발로 이제 가치 명료화는 전미 학교에서 조금씩 그 자리를 잃어 가고 있다. 하지만 이전의 광범위한 성공은 아직까지 미국 교육의 상당 부분에 도덕적 상대주의라는 흔적을 남겨 두었다.[22]

불행히도 자아의 완벽한 자유에 근거한 도덕적 상대주의는 여전히 많은 프로그램의 일부로서 오늘날까지 남아 있다. "가치 명료화"라는 이름은 사라졌지만 이와 별반 다르지 않은 자아에 기초한 도덕적 상대주의는 다른 이름으로 위장한 채, 우리 아이들의 도덕성을 계속해서 위협하고 있다. "결정"이나 "선택," "의사 결정" 등에 집중하는 프로그램들을 주의하라. 결정의 **과정**을 중시하고 무엇이 선택되는지 그 **내용**은 간과하는 프로그램들은 백발백중 상대주의를 지향하는 프로그램일 테니 말이다.

7 자아주의와 오늘날의 사회

청소년 그리고 여피 문화의 강령

이미 논의되었듯이 자아주의에 관련한 심각한 문제는 자아주의가 심리적으로 중요한 많은 사건들을 다름 아닌 사회에서 찾는 반면, 사회에 대한 책임이 어디에 있는지에 대해서는 대답하지 않으려 한다는 데에 있다. 이 이론가들이 주장하는 개념이 그들이 공격하는 사회의 절대적 구성 요소라는 사실을 생각할 때 위와 같은 문제는 더욱 심각해진다. 당시 사회 권력을 합리화 혹은 정당화시키기 위해 형성되었다는 논리를 내세워 이전의 모든 신념 체계를 공격하는 자아주의는, 물론 프롬이나 로저스 그리고 매슬로도 그 방향을 틀 수 있다. 자아 성장이 미국 사회의 새로운 가치로 부상한 시기가 1955년에서 1980년으로, 인간 역사상 전례에 없던 놀라운 경제 성장과 맞물린다는 사실은 결코 우연이 아니다. 이 경제 성장을 통해 많은 이들은 부를 획득했다. 그리고 이 급속도의 성장이 가장 극명하게 드러난 곳은 다름 아닌 대학가였으며 결과적으로 보다 많은 대학생들이 10대 후반과 20대 초반을 특징 짓는 대인관계와 지성적 발달에서 성장을 경험하게 되었다. 최상의 가치는 바로 개인이며 변화는 본질적으로 선하다는 사실을 오랫동안 외쳐 온, 경제적 급성장이 일어난 사회에서 자신의 신념 체계로 자아주의를 선택한 것은 지극히 자연스런 일이다. 상공회의소의 경제 성장 철학이 정신 활동에도 적용되기 시작한 것이다. 1980년대의 여피 세대는 많은 사람들을 부유하게 해 준 경제 성장과 더불어 1970년대 베이비 붐 세대를 묘사하기 위해 처음 사용되었던 "나" 심리학의 표현으로 이해되었다. 간단히 말해, 자아 심리학이 우리 사회의 경제를 지지하고 합리화했으며 또 가속화시켰다는 말이다.

프롬은 중세 기독교의 모습과 그 교리에 나타나는 철학적 요소들이 유아적이라고 비판했다. 만일 중세를 유아기로, 또 르네상스와 종교개혁을 (에릭슨의 설명으로는 특별히 루터의 반항이 그러했듯) 초기 청소년기의 상태로 비유할 수 있다면,[1] 지난 20여 년은 정체성의 위기를 겪고 있는 청소년기 후반으로 볼 수 있지 않을까? 고등학생 혹은 대학생 수준의 철학이 만연한 시기로 말이다. 그러한 세계관의 사람들은 편협한 이성론을 가지고 있는데 그것을 바탕으로 어린 시절 자신의 신념을 공격하는 것이다. 때로는 "낭만적"인 태도로 비치기도 하지만 그들의 반항은 대부분 자기중심적이며 또 성에 지나치도록 집착하는 경향이 있다.

지난 수년 동안 반항적인 태도나 권위에 대한 적대감과 같은 진부한 표현, 섹스에 대한 열광 등은 우리의 논쟁에서 제외되어 왔다. 하지만 지금은 유아적인 철학이 청소년의 철학보다 우월하다는 사실을 다시 한 번 확인해야 할 때다. 그리고 사실 이제까지 얼마나 많은 고등 종교와 철학들이, 인생의 길로서 현명하지만 어린아이와 같은 태도로 묘사되어 왔는지 우리는 기억해야 한다. 유아기의 태도나 신념이 그 안에 녹아 있기는 하지만 이러한 지혜가 실제 어린이들의 세계관과 동일한 것은 물론 아니다. 그 안에서 찾기 어려운 것은 오히려 청소년들의 신념이나 행동을 옹호하는 지혜라든가 "삼십 대" 사람들의 태도다.

"피해자들의 나라"[2)]

자아 심리학의 상당 부분이 경제에서 비롯되었고 또 그것을 의지하는 까닭에 경제가 악화될 경우 경제를 자신의 동기부여의 원천으로서 생각해 온 사람들은 특별히 넘어질 가능성이 크다. 자기실현을 가능하게 하는 직업이나 돈이 사라질 경우, 그들은 자신의 정체성을 의심한다. 지난 10-15년 동안 많은 미국인들은 (그중에서도 특별히 아직 마흔이 되지 않은) 경제적으로나 직업적으로 심각한 좌절을 경험했다. 이러한 좌절은 자신이 스스로의 기대에 부응할 수 없다는 실패를 의미하기도 했고, 어느 정도 만족은 하지만 기대만큼 화려하지는 않은 자신의 직업에 안주해야 한다는 것을 의미하기도 했다. 직업은 말 그대로 "직업"이지 "커리어"가 아니었다는 뜻이다. 수십 년 만에 처음으로 사회적 지위의 하강을 경험하는 사람들이 생겨났다. 경제는 성장했지만 성공을 향한 사람들의 기대에는 미치지 못했고, 거대한 베이비 붐 세대를 모두 품을 만큼의 크기도 아니었다. 앞으로의 전망은 두고 보아야 알 일이다. 하지만 경제와 사람들의 직업 그리고 그들의 대인관계는 이미 많은 이들에게 심각한 실망을 안겨 주었다. 자아 이론 속에서 자라 온 이들은 자신을 피해자로 바라볼 뿐만 아니라 그 책임을 대신해 떠넘길 다른 사람을 또한 부지런히 찾고 있다.

피해자 심리학에 대한 가장 뛰어난 묘사는 찰스 사이크스의 『피해자들의 나라(A Nation of Victims)』에 등장한다. 치료 그룹은 여러 가지 면에서 자신이 역기능 가족, 좀 더 정확히는 "흔들리는 부모들"의 피해자라는 사실을 강조한다. 또한 우리 모두는 소수 그룹의 일원으로 이러한 경우, 다수 그룹인 사회의 피해자들이 된다. 게다가 우리 모두는 중독을 앓고 있으며 중독이 질병이라는 믿음은 많은 수의 미국인들을 피해자로 분류하는 데 일조한다.

가족이나 교회, 이웃과 같은 이전의 전통적 공동체에 속한 구성원으로서의 정체성을 잃어버리면서 우리는 불평의 공유라는 새로운 정체성을 얻어 냈다. 인종차별주의에서 성차별주의, 외모지상주의 그리고 알코올 중독자의 다 큰 자녀라는 사실에까지 우리는 이제 모든 것의 피해자로 자처하고 나서며 다른 사람들과 "연대"하고 있다는 의미다. 미국이라는 나라가 다른 누군가를 비난하는 사람들로 빼곡히 들어찬 하나의 대규모 집단으로 탈바꿈을 했다. 터무니없는 이러한 양상의 예를 몇 가지 들어보자. 매일같이 지각을 일삼던 한 학교 직원은 해고를 당했지만 정작 본인은 자신이 "만성 지각 증후군"의 피해자라고 주장을 한다. 도박 자금 마련을 위해 나랏돈 2,000불을 횡령한 한 FBI 요원은 해고되었지만 곧 복직되었다. 그의 도박 행위는 "정신적 장애"이기 때문에 연방법의 보호를 받아야 한다는 법원의 판결 때문이었다.[3)]

중독의 종류가 이제는 얼마나 많고 다양한지 실제 미국의 인구보다도 더 많은 사람이 중독자로 분류될 정도다.—독자들은 이런 단체가 있는지 알지도 못했겠지만—성 중독 문제를 위한 전미협의회(National Association of Sexual Addiction Problem)는 2천 5백만 명의 미국인들이 다양한 종류의 섹스에 "중독"되었다고 예상한다. 또한 2천만 명의 미국인들은 룰렛과 같이 운에 좌우되는 도박에 중독되었다고 사이크스는 지적한다.[4)] 상호의존 운동의 지도자들은 알코올 중독자들이나 폭력적 혹은 단순히 비판적인 부모를 둔 성인 자녀들의 수를 2억 3천만 명 이상으로 예상하고 있다. 이런 식으로라면 피해자들의 수는 금세 미국 성인 인구의 수를 뛰어넘게 된다. 사이크스는 그 외에도 충동적인 쇼핑 증후군에 시달리는 수백만 명의 피해자들과 함께 초콜릿이나 남에 대한 험담—또 나도 덧붙이자면 불평—에 중독된 사람들도 상당수라는 사실을 덧붙인다. 결국 미국이라는 나라가 투덜이들의 나라가 되었다는 의미다. 이러한 묘사는 상당 부분 사실이다. 그리고 의무는 제쳐두고 오로지 우리의 권리만을 강조하는 자아 심리학은 이러한 현상을 지지한다. 누군가 우리의 권리를 하나라도 침해한다면—우리에게 많은 권리가 주어졌다는 관점에서는 누구든 피해 갈 수 없는 상황인—우리는 모두 피해자가 되는 것이다.

어느 때에든 경제가 심각한 침체에 빠질 경우, 많은 사람들은 대단한 자기애적 고통을 경험하게 될 것이다. 그것은 그들이 자기실현이라는 소비자로서의 권리가 당연히 자신의 것이라 굳게 믿고 있기 때문이다. 또한 그들에게는 대신 원망하고 징계할 희생양이 필요하고 따라서 그들의 정치적인 표현은 더욱 과격해질 것이다. 물론 이러한 피해자 심리학을 이용해 자신의 이익을 취하려는 정치가들도 등장하게 되겠지만 말이다.

자아주의와 언어

자아주의의 개념이 우리의 문화에 깊숙이 퍼져 있다는 사실은 우리의 일상적인 언어 표현에서도 잘 나타난다. 일상의 대화는 물론 대학 학생들의 리포트에서 "안다" 혹은 "생각한다"는 표현이 "느껴진다"는 표현으로 대체되었다는 것이 그러한 사실을 보여 준다. 예를 들자면 "이러한 결론은 타당하지 않은 것처럼 느껴집니다."라는 식이다.

미국인으로는 처음 성자의 반열에 오른 수녀원장 엘리자베스 시튼의 생애에 관련한 소책자의 표지에는 굵은 글씨로 이런 문구가 씌어 있다. "그녀는 자신의 세상으로 그녀 자신을 불러왔다." 물론 이 세상은 "그녀의 것"이 아니며 그녀가 자신의 완전한 의지로 "그녀 자신"을 이 세상에 불러온 것도 아니다. 더욱 종교적이며 동시에 덜 자아주의적인 표현이라면 "그녀는 하나님의 나라를 위해 자신을 헌신했다."가 될 것이다. "우리는 이 땅에 속했고 우리가 속한 이 땅은 거대한 땅이네라."는 '오클라호마'의 노랫말은 "캘리포니아에서 뉴욕에 이르기까지, 이 땅은 당신의 것, 이 땅은 나의 것"과 같이 부적절한 소유격을 남발하는 또 다른 인기 가요의 가사와 같은 의미를 전하는 듯하지만 대조적인 차이를 보여 준다. 땅에 대한 소속감은 세대를 막론 땅과 자연에 깊이 귀착된 사람들의 일반적인 생각이었다. 하지만 "나의 땅"으로 표현되는, 개인의 소유로서의 적극적인 개념은 현대적이고 자아주의적인 개념이다.

   C. 피츠사이먼 앨리슨은 능동태와 수동태에 관한 위와 같은 관점을 두 개의 또 다른 예를 통해 설명한다. 다음은 로버트 오펜하이머와 알버트 아인슈타인의 대화를 인용한 첫 번째 예다.

   "당신에게 논리를 실행할 기회가 주어졌다면 이후 당신의 일과 삶은 절대로 그 전과 같지 않을 것이다." 앨리슨은 비범한 창조력을 지녔던 많은 사람들이 그들 자신의 창조력의 근원을 설명하기 위해 이러한 수동태적 표현("주어지다")을 자주 사용했었다는 사실을 강조한다. 하지만 현대의 분위기는 그와 반대의 방향을 지향한다.[5]

   다른 예를 통해 앨리슨은 「내셔널 지오그래픽(*National Geographic*)」에 실린 다윈의 비글호 항해기에 관한 앨런 빌리어스의 회고를 논한다.

   그의 글을 통해 빌리어스는 다윈의 일기에서 가져온 여러 개의 인용을 언급하는데 다윈과 빌리어스의 견해는 서로 충격적일 만큼 큰 차이를 보인다. 먼저 다윈은 유기적 존재들이 어떻게 창조되었고 또한 한 개의 종이 어떻게 여러 다른 종으로 변형되어 왔는지 이해하기 위해 바다는 원래 펼쳐져 있던 것으로 또한 한 종의 새가 존재했고 그것이 각각 다른 목적을 가지고 여러 개의 종으로 변형되었다고 설명한다. 하지만 우리 시대의 신실한 대변자인 빌리어스는 모든 변화와 변형 그리고 설계는 창조물 안에서 자생적이며 자주적으로 발생한다는 다윈의 주장에 대해 결론을 내는 동시에 이렇게 기록했다. "가마우지가 날지 못하는 새로 (스스로) 진화했다니…."[6]

능동태에 대한 자아주의의 강조는 그리스도인의 예배와도 대조를 이룬다. "모든 형태의 우상숭배를 거부하는 그리스도인의 예배는 언제나 수동적인 태도로 이뤄지는데, 그것은 하나님의 역사과 말씀에 대한 기대와 탁월성 때문이다. 그러한 예배 속에서 우리는 가치를 창조하지 않는 대신 그들을 발견한다. 또한 우리 자신의 정체성을 형성하는 것은 우리 자신이 아니라 하나님의 영이시다. 에이브러햄과 모세, 선지자들과 제자들은 모두 부름을 받았다. 하나님의 말씀이 그들에게 임했고 그들은 그 말씀에 오로지 반응했을 뿐이다."[7]

소비 사회를 위한 심리학

로저스는 자아 이론과 인카운터 그룹을 혁명으로 묘사했지만 수백만 명의 사람들이 쉽게 이것을 받아들였다는 사실을 감안할 때 그들의 주장은 사실이 아니다. 자아주의는 돈이 있고 여가를 즐기고 싶어 하는 사람들을 위해 고안된 완벽한 소비 철학이다. 구체적으로는 여행과 음식, 패션에 관련한 서비스를 소비하는 사람들 말이다. 초기 광고들이나 그 이면의 철학은 물건을 파는 것에 집중했었다. 하지만 오늘날의 자아주의는 소비 철학의 다음 단계를 반영하여 서비스나 활동, 즉 생활양식을 파는 것에 집중한다.

현대 경제의 물질적 성공은 자아주의자들의 글 속에 등장하는 수많은 가정들의 기초가 된다. 예를 들자면, 프롬은 현대 자본주의가 생산한 공격적이고 경쟁적이며 획득하려는 "시장" 특성을 비판할 수 있다. 하지만 이것은 심각한 결핍이 많은 부분 해소된 최근 자본주의 경제의 물질적이고 사회적인 상태의 결과물로서 자아주의의 특성을 볼 때에만 가능한 이야기다.

또한 로저스는 현대 발명품들과 도시 경제에 의존하고 있는 미국(특별히는 로스앤젤레스 지역)의 일반적인 인간 관계들 역시 그와 같은 궤도를 걷게 될 거라 예상했다.[8] 특별히 그는 최근의 인간관계 변화를 점진적인 것으로 이해했다. 로저스는 2000년이 될 즈음이면 커플을 맺어 주기 위한 컴퓨터 프로그램이 등장할 것이며, 섹스에 영적이고 종교적인 중요한 의미가 담겨 있다는 사실은 고사하고 그것의 생식적 기능조차 사라지게 될 것이고, 효과적인 장기간 피임 기술이 대중화되면서 젊은이들의 불임 문제와 결혼의 비영속성 같은 문제들이 등장하게 될 거라고 언급했다.[9] 그리고 그는 이러한 문제들을 다음의 권면과 함께 마무리했다.

> 현대의 산업은 연구 개발에 대한 투자의 크기로 판단할 수 있다. 어떠한 회사이든 과거의 실패를 제거하고 새로운 가능성을 탐구하는 동시에 새로운 상품을 개발하기 위해 다른 재료들을 연구하지 않고는 성공할 수 없기 때문이며… 또한 이것을 가능하게 만드는 것은 무한한 자본이다.
>
> 실험은 모든 기술 성장의 주요 요인으로 실험이 얼마나 많은 전통들을 폐지하든 그것은 중요하지 않다. 대중은 그것을 용납할 뿐 아니라 재정적으로 후원하고 또 격려한다. 변화는 게임의 또 다른 이름으로 이것은 거의 모든 사람들이 알고 또 인정하는 내용이다.

그리고 나서 그는 책의 주제를 다른 곳으로 전향했다.

> 결혼과 핵가족은 실패한 제도, 즉 실패한 삶의 방식이다. 물론 이들이 과거에는 굉장한 성공을 거두었다는 사실에는 이의가 없다. 하지만 지금 우리에게는 연구실과 실험, 반복되는 과거의 실수를 피하려는 시도 그리고 새로운 접근으로의 탐구가 필요하다.[10]

이러한 글이 일으킬 수 있는 종교적, 도덕적 문제는 잠시 접어 두도록 하자. 또한 현대 기술에 대한 이와 같은 전적인 용납과 격려에 관한 가정들도 지금은 논할 때가 아니다. 하지만 로저스의 견해가 보여 주는 경제에 관한 몇 가지 가정을 짧게나마 살펴보고 싶다. 대중이 건네 오는 "무한한 자본"과 연구 개발로 가능해진다는 지속적 발전과 함께, 현대 경제의 핵심이 되는 성장을 로저스는 용납할 뿐 아니라 동경하기까지 한다. 하지만 제로성장 경제학자들의 논쟁이나 생물학에 바탕을 둔 대도시나 대규모 사업에 대한 억제 정책 그리고 현대 농업이나 대규모 사업에 대한 논리적 적대감들은 여기에서 모두 간과되고 있다.

그리스도인 경제학자 E. F. 슈마허를 비롯한 여러 사람들은 더욱 단순하고 또 덜 산업화된 사회로의 회귀를 주장하는데, 이러한 주장이 바로 자아주의자들이 완벽하게 간과하고 있는 비평의 중요한 예다.[11] 이러한 주장은 설득력이 있을 뿐 아니라 점점 그 영향력이 확대되고 있다. 산업화 이전의 사회와 같은 환경으로의 회귀는 사회적 가치나 대인관계들 또한 산업화 이전의 상태로 돌아가게 되리라는 사실을 내포한다. 이 말은 미래의 가치나 관계들이 오늘날 볼 수 있는 극단적 형태의 가치나 관계들처럼 되지는 않을 것이라는 뜻이기도 하다. 자아주의자들이 그들의 심리학이 건강하지 않은 상태, 즉 이미 부패하기 시작한 산업 도시 경제의 마지막 단계에 놓여 있다는 사실을 무심코나마 인정하고 있는 것이다.

서구 경제가 소비자를 필요로 하기 시작하면서 훈련이나 복종, 절제와는 대조되는 이념들이 발달하기 시작했다. 자아주의는 지금의 경험을 대변하고 억제를 거절하는데, 이러한 자아주의적 태도는 사회적인 지위나 상품의 질에 이전만큼 열광하지 않던 소비자들 때문에 당황을 금치 못하던 광고 산업에 그야말로 희소식이 되어 주었다. 자아 이론의 간단한 표어들만으로도 훌륭한 광고 카피가 탄생할 수 있다. **"지금이 행동할 때다! 멋진 것을 경험하라! 당신 자신을 존중하라!"**

광고에 등장하는 자아주의 용어의 좋은 예는 「플레이보이(*Playboy*)」, 「펜트하우스(*Penthouse*)」, 「오늘의 심리학(*Psychology Today*)」과 같이 식자층의 부유한 소비자들을 겨냥한 유명 잡지 등에서 쉽게 찾을 수 있다. 다음은 한 심리학 전문 잡지에 실린 광고 카피다.

> **나는 나를 사랑한다.** 이것은 교만이 아니다. 나는 나 자신에게 좋은 친구이며 나는 나의 기분을 돋우어 주는 모든 것을 사랑한다… 우리는 특정한 철학을 통해 자신의 삶을 산다. 우리는 내일을 기다리는 대신 오늘 우리의 꿈을 이루려 노력한다. 하지만 자신을 위해 좋은 것을 해 주기 전, 먼저 우리는 자신에 대해 잘 알고 있어야 한다… 자기 만족보다 자기 인식이 앞선다는 뜻이다. 한번 생각해 보라.[12]

이러한 잡지에서 편집자의 철학과 광고 카피를 분리해 내는 것은 쉽지가 않다.

몇 년 전, 비행기로 다른 도시에 가야 할 일이 있었다. 그런데 자꾸만 눈에 띄는 자아주의에 기초한 광고들에 내심 불쾌했다. 수속을 밟기 위해 항공사 창구 앞에 섰을 때 "당신이 최고입니다! 당신이 최고입니다!"라는 문구가 적힌 광고지와 포스터가 내 눈에 들어왔다. 비행기에서 내려 짐을 찾으려 서 있을 때에는 자동차 임대 회사의 포스터가 시야로 들어왔다. "당신에게 걸맞는 최고의 차를 선사합니다!"였다. 공항 근처 고속도로 옆으로 보이는 패스트푸드 전문점 또한 마찬가지로, "당신이 먹고 싶은 대로 주문하세요!"라는 문구가 적힌 현수막을 내걸고 있었다. 나는 그 순간 자아 이론이 "버거킹의 성격 이론"으로 요약될 수 있다는 사실을 깨달았다. "당신이 하고 싶은 대로!"

하지만 지난 몇 년간의 물가 상승, 불경기 그리고 경제 혼란은 자아주의가 얼마나 경제적 풍요를 의지하는지를 분명히 증명해 주었다. 오늘날의 경제로는 자아를 실현하기가 매우 어렵다!

풍요가 건네는 유익을 내 마음대로 사용해도 좋다는 외침이 위의 광고들과 같이 늘 적나라한 방법으로 표현되는 것은 아니다. 이것은 숭고한 것으로도 가장할 수도 있다. 예를 들어 사람들의 "창조적 가능성"에 대한 개발이 지난 수년 동안 교육자들을 비롯하여 심리학자들의 표준적 목표가 되어 왔다. "창조력"의 의미는 사람이 본질적으로 선한 (여기에서 악한 잠재력은 존재하지 않는다) 자신의 잠재력을 표현하는 것이다. 하지만 여기에 창조적인 것을 실제로 실현하고자 하는 의도는 없다. 창조력을 향한 이러한 숭배는 19세기 낭만주의에서 시작되었는데, 당시 숭배의 대상은 "지니어스(the Genius)"로서 흔하지 않은 "신"이었다. 하지만 미국 사회는 지니어스를 숭배하던 이 "엘리트주의자"들을 모든 사람의 내면에 거룩한 자아가 자리한다는 신념으로 이끌어 갔다. 우리의 자아 역시 지니어스가 받은 것만큼의 숭배를 받을 자격이 있다는 주장이었다. 반항이나 도전적인 독립심과 같은 가치들이 이와 함께 등장한 것은 따라서 지극히 자연스런 일이다. 이렇게 대중적이고 듣기에 좋은 신념을 통해 창조력은 방종을 권면하는 논리로 탈바꿈해 버렸다.[13]

로버트 하일브로너는 앞으로 닥쳐올 경제적, 정치적 대변동을 설득력 있는 목소리로 논했는데, 그러한 대변동은 생존이 주된 목표가 될 새로운 사회를 불러올 수도 있다는 주장이었다. 다음은 이 새로운 공동의 사회, 더욱 농업적이며 아마도 수도원 생활에 가까울 법한 사회의 예측에 관련해서 그가 쓴 기록이다.

> 탈레랑은 절대 군주 체제(ancien régime)를 경험해 본 사람만이 정말로 인생의 달콤한 것(les douceurs de la vie)이 무엇인지를 알 수 있다고 이야기했다. 그가 지칭한 것은 궁정의 **쾌락**(douceurs)이었는데, 그에게 궁정은 고상하고 사치의 한계가 없으며 부유하고 고결하신 분들이 자신이 하고 싶은 것은 무엇이든 마음대로 할 수 있는 장소였기 때문이다. 하지만 이러한 종류의 탐닉을 유치한 욕구로 해석하는 우리에게 그의 주장은 혼란스럽기만 할 뿐이다.
>
> 하지만 현재 사라질 위기에 직면한 **쾌락**은 터무니없고 이설적인 생각들이 아무런 제한 없이 오가는 지성적 환경의 쾌락이다… 절대 군주 사회를 살았던 사람들이 우리의 이러한 지적 "자기 탐닉"을 목격한다면 이제는 사라지고 없는 그들의 귀족 정치를 보며 지금 우리가 느끼는 혼란스러움을 그대로 느끼지 않을까? 그것으로부터 이익

을 얻은 극히 소수에게는 쾌락이었겠지만 그 외 다른 사람들에게는 관심의 대상은커녕 해도 끼치지 못한 삶의 방식으로서 말이다.[14]

하일브로너가 지칭한 "자기 탐닉" 그리고 "터무니없고 이설적인 생각들"을 아무런 제한 없이 나누는 것은 자기실현의 또 다른 표현이었을 것이다. 비록 그 대상이 소수일지라도 그들에게 자기실현이 가능한 환경을 조성해 주기 위해서는 얼마나 막대한 부가 필요한지 설명하며 우리의 미래에 대해 하일브로너와 비슷한 예측을 했던 다른 이들도 물론 있었다. 하지만 그렇다고 우리가 사회적 대변동을 꼭 가정해야 한다는 뜻은 아니다. 다만 미국이 부의 정도로 따질 때 상(上) 중의 상에 속한다는 사실을 우리는 잊어서는 안 된다. 지난 30여 년간 대학 캠퍼스나 여피 문화는 절대 군주 체제 당시 궁정이 보여 준 천박함과 오만을 그대로 답습했다. 자신이 즐기는 풍요가 얼마나 연약한지 그리고 그것이 얼마나 많은 사람들의 희생으로 이루어지는지 전혀 알지 못한 채 말이다. 대신 자기실현이야말로 미래의 보편적 윤리라 강조해 왔는데, 이것은 사회적 지위의 하강이나 생존의 문제가 닥치지 않을 경우에만 가능한 이야기였다. [밀가루가 없어 빵을 만들 수 없다는 사람들에게] "빵이 없다면 케이크를 먹도록 하라."던 [마리 앙투아네트의] 배려 깊은 제안은 "자기를 실현하도록 하라."는 역시 배려 깊은 제안과 어찌 보면 너무나도 잘 어울린다.

8 자아주의와 기독교, 역사적 전례들

다음 세 장에 걸쳐 우리는 인본주의적 자아 이론에 대한 기독교적 분석과 비평을 시도하게 될 것이다. 이번 장에서는 이 두 가지 신념 사이의 역사적으로 중요한 관계들을 정리해 볼 계획이다.

포이에르바흐

적어도 내가 아는 한, 자아주의 보급자들은 자아주의의 역사적인 근원에 대해 아무런 언급도 하지 않았다. 따라서 미국인들의 열정이 대부분 그러하듯 그들의 개념 또한 과학 기술과 최근의 사회적 변화로부터 새롭게 등장했다는 결론이 나온다.[1] 현대 자아주의에서 새로운 것은 이미 등장한 지 100년이 넘은 그것의 개념적 체계라기보다는 그것을 사용한다는 사람들이다. 그리고 앞서 언급한 자아주의의 특정한 적용들이나 사회적인 영향들 역시 최근 시작되었다고 볼 수 있다.

자아주의 이론의 보급자들은 그들 이론을 형성한 공을 메이나 프롬보다는 로저스와 매슬로에게로 돌리곤 한다. 하지만 사실, 로저스와 매슬로의 글은 그들 견해의 출처가 되는 초기 이론가들에 대해 모호하게 이해하고 있다는 사실을 보여 준다. 또한 분명한 것은 메이나 프롬의 견해가 다른 이들보다는 나았을 거라는 사실이다. 역사적인 지식에 관해서라면 메이의 경우, 유럽에서의 경험과 연고가 도움이 되었을 것이고, 프롬의 경우는 그의 학구적 배경이나 자신에게 미친 19세기 유럽 사상의 영향력에 대한 적절한 이해가 도움이 되었을 것이기 때문이다. 비록 프롬은 포이에르바흐가 자아의 인본주의적 이론에 미쳤던 절대적 중요성을 간과했지만 말이다.

현대 자아 이론가들의 역사적 성격과 세속적 특성에도 불구하고 그들의 출처는 적대적인 형태이기는 하지만 분명 기독교와 밀접한 관련이 있다. 따라서 역사적으로 중요한 연결고리들을 간단하게나마 짚고 넘어가는 것이 이어지는 장(章)의 기독교 비평을 위한 훌륭한 준비 작업이 되리라고 생각한다.

오늘날의 인본주의적 자아주의의 중요하고 직접적인 출처가 된 것은 루드비히 포이에르바흐의 『기독교의 본질(The Essence of Christianity)』이다. 헤겔의 좌파적 추종자로서 그가 집필한 『기독교의 본질』은 1841년에 출판되어, 1843년 개정되었는데, 기독교에 대한 공격으로 굉장한 유명세를 떨쳤다. 프리드리히 엥겔스는 이 책에 대한 생각을 다음과 같이 묘사했다. "누구든 이 책을 이해하기 위해선 이 책이 주는 자유를 직접 경험해 보아야 한다. 열정이 당연히 그 뒤를 따를 것이고 단번에 우리 모두는 포이에르바흐주의자들이 될 것이다."[2] 종교에 관련한 이후의 사상가들 중 포이에르바흐의 영향을 받은 사람들은 마르크스, 니체, 헉슬리, 존 스튜어트 밀, 프로이트 그리고 듀이다. 마르크스와 니체, 프로이트의 전통은 프롬과 메이로 이어졌고, 밀과 헉슬리 그리고 듀이는 로저스와 매슬로로 직접 연결될 수 있다.

이 책은 그리스도의 신성과 하나님의 존재 모두를 거부하는데, 인류학으로 모든 신학을 설명할 수 있다는 것이 이 책의 전제다. 포이에르바흐가 주장하는 내용과 오늘날 자아 이론가들 사이의 유사성은 다음의 대표적인 인용글에 잘 나타난다.

> 신학은 비록 인지하지 못한다 할지라도, 그리스도를 육체를 입은 하나님으로 단정하면서, 신학은 인류를 향한 인간의 사랑이 구원을 포함한다는 점을 선언해 버렸다.
>
> … 종교의 역사적인 진행은 다음의 사실을 포함한다. 그 진행의 초기 단계에서는 객관적으로 인식되던 것이 이제는 주관적으로 이해되며, 따라서 이전에는 하나님으로 인식되고 숭배되던 것이 이제는 인간적인 것이 되었다.
>
> 하지만 종교 안에서 제1의 자리를 차지하는 것 – 말하자면 하나님 – 은 내가 이제까지 보여 준 것처럼, 사실과 현실 속에선 제2의 것이 된다. 왜냐하면 하나님은 투영된 인간의 본질에 불과하기 때문이다.
>
> 따라서 종교에서 제2의 자리를 차지하는 것 – 말하자면 인간 – 은 제1의 것으로 선언되고 인식되어야 한다.
>
> 인간의 본성이 그에게 가장 높은 존재라면 그리고 인간이 된다는

것이 그에게 가장 높은 존재라면, 인간을 향한 그의 사랑은 실제로 제1의 법, 즉 가장 높은 법이 된다. 인간의 하나님은 바로 **인간**이다 (Homo homini Deus est). 이것이 도덕 원리 중 가장 높은 법이다. **그리고 이것이 세계역사의 전환점이다.**[3]

엥겔스와 마르크스는 인간에 대한 포이에르바흐의 생각이 지나치게 추상적이고 추론적이라고 단정 지었고, 따라서 인간 본성에 대해 경제적이고 정치적인 해석을 시도하게 되었다. 하지만 마르크스는 자신에게 미친 포이에르바흐의 영향을 인정했고 이렇게 표현했다. "포이에르바흐는 종교적인 세계를 세속적인 것으로 만들어 냈다… 즉, 그가 종교적인 본질을 인간적인 것으로 용해해 냈다는 말이다."[4] 종교를 공격하며 마르크스가 앵무새처럼 되풀이했던 "종교는 아편만큼이나 악한 것이다"[5]라는 견해는 사실은 포이에르바흐에게서 비롯된 것이다.

포이에르바흐에 관련한 내용은 오늘날 자아 이론가들이 분명 반(反)기독교적이었던 초기 사상가들의 주장을 재구성하고 확장하고 있다는 사실을 확증해 준다.

포이에르바흐와 미국의 이론들 사이 100여 년의 시간을 잠시 살펴본다면 현대 자아 이론이 과연 어디에서 출발했는지는 더욱 분명해질 것이다.

미국에서의 출처들

사람들은 미국 하면 애플파이를 떠올린다. 하지만 그보다 더 미국을 대표하는 것은 바로 자아주의다. [커크 킬패트릭이 논한 "미국의 정신"을 참고하라.][6] 자아에 대한 심리학의 강조는 미국 독립 전쟁 그 이전부터 미국을 대표해 온 주제, 미국의 전통적 개인주의에 대한 강조와 일맥상통한다. 하지만 이러한 주제가 특별히 두드러지게 된 시점은 1840년 즈음으로 월트 휘트먼이나 랄프 왈도 에머슨과 같은 작가들의 글을 통해서다. 휘트먼은 현재까지도 가장 미국적인 시인으로 손꼽히는 인물이다. 그의 가장 유명한 시, '나 자신의 노래(Song of Myself)'는 "나는 나 자신을 찬양한다…"로 시작하는데, 유치원생들의 자존감을 북돋아 훈련하기에 아주 적절한 노랫말이다. "온 세상에서 가장 중요한 사람은 바로 저예요."라는 표현만은 못하겠지만 말이다. 당시 커다란 영향력을 끼친 에머슨의 '자신감(Self-Reliance)'이라는 작품은 미국 개인주의의 또 다른 양상을 대표한다.[7] 사실 많은 미국의 그리스도인들이 "하늘(하나님)은 스스로 돕는 자를 돕는다."라는 표현이 성경적이라고 생각하지만 그것은 사실이 아니다. 대신 이러한 표현을 통해 우리는 분리된 자아에 대한 미국인들의 자신감 그리고 이러한 생각이 얼마나 세속적인 것인지를 알게 된다. 이러한 생각은 그것이 어떠한 종류든 외부의 압력으로부터 독립을 추구하려는 정치적 반항과 깊은 관련이 있다. 이것을 대표하는 정치적, 사회적 인물들로는 제퍼슨, 프랭클린, 에머슨, 휘트먼, 존 듀이 그리고 칼 로저스 등이 있다. 그리고 이들 중 그리스도인으로 알려진 사람은 한 사람도 없다.

하지만 초기 미국 역사의 개인주의는 두 가지 전통에 의해 완화되고 또 문맥화되어 왔다. 그 전통의 첫째는 공동의 유익과 시민의 덕목을 늘 유념해 온 보수 "공화당"이었으며, 둘째는 하나님의 뜻과 이웃에 대한 사랑 그리고 구제의 사회적 표현을 강조해 온 유대 기독교였다. (사실 미국 병원들 대다수는 이러한 표현의 결과물이다.) 로버트 N. 벨라와 그의 동료들은 이 세 가지의 전통들과 현대 사회 속 딜레마를 효과적으로 묘사했다. 그것은 개인주의가 거대한 영향력으로 대두되는 반면 다른 두 가지의 전통은 시들어 사라지고 있다는 내용이었다.[8] 개인주의라는 현대적 표현은 극단으로 치달았고, 그 주된 요인은 많은 심리학 이론가들에 있었다.

포스딕과 필

개인주의적 자아 심리학의 선봉에 선 사람으로는 1920년에서 1960년까지 활발한 활동을 펼쳤던 두 명의 개신교 목사인 해리 에머슨 포스딕과 노먼 빈센트 필을 들 수 있다. 아무도 이들을 이론가로 대우하지는 않는다고 해도, 매슬로나 로저스와 같은 이론가들이 등장하기 훨씬 이전부터 이들이 심리학 개념을 대중화시키기 시작했다는 주장에는 아무도 반론을 제기하지 않을 것이다.

포스딕은 폭넓은 영향력을 끼쳤던 작가이자 설교가로 1920년대, 1930년대 그리고 1940년대에 걸쳐 미국 대부분의 자아 이론의 주된 무대였던 뉴욕에서 자신의 이론을 발전시켰다. 또한 자유 신학의 투사이기도 했던 그는 유니언 신학교와도 깊은 관련이 있었다. 그의 자아 이론의 발달 과정을 잘 요약해 놓은 세 권의 책은 나중 차차 살펴보게 될 것이다. 그의 이론에 사용된 기본적인 개념들도 물론 흥미롭지만, 더욱 흥미로운 것은 이러한 개념들이 심리학이라는 완벽히 세속적인 학문을 통해 출판되기 훨씬 이전부터 자유주의 기독교를 통해 먼저 인기를 얻었다는 사실이다. "자기실현"이나 "참된 인간이 된다는 것"과 같은 개념적 표현들이 처음 등장했던 곳이 뉴욕 개신교 교회들의 강단이었다는 말이다.

포스딕의 자아 이론을 요약하는 중요한 첫 번째 책은 1922년 출판된 『기독교와 진보(*Christianity and Progress*)』다. 이어지는 르낭의 글을 인용해, 19세기의 진보를 묘사하면서 짧은 서문을 통해 그는 책의 전체적 분위기를 다음과 같이 소개한다. 19세기의 진보는 "**존재**라는 분류를 **과정**의 분류로, 절대적인 개념을 상대적인 개념으로 그리고 고정을 움직임으로 대체했다."[9] 이 책은 진보가 물질적으로나 사회적으로나 지배적인 개념이 되었을 뿐만 아니라, 역사에 대한 정확한 견해라고 가정한다. 포스딕은 기독교가 원래 진보적인 종교라 주장했다. 그리고 이러한 주장은 현대의 진보와 기독교를 자연스런 협력자로 만들어 버렸다. 기독교는 과정의 종교이자 상대성 그리고 움직임의 종교다. 물론 자기만족적인 낙관주의라든가 진보에 대한 지나친 신뢰가 불러올 위험을 언급하긴 하지만 포스딕이 이 책을 통해 전하는 중심 메시지는 기독교와 역동적인 진보 사이의 연결이라 할 수 있다.

10년 후 집필한 『내가 보는 종교(As I See Religion)』를 통해 그는 "기독교는 무엇인가?"라는 질문에 이렇게 대답한다. "지성이라는 능력과 창조적 소망과 사랑" 그리고 "발전의 확신"과 더불어 각 "인격"의 "신적 근원, 영적 본질, 무궁한 가치 그리고 무한한 가능성"이 바로 기독교의 "본질적 특징"이다.[10] 창조적인 발전에 대한 확신과 함께 개인의 인격이 기독교의 중심적 개념이라는 뜻이다. 진보와 인격이라는 두 가지 개념에 대해 포스딕이 강조한 사실을 기억할 때, 이러한 생각이 1943년 오늘날 자아주의와 같은 이론적 견해로 진화했다는 것은 당연한 귀결이다. 굉장한 인기를 누렸던 포스딕의 세 번째 저서의 제목 『참된 인간이 된다는 것(On Becoming Real Person)』은 마찬가지로 유명했던 로저스의 저서의 제목 『인간이 된다는 것(On Becoming a Person)』과 매우 흡사하다.

그는 자신의 글을 이렇게 시작한다. "모든 인간의 가장 주된 임무는 참된 인간이 되는 것이다." 그리고 "참된 인간"이라는 이러한 이상은 다음으로 이어지는 성격 이론에 기초한다.

> 인간이 된다는 것은 그 지속적인 과정으로 참여한다는 것을 의미한다…인간이라는 유기체의 기본적 욕구는 완전함이다. 우리 존재의 최우선적인 명령은 정신을 똑바로 차리라는 것이며, 가장 근본적인 죄는 질서를 잃고 초점을 흐트러뜨리는 것이다…그리고 우리가 마침내 성숙에 도달할 때…전 유기체는 창조적인 활동으로 표현될

수 있는 "통합의 절정"으로 모이게 된다.

또한 그는 "현대 심리학에서는 '통합'이라는 용어가 '구원'이라는 종교적 용어를 대신한다"는 중요한 사실을 발견하기도 했다.[11] 그리고 포스딕은 통합이 자아 발견과 자아 용납 그리고 자기 사랑에서 출발한다고 주장했으며, 이러한 통합은 창조적인 활동과 일반적인 행복으로 표현된다.

기독교적이고 종교적인 모습을 띠고는 있지만 포스딕 인격 이론의 개념들 가운데 상당 부분은 철저히 반(反)기독교적이다. 사실 오늘날 심리학 자아 이론가들의 개념들, 그중에서도 특히 로저스의 개념들로부터 그의 개념을 구분하기 어려울 정도다. 포스딕이 주장했던 개념들 가운데 하나는 인간의 이상적인 자아와 그 사람이 인지하는 자아 그리고 실제적인 자아 사이에 차이가 있다는 것이다. 그리고 그는 이러한 차이를 걱정이나 불안의 주요한 원인으로 설명했다. 그는 자기 용납과 자기 사랑이 이러한 역기능적인 불안을 제거할 뿐만 아니라 통합적인 성장을 통해 인간은 자신의 실제 자아가 된다고 주장했다. 로저스 또한 실제적 자아와 이상적 자아 사이의 차이를 강조했지만 포스딕이 여러 가지 면에서 그보다 먼저 이러한 주장을 전개했다고 볼 수 있다.[12]

포스딕이 어디에서 자기실현과 과정 그리고 통합의 개념들을 가져왔는지는 분명하지 않다. 1925년에서 1945년 사이의 지성적 분위기를 고려할 때 이것들이 매우 보편적인 개념이었을 거라고 추측할 뿐이다. 참된 자아가 된다는 것에 여러 번 인용되었던 심리학자들로는 알프레드 애들러, 고든 올포트, 윌리엄 제임스 그리고 칼 융이 있다. 애들러는 "창조적 자아"라는 개념을 최초로 소개했던 인물인 만큼, 포스딕은 그에게서 가장 직접적인 영향을 받았을 것이다. 애들러가 1904년 그의 유대교 배경을 버리고 개신교로 전향한 사실 또한 관련이 있을 수 있다. 이러한 전향의 이유는 그가 어느 한 인종에 매이지 않은 보편적인 종교의 일원이 되고 싶었기 때문이다. 물론 실제적인 종교적 경험에 대한 회심의 증거는 없다. 따라서 많은 이들은 이것을 단순히 윤리적이고 철학적인 친화였을 거라 생각한다. 엘런버거의 기록이다. "애들러는 개신교 목회자와의 토론이 유익하다고 생각했다…비록 한쪽은 과학에 또 다른 한쪽은 신앙에 남기로 결정했지만 양쪽이 따르는 이상에는 공통점이 많다고 생각했기 때문이다."[13]

많은 이들은 오늘날 자아 이론들의 기초를 닦은 사람으로 윌리엄 제임스를 떠올리지만, 과정과 통합을 열정적으로 강조했던 사람은 그뿐만이 아니다. 고든 올포트는 자기실현으로 잘 알려져 있지만, 그러한 개념들을 설명해 놓은 그의 책은 포스딕의 책보다 사실 몇 해나 늦게 출판되었다. 포스딕은 여러 번에 걸쳐 올포트의 『성격(Personality)』을 언급하는데 그것은 올포트의 책이 그러한 역동적인 개념을 잘 암시해 주기 때문이다.

이러한 영향들과 상관없이 포스딕은 흥미로운 자아 이론을 최초로 통합한 사람들 가운데 한 명으로서 자아 이론을 굉장한 인기 서적의 주제로 만든 최초의 인물이기도 하다. 『참된 인간이 된다는 것』은 양장본으로만 30쇄나 인쇄되었다.

노먼 빈센트 필은 인생의 문제에 대해 "긍정적 사고"라는 역동적인 접근을 보여 주는 사례들에 주로 관심을 보였다. 하지만 여전히 성격 이론이 필요했으며 기독교적 요소들에도 불구하고 본질적으로 그의 이론은 자아주의에 가까웠다. 1937년에 그는 이렇게 주장했다. "누구에게든 가장 위대한 순간은 그가 자기 자신을 처음 인식하기 시작한 때다."[14] 자기 인식이 성격의 주요한 원리라는 그의 이러한 가정은, 이후 30년 동안 그의 책에 끊임없이 등장했다. 그는 자신의 책, 『적극적 사고방식(The Power of Positive Thinking)』을 다음과 같이 시작한다. "자기 자신을 믿어라! 자신의 능력을 신뢰해라!…자신감은 자기 인식과 더불어 성공적인 성취로 이어진다."[15]

(그나마 지혜를 더해 주는) 성경의 잦은 인용과 기독교적 교훈에도 불구하고, 이 책의 지배적 메시지이자 인기의 비결은 자기 인식에 대한 기독교적 합리화에 있다. 이 책의 자아주의적 성격은 다음과 같은 장(章)의 제목들을 통해 분명히 알 수 있다. "자신의 행복을 창조해 내는 법." "최선을 기대하고 또 성취하라." 자신에 대한 이러한 믿음은 하나님을 자신의 개인적인 목표를 달성하기 위해서 필요한 종으로 전락시킨다. "더 높은 힘의 능력을 빌리는 방법"이라고 표현하면 적절할까. 필의 사례사들 대부분은 기도나 믿음을 통해 누군가 어떻게 경쟁에서 승리하고 사업의 성공을 거머쥐었는지에 관한 내용들이다.

많은 사람들이 필을 사상가로 분류하지 않는데, 그 이유는 그의 저서들이 학술적이지 않기 때문이다. 하지만 그가 전하는 메시지의 내용과 인기는 포스딕과 많은 현대 자기계발 작가들이 전하는 내용과 매우 흡사하다. 대부분의 그의 책들은 오늘날에도 쉽게 구할 수 있을 뿐만 아니라, 서점 "자기계발" 코너에 자랑스럽게 진열되어 있을 정도다. 그리고 필 역시 1930년대와 1940년대 뉴욕에 만연한 자유주의적 개신교 분위기에서 그의 의견을 발전시켰다. 포스딕과 마찬가지로 그도 심리학의 영향을 상당히 받았으며, 목회 상담에서의 광범위한 경험을 바탕으로 정신의학자 스마일리 블랜톤과 함께 몇 권의 책을 공동집필하기도 했다.[16]

대단한 인기를 얻으며 등장한 인본주의적 자아주의를 자유주의 개신교와 맞물려 설명한다는 것은 복잡하고 동시에 흥미로운 논제였다. 그리고 이것에 대한 대략의 해답은, 특별히는 심리학 이론들과 같은 세속적 개념이나 가치의 부상과 더불어 자아에 대한 기독교 개념에서 신학적 근거를 제거하는 것에 있었다. 그리스도인을 믿음 안에서 기도와 묵상, 복종, 회개 그리고 신비와 같은 경험에 뿌리내리도록 하는 전통적 영적 개념들은 점차 약해져 갔고, 20세기 개신교는 더 이상 그들이 중요한 개념들이라고 생각하지 않게 되었다. 또한—욕심이나 질투 등과 더불어—근본적인 죄로 여겨지는 교만은 "질서를 잃고 초점이 흐트러지는 것"에 그 자리를 양보하기까지 했다. 물론 민주주의 정치 원리를 비롯해서 인기 있는 세속 전통들 또한 개인의 자아가 중요하다는 주장에 힘을 더했다. 하지만 자아를 좀 더 설득력 있는 목소리로 합리화시키기 위해서는 사회적인 논리와 정치적인 논리보다는 개인적인 논리가 필요했는데, 자아주의적 인본주의가 그 필요한 "이론"을 제공해 준 것이다. 통합과 자기 인식이 구원을 대체했다던 포스딕의 주장을 떠올려 보라.

포스딕과 필이 활동한 시기는 대중이 기독교 신학에 따분함과 의구심을 느꼈을 뿐만 아니라, 영적인 생명에 무지했던 기독교인들이 기독교 용어와 개념이라는 옷을 걸치기만 한 자아의 인본주의적인 개념을 흔쾌히 환영한 전환의 시기라고 할 수 있다. 그리고 이후 이들보다 더욱 거대하고 세속적인 제2차 세계대전 이후의 세대가 출현했으며, 더 나아가 그들은 더 이상 기독교와는 아무런 관련조차 없는 완벽한 자아주의를 추구하기에 이르렀다. 그리고 뒤에서 더욱 자세히 살펴보겠지만 이러한 변화의 중요한 요인은 바로 미국의 교육 체계에 있었다.

경건주의

마지막 역사적 전례는 매우 중요한데 바로 토머스 오든이 기록한 인카운터 그룹과 18-19세기 기독교 경건주의와 유대교 하시디즘 사이의 유사성이다.[17] 현대 개신교 경건주의의 기원은 17세기지만 이것이 종교적으로나 사회적으로 중요한 현상으로 대두된 것은 18-19세기였다. 이 경건주의는 여러 가지 모습으로 나타났는데, 그것의 주된 특징은 소규모 그룹이나 그보다 더욱 큰 규모의 부흥회 등에서 종종 등장하던 강렬한 감정적 반응이었다. 경건주의는 루터교나 영국 국교회 그리고 유대교와 같이 안정된 종교들의 무미건조하고 지나치게 지성적이며 권위적인 형태에 대한 반감으로 생겨났다. 그리고 이 시기는 특별히 미국 개척자들에게는 변화와 이동의 시기이기도 했다. 존 웨슬리의 감리교 경건주의가 가장 널리 알려졌겠지만 다른 형태들도 있었는데 퀘이커교와 셰이커교, 하모니 공동체 그리고 오네이다 공동체가 그 예들이다. 경건주의자들 사이에서는 공동 사회가 일반적이었는데 오든이 언급하지 않았지만, 이것은 오늘날 "인카운터" 문화와의 또 다른 유사성이라 할 수 있다.

오든은 경건주의와 인카운터 그룹 사이의 주요한 유사성을 면밀히 기록했다. 소그룹 형식, 열정적으로 정직을 추구하는 것, "바로 이 순간"의 경험에 대한 강조, 친밀한 관계, 장기적이고 집중적인 연속 모임(종교에서의 부흥회 그리고 장시간에 걸친 인카운터 그룹의 모임) 등이다. 오든은 양쪽 문헌으로부터 광범위한 내용을 인용함으로써, 자신의 주장을 효과적으로 뒷받침했다. 그가 빌려온 경건주의의 인용들은 인카운터 그룹 심리학과의 유사성을 잘 보여 준다.

> 그들은 서로의 짐을 나누어 지기 시작했고 자연스레 서로를 "돌보기" 시작했다. 매일같이 서로 친밀한 교제를 나누며 서로에 대해 점점 큰 애정을 느꼈다. (웨슬리, 1748)

> 당신의 현재 경험과 맞물려 분명하고 명확하며 예리하고 간결하게 표현하라. [뉴스테드(Newstead), 1843]

과거 경험에 안주하지 않도록 조심하라. (뉴스테드, 1843)

엄격하고 면밀하며 치우치지 않은 자성(自省). 이것이 없는 교실에서의 만남은 실제적이고 영속적인 유익을 내지 못한다. (로서, 1855)[18]

오든은 인카운터 그룹의 문화는 신화적 요소를 제거한 신학, 즉 세속적인 유대 기독교 신학이라고 결론을 내린다. 이것은 우리가 이곳에서 제안하고 있는 주장과 일치한다. 이어서 그는 인카운터 그룹 이념의 신학적인 해석을 전개하는데, 그의 해석은 중요할 뿐만 아니라 설득력이 있다. 그가 제안하는("자아주의" 신학으로 대체할 수도 있는) 인카운터 신학의 기본 질문은 다음과 같다.

I. 나의 자기실현을 방해하는 나의 존재에 대한 한계는 무엇일까?
II. 그러한 곤경으로부터 나를 구원해 줄 수 있는 것들은 무엇일까?
III. 나 자신을 더욱 성취하기 위해 나는 이러한 가능성들을 어떻게 구현해야 할까?

이론적 방향과는 아무런 상관이 없이 효과적 심리 치료와 회복 그룹이 기초가 되는 이 세 가지 단계는 기독교의 예배를 통해 세 가지의 행동으로 표현될 수 있다.

I	II	III
회개	감사	헌신

이러한 구조에 대한 대체적인 다른 표현들로는 구속 → 구원 → 소명, 죄 → 은혜 → 의무, 인간의 곤경 → 복음 → 믿음의 삶이 있다.[19]

오든의 분석은 자아주의의 종교적 특성에 대하여 또 다른 견해를 제공하는 동시에, 경건주의와 인카운터 개념 사이의 역사적 관계에 대한 의문을 불러일으키기도 한다. 경건주의와 인카운터 그룹 그리고 현대의 자아주의와의 연결고리에 대해서는 더욱 면밀한 연구가 필요하겠지만, 오든이 제시한 근거들은 인카운터 그룹이 그 세기의 사회적 발명이었다는 칼 로저스의 주장에 심각한 반론을 제기하기에는 충분하다.

칼 로저스

주요 이론가들 중 가장 큰 영향을 끼친 사람은 칼 로저스다. 임상 심리학자인 로버트 솔로드는 학자의 견해로 보았을 때 로저스는 개념의 창조자가 아니었다고 주장한다. 그 이유는 "[로저스] 자신이 진두지휘하는 가운데 [자아주의라는] 특정한 개념을 개발, 보급, 또 탐구한 것이 아니기" 때문이다.[20] 로저스의 개념들은 미국 심리학과 상담 그리고 교육으로 동화되었을 뿐만 아니라, 많은 젊은이들이 인카운터 그룹으로 빠져들도록 이끌었다. 따라서 이즈음에서 그의 개념의 출처를 간략하게나마 역사적으로 분석하고, 로저스 심리학의 종교적 특성을 논하는 것이 유익하리라 생각한다.

로저스는 자신의 직업과 개인적인 발전을 묘사하면서 자신이 유니언 신학교에 재학 중이던 시절 경험했던 뜻깊은 한 가지 사건을 회고한다.

> 우리 그룹 사람들은 개념들이 주입되고 있음을 느꼈다. 우리가 가장 원한 것은 우리 스스로 우리 자신에 관한 질문들과 의심들을 탐구하고 또 그런 연구 결과들이 우리를 어디로 이끄는지 알고 싶었는데 말이다. 우리는 대학 본부에 담당 교수 없이 우리들끼리 참여하는 세미나를 열어 줄 것과, 우리가 궁금해 하는 내용들로 교과 과정을 짠 세미나를 열어 줄 것과 또 그 세미나의 학점을 인정해 줄 것을 요청했다.[21]

대학에서는 그들의 제안에 한 가지 제한을 두었다.

> 적어도 그 세미나에 젊은 교수가 참석은 해야 한다는 것이었다. 하지만 우리가 부탁을 하기 전에는 우리의 토론에 동참할 순 없었다…세미나에 참여한 대부분의 사람들은 스스로 던질 질문들에 대해 생각했고, 그러는 과정에서 종교적인 틀로부터 자유롭게 벗어났다. 나도 그중 한 사람이었다. 인생의 의미나 개인의 건설적인 발전 가능성과 같은 문제가 늘 흥미로운 주제일 거라 확신하면서도, 나는 특정한 종교적 교리를 믿도록 강요받는 곳에서는 일하고 싶지가 않았다. 나의 신념은 이미 상당 부분 변화했고, 또 앞으로도 계속해서

변화할 것이기 때문이다. 직업을 유지하기 위해 어떤 특정한 신념을 고백**해야만** 하는 상황이 내게는 끔찍하게 느껴졌다. 나는 생각의 자유가 제한되지 않는 곳에서 일하고 싶었다.

솔로드는 로저스가 심리학자가 되기 전에 기록한 위와 같은 글에서 그가 나중에 전개한 사상들을 엿볼 수 있다고 주장한다. 그룹에 대한 강조, 전통적으로 실천되어 온 권위나 교육에 대한 반감, 자신의 신념은 스스로가 찾아야 한다는 믿음은, 또한 인생을 통해 신념이 계속해서 변화한다는 그의 생각을 잘 반영해 준다. 또한 변화는 좋은 것으로, 그런 변화가 전통과 권위 그리고 종교로부터 벗어나게 만든다는 가정도 마찬가지다. 로저스는 결국 기독교를 떠났고 그가 저술한 책들에서 그의 반(反)종교적 생각은 쉽게 발견될 수 있다.

고정된 교리에 대해 혐오하는 모습을 보였지만, 로저스 자신 또한 고정된 교리를 굳게 붙들었다. 기독교를 비롯하여 다른 전통적인 종교들을 시대에 뒤떨어진 체계라고 단정한 현대 지식을 받아들인 것이다. 수많은 현대 지성인들 중에서도 특히 사회 과학자들은, 지성적인 사람이라면 언젠가는 결국 믿음을 저버릴 것이라고 굳게 믿고 있다. 사실 내 개인적인 경험을 보더라도 1950년대 중반에서 오늘날에 이르기까지 "종교적 배경"을 저버리는 것이 당연하다는 흐름이었다. 고등교육을 받은 사람들, 특별히는 대학원 이상의 교육을 받은 사람들에게는 그것이 당연한 결론이라는 생각이 지배적이었다. 이러한 생각에 대한 조직적 연구는 물론 없다. 자신이 주장하는 것이 사실이라면, 영적인 진리나 종교적 진리를 이해하고자 하는 진실한 탐구로 이어지는 연구 활동이 대학들이 추구하는 고결한 이상인데도 말이다. 간략히, 앞에서 인용한 로저스의 글에 나타난 반종교적 편견은 그때는 물론 지금도 지적 세계에서 흔히 찾아볼 수 있는 내용이다.

로저스 초기의 지성적인 "인카운터 그룹"의 경험이 나중에 그의 사고를 형성한 씨앗이었다면, 그의 견해에 지적 내용을 제공한 개념적 틀은 과연 어디에서 비롯된 것일까? 로저스는 유니언 신학교에서 컬럼비아 교육 대학으로 적을 옮긴 후 자신이 "위대한 선생"으로 묘사했던 듀이의 철학을 주창한 유명 교육가 윌리엄 킬패트릭을 만난 사건에서 그 연결고리를 찾는다.[22] 킬패트릭을 통한 듀이의 영향은 매우 강력했다. 나중에 전개된 로저스의 이론과 그가 이십 대에 접한 진보주의 교육 철학 사이에 볼 수 있는 깊은 유사성이 그 증거다.[23] 진보주의 교육과 환자 중심 치료 사이의 평행선은 인간 본질에 대한 정의에까지 확장될 수 있다. 진보주의 교육의 아버지들과의 만남을 통해 로저스는 인간 본질에 대한 개념을 형성했고, 그러한 개념을 "진보적으로" 발전시켜 자신의 치료 이론을 만든 것이다. 진보주의 교육과 로저스의 업적 사이의 밀접한 연관성은 킬패트릭의 글을 통해 잘 나타난다. "학생" 혹은 "어린이"를 "환자"로, "교육"을 "치료"로, "교사"를 "치료사"로 바꾸어 읽어 보면 이러한 사실은 더욱 분명해진다. 킬패트릭의 주장이 로저스 이론으로 순간 탈바꿈을 할 것이다. 다음은 킬패트릭의 인용인데 대체된 단어들은 강조체로 표시했다.

나는 **치료**를 지속적인 경험의 재구성이라는 과정으로 이해하고 싶은데, 결국 그러한 과정을 통해 경험에는 더욱 풍성한 내용을, **환자**에게는 그 과정에 대한 더욱 큰 통제권을 제공하는 것이다.

당신은 인생을 재구성하는 것으로서 **치료**를 평가하는가? 맞다, 치료는 인생을 바로 지금의 것으로 재구성한다. **환자**의 인생을 바로 지금의 것으로 재구성한다는 의미다. 따라서 이전의 **치료**들이 인생을 재구성하는 것에 효과적이었는지는 확신하기 어려운데, 그들 대부분이 이러한 재구성을 미루어 왔기 때문이다.

우리는 성장과 **치료**가 실질적으로는 같은 것에 대한 서로 다른 두 가지 표현이라고 생각한다. 따라서 우리는 **치료**를 지속적인 성장의 과정으로서 다시 정의할 필요가 있다.[24]

마지막으로 킬패트릭은 환자 중심 요법의 원리를 "교육[**성장**]이 본질적인 것인지, 아니면 그런 교육[**성장**]에 대한 필요성이 학생[**환자**]이 아닌 교사[**치료사**]에게 달려 있는지 아닌지"에 대한 문제로서 설명한다.[25] 하지만 킬패트릭은 로저스가 치료사에게 했던 것보다는 좀 더 큰 권위를 교사에게 주려고 노력했다. 그럼에도 불구하고 킬패트릭은 여전히 학생의 자유로운 성장과 배움에 대한 신뢰를 강조한 교육 방식을 주장했고, 그것은 환자에 대한 신뢰를 강조한 로저스의 견해와 매우 흡사하다고 볼 수 있다.

수년이 흘러 로저스의 관심은 심리학자로서의 경험에 근거를 둔 교육의 과정과 개혁으로 전향했다.[26] 물론 그의 개념들은 킬패트릭이나 듀이가 환영할 만한 것들이었다. 그들과의 관련성을 인정하면서 로저스는 이렇게 기록했다.

> 우리의 경험은 듀이와 킬패트릭 그리고 다른 많은 이들이 주장해 온 효과적인 원리들과, 또 유능한 교사들이 반복적으로 발견해 온 효과적인 실천들의 재발견이라 할 수 있다. 하지만 교육이라는 장(場)에서 우리 자신의 치료적인 견해를 적용하고 스스로 발견한 경험이 다른 이들의 결론보다 결코 못한 것이라 볼 수는 없다.[27]

간단히 말해, 로저스의 주장은 자아주의 심리학 그리고 미국 교육 체계의 상당 부분을 여전히 지배하고 있는 듀이의 진보적 철학에서 파생했다는 뜻이다.

우리는 앞선 장(章)들을 통해 간략하나마 자아주의 이론에서 종종 그 모습을 드러내는 종교적 주제와 언어들을 살펴보았다. 이제 로저스의 심리학에 나타나는 종교적인 양상을 한번 살펴보자. "나는 환자가 온전히 받아들여지는 그대로 자기 자신을 경험한다고 가정한다."라는 진술을 기억하는가. 치료사에 의해 "받아들여지는 대로"의 존재는 하나님의 의해 받아들여지는 존재를 대체한 것이다. 하지만 인간이 다른 사람을 완벽하게 받아들인다는 것은 불가능하며 로저스는 이러한 문제에 대해서는 논하지 않는다.

"무조건적인 자기 긍정"이라는 로저스의 주요 개념은, 간단히 우리를 향한 하나님의 무조전적인 사랑에 대한 성도들의 확신과 이러한 무조건적인 사랑에 완전한 자기 헌신으로 답하라는 명령을 변형한 것이라 할 수 있다. 그리고 로저스는 이러한 무조건적 자기 긍정은 환자가 "자기 경험이 다른 사람에게서 오는 긍정보다 절대로 못하지 않다는 사실을 인식"할 때 나타난다고 주장했다.[28] 이러한 주장은 원죄라는 기독교 교리와는 대조적이며, 사실 도덕적 실패로 규정 지을 수 있는 인간에 대한 개념과도 어울리지 않는다. 또한 하나님의 심판이라는 교리와도 심각하게 충돌을 한다. 비슷하게 로저스는 "실제로 각 개인은 그 자신에게 중요한 사회적 타인이며" 또한 "자기 자신을 **평가의 중심**으로서 **경험**한다"고 주장했다.[29]

로저스의 이론이 주창하는 자기애는 무엇보다 환자 중심의 치료 과정을 통해 잘 나타난다. 이 치료 기술은 환자가 자기 자신의 감정을 돌아보는 것을 의미하는데, 치료사는 환자를 격려하기 위해 존재할 뿐 직접적으로 조언을 건네지는 않는다. 로저스의 견해보다 좀 더 극단적인 형태는 치료사가 오로지 환자의 감정을 다른 언어를 사용해 다시 반복 표현해서, 거기에 평범한 격려의 말만을 더하는 형태였다. **반영**(反映)을 떠올린다면 이러한 과정을 이해하기가 쉽다. 치료사는 환자의 감정적 상태를 그대로 비춰 주는 거울과 같다.

이러한 섬뜩한 반영적 환자 중심의 치료 기술은 나르시스라는 오래된 신화 속으로 환자를 다시금 끌어들인다. 치료사가 조정하는 교묘한 거울들에 둘러싸여 환자는 적어도 잠시나마 자기도취로 빠져드는 것이다. 결국 다른 무엇과 사랑에 빠지겠는가? 정직한 자기 평가를 개발하겠다는 자아 이론의 이상적인 목표에도 불구하고, 그럴 만한 한계나 도덕적인 책임이 존재하지 않는 로저스의 이론적 원리들은 환자가 자기 만족과 자기애로 빠져들게 만들 뿐 아니라 적극적으로 격려한다.

물론 로저스의 자기 이론이 자신에게는 건설적이었다고 설명하는 젊은이들도 있다. 지나치게 엄격하고, 지나치게 비판적이며, 지나치게 권위적인 부모 밑에서 자란 자녀들이 그 예다. (그런 가족들이 여전히 있다고는 하는데 나는 개인적으로 그런 가족을 본 적이 없다. 있더라고 거의 멸종 위기에 놓인 가족들이 아닐지.) 반(反)권위주의적 자아주의를 그렇게 열정적으로 환영해 온 최근의 세대가 가장 권위적이지 않던 부모 밑에서 자랐다는 사실은 좀 우습기까지 하다.

9 심리학과 뉴에이지

"뉴에이지"에 대한 언급이 일상적일 뿐만 아니라 뉴에이지가 종교적이거나 영적인 특성을 지닌 새로운 정신이라는 사실은 대부분의 사람들에게 익숙한 내용이다. 뉴에이지 운동에 관련한 기독교 비평은 과거부터 이미 있어 왔다.[1] 하지만 심리학적 견해로 뉴에이지를 분석하거나 비평한 예는 없었고, 또한 뉴에이지의 심리학적 뿌리를 설명하거나 탐구한 예도 마찬가지였다. 이번 장을 통해 나는 뉴에이지 운동의 사회적 근원과 심리학적 근원을 소개하고, 이어서 심리학적 견해로부터 뉴에이지 운동의 기본적인 입장을 비평할 생각이다.

뉴에이지 운동의 지지자들은 그들의 입장을 완전히 새로운 세계관으로 설명하려 한다. 특별히 과학이나 세속 철학, 전통적인 종교와 같은 오래된 문화적 틀을 거부한다. 그것은 이들이 모두 "실패"했고, 따라서 과학이나 철학, 종교를 해결책이 아닌 문제의 일부로 보기 때문이다. 뉴에이지주의자들은 자신들이 현재의 악이 만연한 사회를 구원할 "빛의 새천년"[2]을 열었다고 주장한다. 그들의 목표는 그들이 이미 완성했거나 혹은 완성 중인 세계적인 네트워크를 통해 사회의 모든 영역을 변화시키는 것이다. 그리고 이 네트워크는 기업과 정부, 교육, 종교는 물론 이른바 원조 전문직들에서 이미 어느 정도는 이루어졌다. 건강관리 사업에 미친 뉴에이지의 영향력은 육체적 안녕과 정신적 안녕의 근본으로서 영적인 건강을 강조하는 "전인적" 건강 운동을 통해 잘 나타난다. 원조 전문직에 미친 영향은 자기 내면의 잠재력을 발견하는 것이 긍정적인 변화의 시작이라는 "인간 잠재 능력 회복 운동"의 골자가 다름 아닌 뉴에이지 사상이라는 사실을 통해서도 잘 알 수 있다. 뉴에이지는 그들이 즐겨 사용하는 금언으로 요약될 수 있다. "인생은 문제가 아니라 과정이다." 심리학적 과정이나 활동, 혹은 영적 과정과 활동이 목적이라는 뜻이다. 따라서 뉴에이지는 경험과 변화로 특징 지어진다. 하지만 지적, 도덕적, 심리적, 종교적인 내용을 거의 포함하지 않는다. 목적이 없는 과정이라고 할까. 물론 뉴에이지주의자들은 과정이 목적이라 대꾸하겠지만 말이다.

뉴에이지의 영적 표현들에 담긴 내용은 사실 복잡하지 않다. 바바라 막스 허버드의 인용을 예로 들어보자. "이 세상에 태어난 순간부터 우리는 각자의 내면에 존재하는 메시아를 인지해야 한다. 그리스도와 우주에 대한 이러한 인식은 그리스도인은 물론 비(非)그리스도인들까지 수백만의 사람들을 깨우고 있다."[3] 그리스도를 언급하고는 있지만, 그녀가 이야기하는 그리스도는 기독교의 전통적 가르침이나 성경 속에 등장하는 나사렛 예수는 물론 아니다. 이렇게 개인의 내면에 자리하는 영적 각성이나 우주적 깨달음은 결국 새로운 세계의 도래를 알리는 역할을 한다. "뉴에이지"라는 이름에는 그들이 구현하고자 하는 시대에 대한 바람이 함축

되어 있으며, 그 시대는 이전의 모든 체계를 뒤로한 완전히 새로운 시대다. 뉴에이지 사상가들의 신념은 매우 다양하지만 몇 가지 개념들에서 (적어도 그들의 태도에서) 공통점을 찾아낼 수 있다. 버러우스는 이러한 신념들을 다음과 같이 묘사했다. "궁극적 실재인 하나님은 순수하고 변함이 없는 에너지, 의식 그리고 생명력이다. 그리고 그것은 빛과 어두움, 남성과 여성, 공격성과 수동성 그리고 선과 악이라는 양극 사이의 상호작용을 통해 창조 속에서 자신의 모습을 드러낸다."[4] 이와 같은 요약이 설명해 주듯 뉴에이지 정신은 사물과 그 사물의 대상 사이의 차이를 허물고 또 경계가 실제로는 존재하지 않는다는 사실을 증명하려 노력한다.

그루투이스는 위와 같은 사실과 더불어 뉴에이지의 다른 기본 원리들을 정확히 기록했다.[5] 여기에서 우리는 그가 여섯 가지로 정리한 내용에 한 가지를 덧붙여 언급할 것이다.

1. 모든 것은 하나다. 이분법은 무너졌고 경계는 이제 혐오의 대상일 뿐이다. 철학적으로 보자면 이러한 입장은 "일원론"이라 할 수 있다. "궁극적으로 하나님과 인간, 당근과 돌멩이 사이에는 어떤 차이도 존재하지 않는다."[6] 퍼거슨의 표현대로 "분리된 자아는 환상에 불과하다."[7]

이러한 입장은 기독교와 절대로 화목할 수가 없다. 기독교는 하나님과 창조물 사이, 또 다르게 창조된 창조물들 사이에는 분명한 차이점이 있다고 주장하기 때문이다.

2. 모든 것은 하나님이다. 하나님은 모든 것이고 또 모든 것이 하나님이라는 이러한 범신론적 입장 또한 비기독교적이다.

3. (그중 특별히) 인간은 하나님이다. 그루투이스는 기록한다. "우리는 완벽하다. 사실 인간은 신이다. 이러한 주장은 뉴에이지가 가진 매력 중 하나다."[8] 뉴에이지주의자들은 하나님을 모든 인간보다 뛰어난 존재로 이해하는 유대 기독교를 비판한다. 그들은 자신이 그리스도인들과는 다르다고 주장하는데, 자신은 하나님의 노예라는 신분에서 벗어났을 뿐만 아니라 자기만의 신성을 자유로이 개발할 수 있다고 생각하기 때문이다.

4. 의식의 변화가 필요하다. 만일 모든 인간이 하나님이라면, 왜 우리는 그러한 신성을 발견하지 못하는 걸까? 이에 대한 대답은 무지 때문이다. EST나 공개 토론, 기적과 생명의 근원, 엑칸카(Eckankar) 그리고 사이언톨로지(Scientology)와 같은 뉴에이지의 다양한 기술과 방식들은 우리 내면에서 잠자고 있는 신성을 깨워 주겠다고 약속한다. "우주적 인식, 신적 실현, 자기실현, 득도, 열반(불교), 깨달음(悟, 선종), 하나 됨(힌두)과 같은 표현들이 바로 이 같은 변화를 지칭하는 이름들"이라고 그루투이스는 언급했다.[9] 그리고 이러한 변화의 출처는 그리스도를 믿는 믿음이나 성령의 능력이 아니라 각 개인의 내면으로서, 이것은 기독교와는 매우 다른 견해다.

5. 모든 종교는 하나다. 뉴에이지주의자들은 모든 종교가 본질적으로 같다고 주장한다. 그들에게 예수와 부처, 크리슈나를 비롯하여 다른 모든 신들은 동일한 우주의 조화에 대해 가르쳤고, 또 그러한 조화를 경험했다. 앞서 언급된 "그리스도에 대한 인식"이 바로 이것인데, 뉴에이지와 기독교는 여기에서 다시 한 번 심

각한 신학적 충돌을 겪는다.

    6. 우주적인 진화에 대한 낙관주의가 필요하다. 뉴에이지는 인류가 하나님을 새로이 인식할 때 진화의 궤도로 들어선다고 가정한다. 인류는 위대한 변화의 문턱에 올라섰고 그러한 변화는 평화와 일치, 행복의 시대를 열어 줄 것이며 더불어 우리는 초인적 종(種)이 될 것이다. 그들의 이러한 지복직관은 기독교의 가르침과 다시 한 번 정면으로 출동한다.

    7. 마지막으로는 뉴에이지는 이성을 "좌뇌," 혹은 오래된 사고의 틀로 단정하고 그것을 거절한다. 대신 그들이 강조하는 것은 신비주의와 같은 "우뇌"적 정신 활동이다.[10]

  이상의 일곱 가지 일반적인 특성들은 비교적 분명한 반면, 세부적인 특성들은 굉장히 모호한 편이다. 그것은 뉴에이지주의자들이 세계 주요 종교들을 비롯해 온갖 다른 종교들까지 그들의 사상 속으로 끌어들였기 때문이다. 러셀 챈들러는 이렇게 지적했다. "뉴에이지는 일시적인 유행을 좇고 따르기 때문에 그것을 정의하기는 쉽지가 않다. 뉴에이지의 경계는 불분명하며, '그것의 신념과 열중의 대상 그리고 의식' 등은 끊임없이 변화한다."[11] 우리는 뉴에이지에서 불교와 힌두교, 수피의 신비주의는 물론 기독교까지 모든 종교의 특징을 발견할 수 있다. 따라서 이 가운데 한 가지 종교만을 신실히 실천하는 사람에게 이러한 뉴에이지의 혼합은 꽤나 불쾌한 일이다. 하지만 미국은 이러한 종교의 혼합을 환영할 뿐만 아니라, 미국의 사회적, 인종적, 종교적 다원주의는 그러한 혼합을 지지하기까지 한다. 또한 뉴에이지주의자들은 자신의 마음에 합한 요소들만을 골라잡을 수 있다는 사실에 한껏 기뻐하고 있다. 동양 종교에 덧붙여 뉴에이지의 또 다른 원천은 원시 종교다. 샤머니즘과 마술, 드루이드교, 대지(大地), 이시스와 같은 고대 이집트의 종교가 그 예다. 사실 만연해진 사탄 숭배 역시 온갖 영들의 집합소라 할 수 있는 뉴에이지의 영향으로 볼 수 있다. 뉴에이지주의자들이야 그들의 영성의 긍정적인 부분만을 강조하고 싶겠지만 스스로 이분법을 포기한 이상 사탄 숭배와 같은 뉴에이지 영성의 어두운 면을 부인할 수는 없다.

뉴에이지를 지지하는 사회와 경제

많은 사회적, 경제적 요인들이 분명한 목소리로 뉴에이지 영성을 지지하고 격려한다. 이미 언급한 것처럼 미국의 이질적인 문화는 그런 환경 속에서 더욱 늘어날 뿐 아니라 또한 복잡해지는 여러 종교나 문화들과 더불어 그 사회 구조상 뉴에이지 사상과 매우 흡사한 모습을 띤다. 어떤 사람의 신념을 이유로 상대를 거절하는 것은 반(反)사회적이고 반(反)민주주의적이라는 생각은 종교적으로나 영적인 사고에서도 마찬가지로 적용된다. 모든 사람들과 모든 철학들이 동일하게 정당하고 또 훌륭하다. 다양한 인종과 종교에서 온 사람들로 우리 사회가 구성된 것처럼 우리의 믿음도 그러해야 한다는 주장이다. 따라서 신실한 그리스도인은 사회적으로 편협한 사람,

고집 센 사람으로 비쳐질 수밖에 없다. 관용은 사회적인 덕 중에서도 으뜸으로 여겨지는 반면, 특정 믿음에 대한 헌신은 반사회적이며 위협적인 것으로 인식된다.

뉴에이지의 대중화에 상당 부분 기여한 또 다른 요인 가운데 한 가지는 미국인들 중 상위 중산 계급에 속한 사람들이 가진 국제적인 사고방식이다. 이들은 자주 다른 나라나 대륙으로 여행을 다니고 스스로를 세계인이라 자청한다. 그들은 또한 국제 비즈니스 협의회 등에 소속되어 있기도 하다. 그리고 브라질의 열대 우림이나 아프리카 코끼리의 멸종, 녹아내리는 북극의 만년설에 대해 염려하기도 한다. 뉴에이지주의자들은 세계 정부와 여전히 모호하지만 새로운 세계의 질서를 지지한다. 간략히 말해, 그들은 자신들이 지구촌의 중추요원들이라고 생각한다는 뜻이다. 따라서 그들의 종교가 평화와 빛, 때로는 생태계의 안정이라는 전혀 새로운 세대를 불러오기 위해 만들어진 세계적인 네트워크에 기초한 우주적 의식에 집중한다는 사실은 그리 놀랄 만한 일이 아니다.

뉴에이지가 사회적으로 성장할 수 있었던 또 다른 배경은 "주류" 개신교의 신학적 붕괴에 있었다. 자유주의 개신교가 살아 있는 실재 정도로 전락하면서 그것은 거대한 영적 진공을 남겼다. 그리고 많은 사람들의 영적 필요를 대신한 것은 뉴에이지의 참신한 궤변이었다. 자유주의 개신교의 메마른 분위기와 뉴에이지의 영적 경험에 대한 강조는 극명한 대조를 이룬다.

이와 비슷한 단체로 현재나 이전의 가톨릭 신자들의 모임을 들 수 있는데, 이 단체의 구성원들 대부분은 뉴에이지주의자들이거나 적어도 그들과 비슷한 길을 걷는 사람들이다. 이들은 정통 가톨릭이 민족적인 특정성을 제한할 뿐만 아니라, 실제 자신의 사회적 수준보다 못한 사람들과 지나치게 연관되어 있다고 생각한다. 가톨릭 전통에서 신비주의가 중요하다는 사실을 인지하는 이들은 이러한 신비주의를 전통 가톨릭에서 뉴에이지로 넘어가는 교각으로 삼기도 했다. 이러한 현상의 가장 좋은 예는 떼이야르 드 샤르댕의 진화적 영적 모델[12]과 또 특별히 창조 영성으로 유명한 신부 매튜 폭스가 될 것이다. 폭스의 접근은 "교신이나 환생, 마술, 신이교주의 그리고 신비"[13]와 같은 뉴에이지의 주제와 많은 부분이 접목된다.

직접적인 근원을 파헤치자면 1960년까지 거슬러 올라갈 수 있는 광범위한 약물의 사용 역시 뉴에이지 대중화에 커다란 공헌을 했다고 할 수 있다. 미국의 약물 문화는 보통 뉴에이지의 고전들과 관련이 되어 있다. 많은 원시 종교들이 약물을 곧잘 사용한다는 사실이 알려지면서 영향력 있는 미국인들 중 상당수가 약물 사용과 종교적 경험 사이의 관련성을 탐구하기 시작했기 때문이다. 샤머니즘 무당들이나 아메리카 인디언 주술사들이 약물을 의지한다는 이야기는 사람들의 관심을 끌었을 뿐 아니라 실제로 많은 사람들이 약물과 원시 종교의 의식을 함께 시도하기도 했다.

뉴에이지를 지지하는 미국 사회의 또 다른 특징은 잃어버린 뿌리로서, 좀 더 구체적으로 말하자면 지난 30년간 미국이 경험해 온 역사적이고 문화적인 전통들이 붕괴되었다는 점이다. 이러한 현상이 가장 극명하게 나타난 곳은 뉴에이지의 중심부이자 근원지로 잘 알려진 캘리포니아다. 에살렌 연구소(Esalen Institute)부터 셜리 맥클레인, 매튜 폭스까지 모든 것이 바로 이곳에서 시작했다. 과거와의 연결고리가 약해지면서 전통들은 물론 전통적인 도덕들 또한 시들어 갔고 그 대신 제한이 없는 현재와 미래에 대한 환호 그리고 온갖 세계 종교들 중에서 "최고"만을 선별해 구성했다는 뉴에이지가 이전 종교와 문화의 자리를 대신하게 되었다.

시장에서 제공하는 여러 상품들 가운데 무엇이든 개인적 선호도를 따라 내가 선택할 수 있다는 가정을 그 기초로 하는 미국의 소비 사회 역시 종교에 대한 뉴에이지적 접근을 지지한다. 자신이 원하는 대로 무엇이든 선택할 수 있다는 소비자의 "신적 권리"가 어찌나 당연한 개념으로 자리를 잡았는지 수백만의 미국인들에게 이것이 무의식적 굴성(屈性)이 되었을 정도다.

뉴에이지 정신에 대한 소비자들의 지지는 미국 사회의 경제적 번영과 깊은 관련이 있다. 뉴에이지의 낙관주의와 진화나 발전 가능한 변화에 대한 믿음은 지난 50여 년간 꾸준히 이어진 경제 발전에서 비롯되었다. 이러한 경제적 양상과, 무엇보다 우리 사회의 소비적 양상은 뉴에이지가 누린 인기를 사회적으로 설명할 뿐만 아니라 심리학적으로 설명할 충분한 근거를 제공해 준다.

뉴에이지의 심리학적 근원

뉴에이지 선조들이라면 그야말로 다양하다. 이미 완전히 성숙한 모습으로 제우스의 이마에서 탄생했다는 아테네의 경우처럼 심리학이 혼자 뉴에이지를 창조해 내지는 않았다는 말이다. 하지만 뉴에이지라는 운동을 걸출한 문화로 등극시킨 공은 그것에 대한 지성적 근거와 사회적 근거를 제공해 준 심리학에 있다고 보아야 한다. 뉴에이지에 대한 이러한 심리학적 지지는 각각 다른 방식이긴 했지만, 무의식의 중요성을 강조한 프로이트와 융에게서 찾을 수 있다. 이 심리학자들이 외면적 실재에 대한 무의식의 인식 그리고 무의식, 즉 내면의 세계가 의식보다도 더욱 실제적일 수 있다는 이전과는 전혀 새로운 분위기를 조성해 준 까닭이다. 따라서 뉴에이지주의자들 — 그중에서도 셜리 맥클레인[14] — 은 이제까지는 다소 불분명했던 내면의 "더 높은 자아"와 접촉할 수 있게 되었고 그 자아는 그들에게 인생과 자신에 대한 진실을 가르쳐 주었다.

하지만 뉴에이지에 대한 좀 더 근본적인 출처는 인본주의적 심리학인데, 그중에서도 인본주의 심리학을 개념화시키는 데 핵심적인 역할을 한 사람은 에이브러햄 매슬로라 할 수 있다. 매슬로와 더불어 인본주의 심리학을 창조한 칼 로저스는 주로 치료 기술에 집중했고, 그가 가장 크게 영향력을 끼친 부분은 상담 환경에 대한 환자 중심적인 해석이었다. 따라서 로저스는 심리 치료와 상담이라는 실천에 거대한 영향을 미친 반면, 성격에 대한 이론적 해석에는 그다지 큰 영향을 미치지 않았다고 할 수 있다. 그도 나이를 먹어 가면서는 뉴에이지의 개념들에 호의적인 관심을 보이기는 했지만 말이다.[15]

인본주의적 심리학에 끼친 에릭 프롬의 영향력 역시 중요하지만, 그 영향력 대부분은 문화적이고 사회적일 뿐 개인의 삶과는 관련이 거의 없었다. 그에 반해 에이브러햄 매슬로는 성격 이론가로서 그에게는 치료의 실제 과정에 관해 언급하거나 기여할 것이 없었다. 매슬로의 주요 업적이라면 아마도 『인간의 동기와 성격(*Motivation and Personality*)』이라는 그의 저서일 텐데 우리는 이 저서의 제목을 통해 매슬로의 주된 관심이 무엇이었는지 분명히 알 수 있다. 매슬로의 가장 기본적 개념은 인간의 욕구 단계론이었다. 모든 인간의 성격 발달에 잠재해 있는 이 욕구 단계들 중 최고는 자기실현의 필요였으며, 이것이 매슬로의 개념들 중 가장 유명한 것이었다. 그런데 매슬로는 이 자기실현 위로 "지고(至高) 체험"을 올려 두었다. 이 지고 체험은 하나 됨과 완전함 그리고 우주와의 연합이라는 초월적 경험으로 매슬로는 이러한 경험을 자연적인—초자연적이지 않은—현상이라 설명했다. 그의 주장에 따르면 종교적으로 중요한 인물들은 이러한 상태에 곧잘 이르기도 하지만, 그러한 경험을 그들 문화가 자신에게 강요하는 종교적 경험으로 해석하는 실수를 저지르게 된다. 따라서 이 지고 체험은 매슬로에게 있어—초월적이지만—자연적 현상이었다.[17] 인생의 말년에 매슬로는 이러한 초월적인 경험에 대해 더욱더 깊은 관심을 보이기 시작했고 1969년 창간된 「초(超)개아 심리학 저널(*The Journal of Transpersonal Psychology*, 이하 JTP)」의 창간에까지 관여하게 되었다. 이때 즈음 캘리포니아에서 살고 있던 그는 에살렌 연구소와도 관련을 맺고 있었는데, 새롭게 등장한 「JTP」를 캘리포니아의 한 유니테리언 교회에서 소개한 사람 역시 바로 그였다.[18] 「JTP」에 실린 논문들의 참고 문헌만 보아도 매슬로가 주요 창간인들 가운데 한 사람이었다는 사실과 그가 그 저널에 가장 많이 인용된 심리학자였다는 사실이 분명해진다.

「JTP」는 초월적인 경험 그리고 그것이 어떻게 개인의 삶과 성장에 적용되어야 하는지에 집중했다. 전통적인 과학 심리학과의 고리를 끊어내는 것은 물론, 대부분의 「JTP」 논문들은 정신분석학자들과 인지와 행동 그리고 심리학자들의 사고를 경멸했다. 경멸이 과하다고 한다면 적어도 무시했다고 말할 수 있다. 따라서 심리학과—영성이라고도 볼 수 있는—초월주의 사이의 분리는 「JTP」를 통해 이루어졌다고 해도 과언이 아니다. 그렇다고 영적인 경험을 논하는 논문들이 모두 학문적 관점에서 유익하지 않다는 뜻은 아니다. 다만 초월주의로 관심이 옮겨 가면서 처음의 심리학적 근본을 뒤로 하고 이 논문들이 완전히 새로운 담론의 영역으로 진입하게 되었다는 뜻이다. 하지만 인본주의적 심리학이 그들의 도약판이 될 수 있었던 것은 분명 매슬로의 덕이었다.

초개아 심리학과 뉴에이지 사이의 분명한 연관은 1978년 「JTP」가 후원한 "의식과 우주"라는 회의를 통해 엿볼 수 있다. 캘리포니아에서 열린 이 회의에는 프리초프 카프라와 같은 뉴에이지 유명 인사가 참석하기도 했다.[19]

많은 초개아 심리학자들은 초월적이고 영적인 경험이 자연적인 현상의 한 종류라고 여전히 가정한다. 이들은 또한 이러한 초월적인 경험이 조직적인 연구나 실천을 통해서 가능하다고 생각한다. 세상의 인지나 생각, 혹은 기억으로부터 개인을 분리시키는 정신 활동들이 이러한 자유로운 의식을 경험하게 한다고 믿는 것이다. 그들은 (금식이나 요가와 같은) 육체적이고 또한 (묵상이나 영적 독서, 불교의 선문답과 같은) 정신적인 전통 종교의 훈련들이 위에서 언급한 분리를 일으키고, 따라서 결국은 지고의 초월적인 영적 황홀감을 가져다 준다고 주장한다. 이러한 경험 속에서 그 사람은 모든 세속의 실재와 과거의 경험에서 완전히 벗어나게 된다. 그 순간 신과 만나게 된다고 주장하는 다른 「JTP」의 작가들도 있는데, 그것은 말 그대로 세상의 생명력, 자신 안의 신적 실재 그리고 온 우주를 관통할 뿐 아니라 모든 것 안에 존재하는 신적 실재(범신론적 일원론)를 경험한다는 뜻이기도 하다.

간략히 말해 「JTP」는 1970-1980년대 회의적이고 이성적이며 이제까지 유물론적인 틀 속에서 자라 온 많은 심리학자들과 지성인들이 초월적이고 영적인 것을 논의할 수 있는 장을 마련해 주는 역할을 했다. 이 잡지와 초개아 심리학자들의 모임을 통해 그들은 지성적인 증거와 사회적인 지지를 얻었다. 따라서 행동주의자들과 프로이트주의자들 심지어는 지나치게 경험에 치우친 인본주의적 심리학자들을 당당히 거절할 수 있게 되었다. 초개아 심리학자들은 19세기 유물론 철학자들의 환영을 완전히 몰아내기 위한 전략이 필요했다. 유물론 철학자들은 너무나도 오랜 시간 동안 심리학은 물론 모든 사회과학과 대부분의 학문을 장악해 왔는데, 그것은 이 같은 학문들이 자신의 주장을 과학적으로 지지하기 위해서는 유물론과 실증주의 철학을 빌려야만 했기 때문이다. 많은 인본주의 성향의 심리학자들과 이와 비슷한 종류의 심리학자들이 「JTP」, 혹은 다른 여러 곳에 영적인 주제에 관한 글을 기고하기 시작했다. 예로 찰스 T. 타트라는 스탠포드 대학의 박사는 "신비한" 경험에 깊은 관심을 둔 몇몇 심리학자들과 철학자들 그리고 종교 작가들의 글을 모아 『초개아 심리학(*Transpersonal Psychologies*)』[20]이라는 책을 편집 발행하기도 했다.

초기 뉴에이지의 주요 인물 중 하나는 램 다스로 원래 그의 이름은 리처드 앨퍼트였다. 타트와 마찬가지로 그 또한 스탠포드에서 심리학으로 박사학위를 받았으며, 1960년대 초반 U. C. 버클리에서 역시 심리학으로 박사학위를 받은 티모시 리어리와도 깊은 친분을 맺고 있었다. 이 둘은 모두 심리학자로 하버드에 자리를 잡게 되었다. 그 후 그들은 LSD(환각제)와 약물로 의식을 확대시킬 수 있다는 뉴에이지 사상을 학교로 들여왔다. 램 다스(앨퍼트)는 약물의 경험이 자신의 영적 여정의 시작이었다고 고백한다. 그는 하버드에서 해고를 당했고 그 이후 인도로 여러 차례 긴 여행을 떠났으며 매우 극적인 방법을 통해 동양 종교로 회심했다. 결국 자신의 이름을 램 다스로 개명하기까지 했다. 비록 다른 뉴에이지의 유명 인물들에 비해 조직적인 편이었지만 그의 유명세는 아직까지 건재하다.[21]

뉴에이지와 관련된 역사적으로 가장 중요한 심리학자는 칼 융이다. 융은 많은 면에서 선구자적인 인본주의 성향의 심리학자였고 자아실현(self-actualization)이라는 그의 개념은 매슬로의 자기실현(self-realization)과 매우 흡사했다. 다른 점이라면 다만 그가 그러한 개념을 수 년 앞서 개발하고 출판했다는 것이었다. 하지만 융의 인본주의적 개념들은 무슨 이유에서인지 미국 심리학자들의 인정을 받지 못했다. 하지만 개인의 무의식의 표현으로서의 신화나 신비, 종교에 대한 융의 관심은 초개아 심리학은 물론 뉴에이지에까지 대단한 영향을 미쳤다. 그는 신비에 대하여 개인적이고 지적인 활동을 했을 뿐만 아니라, 세계 신화들에서 발견한 꿈이나 상징들의 해석에 대해서도 지대한 관심을 가졌다. 그런 그의 관심과 노력은 뉴에이지의 대중화에 큰 공을 세웠다. 융은 종교에 호의적이었다고 알려져 있지만 그의 그러한 태도는 전통적인 믿음과는 사실 아무런 상관이 없다. 그의 호의적인 태도는 종교적인 삶에 대한 극히 개인적이고 주관적인 이해라고 할 수 있다.

새로운 영지주의, 뉴에이지

퍼거슨을 비롯한 몇몇 뉴에이지주의자들은 뉴에이지와 영지주의 사이의 유사성을 지적했다.[22] 영지주의는 그리스도가 탄생하기 1-2세기 전 그리스 문화 시대에 등장한 철학이다. 초기 기독교 당시 다양한 영지주의 파들이 있었고 그들 사이에는 물론 중요한 차이들이 있었지만 이들 사이에 몇 가지 공통점을 추려 낼 수는 있다. 먼저 그 이름(gnostic, 깨달음)에서 볼 수 있듯 이 철학은 인생의 의미를 여는 열쇠가 지식이라 주장했다. 따라서 모든 영지주의자들은 구원이 지식을 통해서 온다고 믿었다. 약 2,000년 전 이들이 강조했던 지식은 철학적이며 영적이고 보통은 비밀스러운 종류의 지식이었다. 여러 영지주의 파들은 고대의 종교, 철학 등 다양한 출처에서 가져 온 재료들을 한데로 섞어 모았다. 어떤 영지주의자들은 그리스 철학(플라톤주의)에서 개념들이나 실천들을 빌려 왔고, 어떤 이들은 인도의 종교, 어떤 이들은 이집트의 종교, 또 어떤 이들은 유대 종교에서 영향을 받았다.

기독교의 부흥과 함께 영지주의를 좇는 많은 그리스도인들도 생겨났다. 문제 자체가 굉장히 복잡할 뿐만 아니라 대단한 논란의 여지가 있기에 영지주의의 역사에 관한 설명은 생략할 생각이다. 하지만 영지주의가 종교들의 혼합이며 또 그 본질이 비밀스럽다는 사실에 대해서는 아무도 이의를 제기하지 않을 것이다. 그리고 뉴에이지는 이러한 고대의 영지주의와 많은 부분에서 닮아 있어, 뉴에이지를 영지주의의 재연으로 보는 것 또한 가능하다고 생각한다. 뉴에이지의 일반적인 개념은 굉장히 다양하지만 영지주의와 마찬가지로 특정 실천들과의 연결고리는 꽤나 느슨한 편이다. 또한 뉴에이지에도 힌두교와 불교, 기독교, 게다가 아메리카 인디언들의 종교들까지, 분명 여러 종교들의 영향을 받아 만들어졌다. 확정된 교리나 교의에 대한 강한 반발과 우리의 구원이 아는 것에 달려 있다는 믿음도 흡사하다. 어떠한 최악의 사건이 벌어지든 상관없이 우리가 지식을 통해 구원을 얻는다는 주장이다. 뉴에이지에서 이러한 지식은 자기 인식, 혹은 어떻게 자아를 놓아 주고 또 어떻게 자아에서 벗어나는지에 관한 지식이다. [현대 신이교주의와 관련 서구 영지주의에 관한 논의가 궁금하다면 토머스 몰나르의 분석을 참고하라.][23]

뉴에이지가 꽃을 피우고 있는 오늘날 우리의 사회적 정황이 특별히는 지중해 동쪽 고대 그리스 로마의 사회적 정황과 흡사하다는 사실도 흥미롭다. 로스앤젤레스는 현대판 알렉산드리아로 부유하며 쾌락을 사랑하고 여러 문화나 종교들이 교차하는 도시다. 캘리포니아 남부에서 동양 종교의 영향력은 대단한데 이것은 많은 영국계 미국인들이 불교나 힌두교에 빠져 있기 때문만이 아니라, 동양적인 것 자체가 이곳 상업과 문화의 중요 요소이기 때문이다. 게다가 현재 이곳에 거주하는 아시아 이민자들의 수도 수백만에 달한다. 또한 로스앤젤레스에는 상당수의 이슬람교도들이 살고 있는데, 그들은 수피교와 같은 자신의 영적 전통을 캘리포니아의 이런 문화에 덧붙일 뿐만 아니라 특정한 권위에 대한 기독교와 그 외 다른 종교들의 주장을 은근히 반박하기까지 한다. 유대인들 또한 이 종교적인 혼합에 한 몫을 담당한다. 규모는 물론 다르지만 캘리포니아의 이러한 정황들은 서구 세계로 점점 더 뻗어 나가는 추세다. 뉴에이지는 앞으로 더욱 성장할 것으로 보이는데 그 이유는 뉴에이지를 선호하는 사회적 정황이 더욱 일반적이고 만연해지는 까닭이다.

이미 언급되었듯 뉴에이지 정신의 특성 중 하나는 낙관주의다. 이 낙관주의는 결국에는 내면의 평화를 가져다 줄 영적인 초월 상태로 우리가 도달할 수 있다는 소망 그리고 진화적인 움직임인 뉴에이지가 세계 모든 문제들에 대한 해답을 제공하면서 그 절정에 도달할 것이라는 믿음에 근거한다. 하지만 이러한 낙관주의 뒤에는 비관주의가 숨어 있고 뉴에이지는 이러한 비관주의에 대해 정확한 설명을 더하지 않는다. 사실 심리학에서 영성으로의 움직임 자체가 그러한 비관주의를 잘 보여 준다. 인본주의적 심리학자들은 인생의 의미는 이 세상 속에서의 심리적 자기 인식과 자기표현이라는 심리적 과정을 통해 발견된다고 제안한다. 하지만 뉴에이지는 구원과 행복이 다른 곳에 있다고 주장한다. 뉴에이지주의자들은 심리학을 저버렸고 이 세상에 관련된 어떠한 지식도 낙관적일 수 없다는 결론을 내려 버렸다. 뉴에이지 사상의 저변에는 우리가 이 세상을 벗어날 때 행복과 평안을 누리게 될 거라는 생각이 깔려 있기 때문이다. 물론 천국에 집중하는 기독교에 관련해 같은 주장을 제기할 수 있다. (그리고 실제로 제기된 적이 있다.) 하지만 예수님께서 천국으로 들어가는 문은 이 세상 속에서 자신의 계명을 지키는 자들에게만 열려 있다고 말씀하신 사실을 잊지 말아야 한다. 또한 성경은 죄의 영향에도 불구하고 인간의 육체를 포함해 창조된 세계를 선한 것으로 설명한다. 따라서 그리스도인의 삶은 세상으로부터의 분리와 세상 속에서의 사역을 모두 포함한다. 하나님을 사랑하고 이웃을 사랑하라는 명령을 우리가 준행해야 한다는 말이다. 하지만 뉴에이지에는 사랑의 법이 없다. 이것은 뉴에이지가 법을 정하는 이가 존재한다는 사실을 먼저 인정해야만 법이 존재할 수 있다는 사실을 거부하기 때문이다. 또한 뉴에이지가 근본적 실재로서의 주관적인 경험에만 집중하기 때문이기도 하다. 새로운 실재는 영적인 실천이나 깨달음의 결과이기 때문에 어떤 사람의 실패나 비극은 그 개인의 책임이 된다. 따라서 어떤 사람이 가난한 것은, 그 사람의 책임이며 다른 사람이 그에게 사랑을 베풀어야 할 필요가 없다는 뜻이다.

　뉴에이지 비관주의의 또 다른 원인은 우리의 육체를 포함해 실재라는 외부 세계를 거부하는 것에 있다. 뉴에이지주의자들은 물론 남녀 양성무유를 강조함으로써, 우리 육체는 물론 우리 정체성의 성적 특징까지 거부한다. 이들에게 육체적 세계는 환영으로 해석된다. 육체는 임의적이며 의지의 조종을 받는다. 전생에서 다른 육체를 가졌듯이 후생에서 또한 완전히 다른 육체를 갖게 될 것이다.

　마지막으로 미국 뉴에이지의 낙관주의가 번영과 부에 기초했다는 사실을 기억할 때, 경제적 침체나 경제적 안녕에 심각한 후퇴가 있을 경우 이러한 비관주의는 당연한 결론이 된다.

　어찌되었든 뉴에이지의 종교적인 혼합은 앞으로도 계속해서 성장할 것이며, 기독교는 물론 다른 전통적 종교들에 대항하게 될 것이다. 그리고 그것의 기초가 되는 세상에 대한 비관주의 역시 더욱 높은 목소리를 내게 될 것이다.

심리적 자아 숭배에서 영적 자아 숭배까지

사회 심리학은 최근 "자기 위주 편향"에 대한 연구와 함께 자기애적 자기 인식이라는 인간의 경향에 대해 자세히 기록했다. 이미 언급되었지만 사람들에게는 성공의 공은 자신에게 돌리는 반면, 실패의 원인에 대해서는 자신이 제어할 수 없는 환경이나 다른 이유들에 돌리려는 경향이 있다. 비슷한 맥락으로 우리는 대부분의 영역에서 자기 자신을 평균 이상으로 분리한다.[24]

인간 행동의 인본주의적 모델이 근본적으로 자기애적인 성향을 가지고 있을 뿐만 아니라 이것이 오늘날 우리 문화 전반에 무한한 자기애적 호소를 불러왔다는 주장이 바로 이 책의 논제다. 자연적인 인간의 자존심(자기애)과 함께 소비 경제는 개인이 자신의 영광에 집중하도록 하는 심리학을 창조했다.

자기애라는 표현을 통해 심각한 정신 장애를 가리키고자 한 것은 아니다. 내가 말한 자기애는 애들러가 말한 "생활양식," 즉 더욱 일반적이고 사회적인 자기애에 가깝다. 따라서 오늘날 사회적으로 자기애 성향이 강한 사람은 이혼할 확률이 그렇지 않은 사람보다 높고, 배우자나 아이들과 시간을 보내기보다는 자기 자신과 시간을 더욱 많이 보내며, 시장의 상품이나 활동에 깊이 관심을 갖는 사람이다. 또한 공동체나 자선활동에는 잘 참여하지 않는다.

인본주의적 심리학에서 기인한 심리학적 자아 숭배가 어떻게 지금의 현실인 영적인 자아 숭배로 둔갑하게 되었는지는 다음과 같다. 1950년대에서 1970년대까지 미국에서 큰 인기를 얻었던 인본주의적 심리학과 그것으로 파생된 여러 가지 영향들은 결국은 거대한 실망으로 그 끝을 맺었다. 이것은 그러한 이론들의 약속이 전혀 이루어지지 않았기 때문이다. 개인의 자아실현이라는 약속은 오히려 두 가지 고통스런 실재를 불러왔다. 먼저, 그러한 동기부여는 예를 들자면 이혼이나 다른 단절과 같은 대인관계의 와해를 가져왔다. 둘째, 사람들이 나이를 먹어 가면서 자아실현을 위해 꼭 필요한 전제조건들 중 상당수가 실제로는 이루어지기 어렵다는 사실을 깨닫기 시작했다. 이렇게 대인관계의 와해 말고도, 직업의 실패, 건강의 문제 그리고 다른 많은 실망거리들이 그들을 기다리고 있었다. 매슬로의 자기실현이나 융의 개성화와 같은 황홀함을 약속했지만, 그런 것과 다른 실제 삶과의 괴리감이 큰 실망과 "불신"을 가져왔다는 말이다. 심리학이 행복을 가져다 줄 거라는 믿음과 심리학이 모든 문제의 답일 거라는 믿음은 점차 그 자리를 잃어 갔다.

굉장히 많은 사람들이 자아 심리학을 시도해 보았지만 그들이 발견한 것은 자아 심리학이 충분하지 않다는 사실이다. 물론 심리학이 전혀 무익하지는 않았겠지만 많은 사람들에게 인생은 여전히 고통스럽고 어려운 숙제였다. 수도 없는 미국인들이 정신분석학적 심리 치료에 대해 프로이트가 남긴 "이것이 할 수 있는 최선은 환자를 인간의 원래 곤경으로 되돌리는 것뿐"이라는 말에 공감해야 했다. 하지만 사람들은 여전히 "참된" 행복과 완전한 내면의 평화, 그도 아니라면 긍정적인 상태라도 바랐고 추구했다.

사람들이 자신의 상태에 대한 영적 경험과 이해로 눈을 돌리게 된 것은 바로 그 때문이었다. 하지만 대부분의 사람들은 전통적인 종교를 선택하지 않았는데, 그것은 거의 모든 주요 종교들이 자기애, 특히나 도덕적 제한을 요구했기 때문이었다. 도덕적 영역은 물론 지성적 영역에서도 "당신이 하고 싶은 대로 할 수 있다"는 자유는 뉴에이지 영성의 커다란 매력 가운데 하나였다. 결국 뉴에이지 영성이 심리학적인 자기애를 영적인 자기애로 바꾸는 데 절대적인 공을 세우게 된 것이다.

이번 장에서 앞서 나열했던 일곱 개의 특징은 뉴에이지에 대한 위와 같은 해석을 강력히 뒷받침한다. 각 사람이 신이라는(3) 생각은 자아 숭배를 직접적으로 장려한다. 그리고 모든 것이 하나이고, 모든 것이 하나님이며, 모든 종교가 하나라는(1, 2, 5) 생각은 선과 악, 참과 거짓의 차이를 부인하고, 마찬가지로 자기애를 부추긴다. 이러한 생각은 종교나 도덕 그리고 진실에는 객관적인 정의가 없다고 가정한다. 만일 이러한 극명한 차이점들이 모두 무시되고 우리가 이들을 하나로 뭉뚱그려 구분한다면, 특정한 법들과 내면의 죄나 교만과의 싸움은 결국 무의미한 것이 된다. 일곱 번째 특징인 이성의 거절은 우리가 뉴에이지를 비평할 수 없다고 말한다. 비평은 말이나 글과 같은 이성을 요구하고, 따라서 위와 같은 특징은 자기애적인 사람을 자기만의 자기 긍정이라는 세계에 가둬 두기 마련이다. 네 번째 특징인 의식의 변화에 대한 필요성은 각 사람이 이러한 변화의 시작점, 즉 자신이 구원받기 위해 필요한 근원이라고 가정한다. 그리고 여섯 번째 특징, "우주 진화적인 낙관주의"에 대한 필요성은 자기애 자체를 강화할 뿐 아니라 정당화시키고 있다.

    내 멋대로 하라는 소비 경제의 종용과 함께 우리는 자기실현에서 뉴에이지의 소비 영성으로 지체 없이 발을 옮겼다. 뉴에이지주의자들 가운데 유명인사인 배우 셜리 맥클레인은 이제까지의 내용을 잘 요약한다. "각 사람의 영혼이 그 사람의 신이다. 자신 외에는 다른 누구도 무엇도 예배할 필요가 없다. 바로 당신이 하나님이기 때문이다. 따라서 자신을 사랑하는 것이 하나님을 사랑하는 것이다."[25] 이렇게 볼 때 뉴에이지의 죄목은 아담과 하와의 죄목과 다를 바가 없는데, 그것은 아담과 하와의 죄 역시 "하나님과 같이 되겠다"는 궁극적인 (또한 최초의) 자기애적 행동, 즉 자아 숭배의 죄였기 때문이다.

10 신학적 비평

우상숭배로서의 자아주의

많은 이들에게는 그렇게 들리지 않겠지만 한결같고 집요한 자아에 대한 추구나 숭배가 자신을 버리라는 기독교의 명령과 정면으로 대치한다는 것은 분명한 사실이다. 예수 그리스도께서는 오늘날 "자기실현"이라 불리는 기준에 스스로도 맞추어 살지 않으셨을 뿐만 아니라 그렇게 살라고 권면하지도 않으셨다. 그리스도인에게 자아는 잠재적인 천국이 아니라 문제일 뿐이다. 이러한 문제를 이해하는 것은 죄에 대한 인식, 특별히는 교만에 대한 인식을 포함한다. 이러한 상태를 바로잡는 것은 회개와 겸손, 복종 그리고 하나님에 대한 신뢰와 같은 비(非)자아실현적 훈련을 필요로 한다.

『기독교 윤리학 입문(*Basic Christian Ethics*)』에서 폴 램지가 언급한 내용이 도움이 되리라 생각한다.

기독교 윤리가 인간에 대해 주장하는 첫 번째 사실은 인간이 하나님의 형상으로 존재하도록 창조되었다는 사실과, 그러한 의도를 가장 완벽히 드러내시는 분이 바로 예수 그리스도라는 사실이다. 그리고 두 번째는 인간이 죄인이라는 사실이다. 이 교리는 기독교 사상에서 너무나도 기본적인 것으로서 절대 간과되어서는 안 된다. 하나님에 비추어 인간을 완전히 이해하기 위해서는 이 두 번째 사실이 첫 번째 사실만큼 중요하다며 많은 신학자들이 입을 모으고 있다. 이것은 "비관적"인 사상가들의 견해만이 아니었으며 "완벽을 향하는 것"을 강조했던 존 웨슬리의 견해이기도 했다.[1]

기독교는 분명 죄가 사회 속의 어떤 것이라 보지 않는다. 죄는 모든 인간이 저지르는 것으로서, 외부의 영향에 대해 인간이 보이는 반응이 아닌, 인간이 의도적으로 저지르는 행위다. 따라서 죄의 중심에는 우리 각자의 의지가 있다. 전통적 경제학과 사회학에서 사회주의와 공산주의에 이르기까지 사회과학을 지지해 온 거의 모든 사람들은 끊임없이 이러한 기독교의 중심 교리를 비판해 왔다. 그리고 불행히도 신학자들의 도움을 받지 못한 일부 성도들 가운데는 악이 사회에만 존재한다는 그들의 주장에 현혹된 이들도 있었다. 그들의 교리적 체계가 무너진 것이다. 사회과학적 주장에 대한 강력하고 재치 있는 비판은 러시아의 알렉산드르 솔제니친이라는 그리스도인을 통해 이루어졌다.

나는 점차 선과 악을 가르는 선은 나라들이나 교실들, 정당들을 가로지르며 지나는 것이 아니라, 모든 인간의 마음을 가로지르며 지난다는 사실을 깨닫게 되었다.

그리고 그제야 세계 모든 종교들의 진리를 이해하게 되었는데, 그것은 그들이 **인간 존재 속의 악**과 싸우고 있다는 사실이었다. 모든 인간들 속에 존재하는 악 말이다. 세상에서 완전히 악을 몰아내는 것은 불가능하지만 각 사람 안에서 악을 제한하는 것은 가능하기 때문이다.

그리고 그때 나는 역사 속 모든 혁명들이 거짓이었다는 사실 또한 깨닫게 되었다. 그들은 그들 시대에 존재했던 악의 **매개체**들을 제거했을 뿐이었다. (이것은 그들이 악의 매개체들에서 선의 매개체들을 좀 더 빨리 분리해 내기를 바랐기 때문이기도 했다.) 또한 그들은 더욱 확장되어 가는 이 실제적인 악이 인간이 태어날 때부터 타고나는 것이라 주장하기도 했다.[2]

현대 심리학이 반(反)기독교적 편견을 가졌음에도 불구하고, 몇몇 심리학자들은 심리학이 죄의 개념을 인정해야 한다고 주장한 바 있다. O. 호버트 모러는 그 가운데 한 명으로 다음은 그가 기록한 내용이다.

우리 심리학자들은 지난 수십 년 동안 죄나 도덕적 책임감을 대단한 악몽으로 치부해 왔고, 따라서 그것으로부터의 자유가 새로운 시대를 여는 열쇠라고 생각했다. 하지만 죄 대신 "질병"이라는 핑계를 선택하도록 만든 이러한 "자유"를 통해, 우리는 다시금 길을 잃었을 뿐이다. 그리고 우리가 현재 경험하는 실존주의에 대한 편만한 관심이 이러한 문제점을 잘 보여 준다. 비도덕적이거나 도덕적으로 중립적이라는 "자유로운" 분위기 속에서 우리는 우리 존재의 뿌리를 끊어내 버렸다. 우리 자신의 개성과 정체성을 상실했다는 말이다. 그리곤 마치 정신병자들처럼 우리는 "내가 누구인지"를 묻고 있다.[3]

죄의 교리가 주는 가장 큰 유익은 현재 우리의 상태를 설명하면서, 동시에 우리 자신의 행동은 물론 변화에 대한 책임을 다시금 느끼게 한다는 데 있다. 모러는 죄의 용납에서 오는 이러한 유익을 다음과 같이 묘사했다.

실제적이지만 인식되지 못하고 따라서 속죄받지 못한 죄의식의 그늘 아래 머무는 한 (만일 그에게 인격이라는 것이 존재한다면) 그 사람은 "자신을 받아들일 수"가 없다. 물론 그를 용납하고 안심시키려는 **우리**의 모든 노력 또한 아무 소용이 없기 마련이다. 그는 자신을 향한 증오를 멈추지 않고 그러한 자기 증오가 불러일으키는 대가를 치러야 한다. 하지만 ("도움"을 통해서든 아니든) 그가 자신의 죄를 용납하기 시작한다면, 마침내 개혁이라는 근본적 가능성이 열리게 된다. 고통과 노력이 따르긴 하겠지만 드디어 뿌리 깊고 편만했던 자기 부정과 자기 고문에서 벗어나 새로운 자유와 자존감 그리고 평화 속으로 들어가게 된다는 뜻이다.[4]

인본주의적 자아주의가 가진 문제들은 결코 새로운 것들이 아니다. 사실 그 시작은 스토아 철학과 그리스 로마의 철학 도덕 체계 사이의 충돌로까지 거슬러 올라갈 수 있다. (자기실현을 통해)

자아를 숭배하는 것, 혹은 인간 자체를 숭배하는 것은 기독교적 표현으로 단순히 우상숭배에 불과하고 이것의 동기는 무의식적인 교만이다. 그리고 무의식적 자기애, 아니면 다른 것으로 가장된 자기애를 우상숭배의 근원으로 여기기 시작한 것은 어제 오늘의 일이 아니다. 구약 신학을 연구하면서 오토 바압이 기록한 다음의 내용을 살펴보자.

> 성경 속에서 우상숭배는 이스라엘의 하나님을 향한 순전한 예배와는 다른 것으로 이해된다. 참되신 하나님의 초인간적 초월성과 인간의 의지를 인격화하거나 대상화시키는 우상화는 본질적으로 다르기 때문이다. 우상을 섬길 때 인간이 섬기는 것은 결국 자신, 즉 자신의 소원, 자신의 목적 그리고 자신의 의지인데… 이러한 종류의 우상숭배만으로도 인간은 자신에게 하나님의 신분을 부여하고 자신의 의지를 최고의 가치로 높이는, 부당하기 그지없는 죄를 범하게 되는 것이다.[5]

이러한 분석을 통해 우리는 자아주의적 인본주의가 종교적으로 볼 때에 또 다른 모습의 자기애적 우상숭배에 불과하다는 사실을 분명히 알게 된다.

기독교가 국교로 공인된 이후에도 자아에 대한 숭배는 여러 다른 양상의 이교로 그 모습을 드러냈다. 영지주의 외에도 자유영의 형제단(Brethren of the Free Spirit)을 비롯해 여러 다른 중세 단체들 속에서 우리는 현대 자아주의의 요소들을 발견할 수 있다.[6] 또한 현대 자아주의는 펠라기우스 파와도 흡사한 특징을 보인다. 4세기 영국의 신학자였던 펠라기우스는 원죄를 부인했을 뿐만 아니라 인간이 죄가 없는 완벽한 삶을 살 수 있다고 주장함으로써, 하나님의 은혜의 중요성을 간과했다.[7] 에반스는 학자의 관점으로 펠라기우스의 견해가 사실 그를 비평해 온 사람들의 주장만큼 극단적이지는 않다고 이야기한다.[8] 펠라기우스는 기독교 신학자로서 그의 자리를 지켰을 뿐만 아니라 그와 의견을 달리했던 성 아우구스티누스까지도 그를 "성인"으로 인정한 것 또한 사실이다. 하지만 전통적인 해석, 즉 좀 더 극단적인 해석을 취할 때 그의 신학은 분명 인본주의적 자아주의와 매우 흡사하다. 따라서 프롬은 그의 신학을 환영했을 뿐 아니라 그를 자신의 편으로 간주했는데, 그것은 아우구스티누스가 대표하는 "권위주의적"인 종교에 반하는 "인본주의적" 종교의 대표주자가 바로 펠라기우스라 믿었기 때문이다. 하지만 에반스는 프롬의 "인본주의적" 혹은 "권위주의적"이라는 종교에 대한 분류가 정작 펠라기우스나 아우구스티누스의 신학과는 어울리지 않는다는 사실을 지적했다. (이는 기독교에 대한 프롬의 편견이 어떻게 그가 기독교 신학과 믿음을 오해하도록 이끌었는지 잘 보여 준다.)[9]

권위의 문제에 관련해 덧붙이고 싶은 내용이 있다. 그리스도인들이 지나치게 제도화된 권위와 그것이 창조할 수 있는 잘못된 믿음의 위험에 대해 이미 잘 알고 있었다는 사실이다. 그리고 2,000년의 지난 역사를 통해 우리가 반복적으로 목격하는 영적 부흥이 그러한 위험에 대한 기독교적 반응이다. 경직되고 제도화된 심각하게 형식적인 종교와 영적으로 살아 있는 믿음 사이에는 분명한 차이가 존재하지만, 권위는 양쪽 모두에 존재할 수 있다. 관료주의적이고 세속적이며 인본주의적인 오늘날의 기독교는, 믿음이 지성적이지만 동시에 죽은 상태일 수 있다는 사실을 잘 보여 준다. 지나치도록 일반화된 심리학은 기독교에서 그 생명력을 앗아갔고 그러한 예 중 하나가 프롬이 지지한 인본주의적 자아주의인데, 그 자아주의 역시 권위주의적인 것은 마찬가지다.

다른 모든 이설들처럼 자아주의 역시 긍정적이고 매혹적인 속성을 지닌다. 스스로를 돌보라는 그들의 권면은 듣기에 좋을 뿐만 아니라 때로는 유용하기도 하다. 다른 사람들을 긍정적인 태도로 대하라는 권면 또한 듣기에 좋고 익숙한 내용이다. 기도와 묵상, 예배와 같은 영적인 삶으로 기독교에서 필수적인 수직적 관계, 즉 하나님과의 관계는 이들이 권면하지 않는 것들이다. 자아주의는 수평적 이설의 한 예로 이것의 유일한 관심은 현재와 자기중심적 도덕이다.

우울증의 문제

심리학자들 중 일부는 우울증, 혹은 자신에 대한 부정적인 생각으로 고통받는 많은 사람들의 예를 들어 자기 이론을 합리화하려 노력해 왔다. 자신에 대한 사랑을 강조하다 보면 이 유감스럽고 견디기 힘든 그들의 고통을 경감시켜 줄 거라는 기대 때문이었다. 하지만 우울증은 절대로 단순한 현상이 아니다. 우울증에는 다양한 원인이 있고 따라서 우울증은 여러 다른 종류들로 구분될 수 있다. 우울증 중 상당수는 생물학적 원인이 있으며 그러한 경우에는 의학적 치료가 필요하다. 하지만 많은 자아 치료사들은 이러한 사실을 간과함으로써, 자신의 환자들을 위험에 빠뜨리고 있다.

우울증의 원인이 물론 심리학적일 수 있다. 그리고 이러한 경우 우리는 자기 숭배의 가장된 형태로 우울증을 이해할 수 있다. 이러한 주장이 처음에는 의아하게 들리겠지만 이것의 논리는 아주 간단하다. 우울증과 자신에 대한 부정적인 생각은 자아에 대한 공격성의 결과로, 자신이 생각하는 성공의 기준에 도달하지 못할 경우 나타나는 공격성, 즉 자기 혐오에 기인하기 때문이다. 사람들은 자신이 결혼이나 승진에 실패했을 때, 생각만큼 부유해지지 못했을 때, 예술가로서 인정받지 못했을 때와 같은 경우 우울증을 경험한다. 그리고 도달하지 못한 기준들에 대한 집착 이면에는 대단한 교만이 숨어 있다. 낙관적인 자신감이나 비관적인 우울증은 자신의 가치를 정할 기준이 스스로에게 있다는 생각에서 시작한다. 그리고 이러한 자기애적 자아는 자신이 그러한 기준에 얼마나 잘 도달해 가는지 스스로 판단한다. 그러한 조건에 도달하지 못할 경우 결국 우리를 저주하는 것은 우리 자신이다. 하지만 그리스도인으로서 우리는 우리의 가치가 하나님께로부터 온다는 사실을 믿어야 한다. 우리의 가치가 우리 스스로 정한 기준을 통해 오지 않는다는 말이다. 또한 우리는 자신은 물론 다른 누구도 판단해서는 안 된다. 판단(심판)은 하나님께 속해 있고 따라서 자신을 판단하는 것은 우리가 하나님의 자리를 대신하는 것이기 때문이다. [종교와 무관하게 이러한 종류의 자기 혐오와 그것이 불러오는 문제들에 대해 심리학적 이론들을 전개한 심리학자로는 카렌 허니가 있다.][10]

심리학을 통해 창조된 자아의 가치는 위조지폐와 같아서, 그 사람을 거짓된 번영으로만 이끌 뿐이다. 호황에 이어 곧 불황이 찾아오기 마련이다. 다음날 현실이 전혀 변하지 않을 거라면 자신이 얼마나 대단한 사람인지에 대한 자기 암시는 아무런 소용이 없다. 자아 심리학은 약물과 같아 순간의 위로가 될 뿐이지 몇 시간이 지나고 나면 그 위로는 온데간데없고 우울증이 그 자리를 대신 채우게 된다.

폭력적 관계에 처한 사람들의 문제

착취적 관계 때문에 고통받는 사람들의 예를 들어 자아 심리학을 지지하는 심리학자들도 있다. 폭력적인 관계에 갇혀 있는 여성의 경우, 그들은 당연히 자존감이 부족하기 마련이다. 따라서 파괴적인 사랑의 굴레로부터 그들이 벗어나도록 돕기 위해 우리가 먼저 그들의 자존감을 고양시켜야 한다는 논리다. 나는 이러한 관계들의 상당수가 파괴적이라는 사실과, 중요한 것은 지금 피해자들이 그러한 관계들에서 벗어나는 것은 물론 이후에도 그러한 관계들의 피해자가 되지 않도록 돕는 것이라는 의견에는 동의한다. 하지만 위와 같은 목표를 달성하기 위한 그들의 전략에는 동의할 수가 없다. 먼저 나는 이러한 피해자들 가운데 상당수가 관계를 맺고 있는 상대와 그 상대와의 사랑을 우상화시켰다고 믿기 때문이다. 말 그대로 그들이 상대와 그 상대와의 사랑을 **우상으로서** 숭배한다는 말이다. 그러한 곤경에 처해 있는 것 자체가 그들이 상대 혹은 사랑이라는 관계를 숭배하기 때문이다. 세속적 심리학자인 카렌 호나이도 이것을 인정, 상대와 사랑에 대한 위와 같은 태도를 "신경증적 이상(理想)"이라 불렀다.[11] 따라서 우리가 가장 먼저 지적해야 할 내용은 대상을 향한 그들의 잘못된 숭배다. 그리고 기독교적 관점으로 본 두 번째 문제는 그 사람의 삶에 하나님의 참된 사랑이 존재하지 않는다는 사실이다. 애매모호한 감정으로서의 사랑을 말하는 것이 아니다. 여기에서 내가 말하는 사랑은 하나님의 법을 지키는 것-"너희가 나를 사랑하면 나의 계명을 지키리라"-이자 이웃을 향한 **올바른** 사랑이다. 하나님을 사랑하는 것은 자신의 가치를 하나님의 눈으로 보는 것과 사랑의 대상을 비롯해 이 세상의 모든 것으로부터의 초월을 의미한다. 누구도 "순종적" 인간일 필요가 없다. 그리스도인은 다른 어떤 사람도 숭배하거나 또 그에게 맹목적으로 복종해선 안 된다.

기독교의 사랑과 자아주의 사랑

기독교와 자아주의의 차이는 단순히 자아나 자기애에 관해서만 드러나지 않는다. 이 둘은 사랑의 본질에 대해서도 큰 차이를 보인다. 사랑의 기독교적인 의미를 살피기 전에, 그리스도께서 사랑에 대한 명령으로 전 율법을 요약하셨던 것을 기억해 보라. "네 마음을 다하고 목숨을 다하고 뜻을 다하여 주 너의 하나님을 사랑하라."와 "네 이웃을 네 자신같이 사랑하라."가 바로 그 두 계명이다. 하나님을 향한 사랑이 먼저다. 그것이 기본이며 이웃을 향한 사랑은 하나님을 향한 사랑으로부터 흘러나오게 되어 있다. 이 두 가지 형태의 사랑은 기독교 믿음에서 매우 중요한 역할을 한다. 또한 자아를 사랑하라는 직접적인 명령은 없는데 그것은 모두가 어느 정도의 자기애를 타고나기 때문이다.

사랑에 관한 기독교 이론은 2,000년에 걸쳐 표현되어 왔고 지금은 거대한 전통으로 자리매김을 했다. 그 사랑은 4복음서에 기록된 대로 예수님의 삶과 죽음을 통해 빛을 발할 뿐 아니라, 바울과 성 아우구스티누스, 성 버나드, 마르틴 루터, 웨슬리, 톨스토이, C. S. 루이스 등 다른 많은 작가들의 글을 통해서도 드러난다. 또한 여러 개인과 단체들의 다양한 실천을 통해 현대적 적용이 이루어지고 있기도 하다. 기독교적 사랑은 초기 기독교 공동체들은 물론, 지금도 건재한 수도원의 전통, 중세 동방 정교의 신비주의, 경건 단체들 그리고 기독교 병원이나 선교단체, 구세군 등을 통해서도 표현되어 왔다. 13세기 유럽의 성 프란체스코나 20세기 캘커타의 테레사 수녀, 수많은 성인들 그리고 그 외에도 묵묵히 선한 일을 해 온 많은 그리스도인들이 놀랍고 역사적으로 훌륭한 증거가 되어 준다. 그리고 이러한 사랑이 그들의 믿음과 깊은 관련이 있다는 사실은 너무나도 분명하다. 따라서 사랑에 관련한 자아주의자들의 글 속에 이토록 광범위한 기독교 이론과 실천들이 전혀 언급되지 않는다는 사실은 꽤나 유감스런 일이다.

프롬은 그의 유명한 저서 『사랑의 기술(*The Art of Loving*)』에서 자신의 "사랑의 이론"을 전개한다. 포이에르바흐의 접근을 받아들인 그는 하나님의 사랑을 논하며 "하나님에 대한 개념을 이해하기 위해… 하나님을 예배하는 사람들의 인격 구조에 대한 분석이 선행되어야 한다."고 주장한다.[12] 그의 이전 저서인 『기독교의 교리』에서보다 기독교에 대한 그의 적대감은 좀 덜한 듯 보이지만, 다양한 사회적 논쟁과 모호하게나마 역사적인 논쟁을 제시하며, 결국 그는 기독교 신학이 고백하는 하나님은 망상이라는 결론을 내린다. 사랑에 관한 그의 논쟁에서 그는 기독교 신비주의자인 마이스터 에크하르트의 신학을 인용하는데 그러한 인용을 통해 그는 인간이 하나님이라는 주장을 은근슬쩍 내세운다. 하지만 이러한 인용은 기독교적이지 않을 뿐더러 또한 마이스터 에크하르트의 신학을 상당히 곡해한 것이다. 자기애에 대한 에크하르트의 견해는 다음과 같이 분명하기 때문이다. 자기애는 "우리에게서 선과 완전함을 앗아가는 모든 악의 뿌리이자 원인이며 따라서 한 영혼이 하나님을 알기 위해선 그 자신을 먼저 잊고 또 버려야만 한다. 영혼이 자신의 형상을 비추는 한, 그는 하나님을 볼 수도 알 수도 없다."[13] 여기에 자신의 온전함을 유지하는 것이나 자아를 통해 무엇이 선한 것인지를 분별하는 것 그리고 자아주의자들이 주장하는 내용은 전혀 담겨 있지 않다. 프롬은 에크하르트를 곡해한 것은 물론 사랑에 관한 기독교적 문헌들을 전혀 참고하지 않았다.

매슬로 또한 자신의 주요 저서, 『인간의 동기와 성격』을 통해 양성간의 사랑을 논하긴 하지만 기독교 문헌은 전혀 참고하지 않는다. 하지만 이후의 저서들을 통해 그는 신비한 경험을 진지한 태도로 받아들인다. 물론 세속적으로 그러한 경험을 이해하고 있지만 말이다.[14] 하지만 매슬로도 마찬가지로 기독교적 사랑에 대한 언급은 물론 기독교 신비주의에 관해서는 언급을 피하고 있다.

성격 이론과 심리 치료에 상당한 공헌을 한 칼 로저스의 『인간적 성장』 또한 사랑에 대해 전혀 논하지 않는다. 그것은 인카운터 그룹에 관한 그의 저서도 마찬가지다. 심지어는 성적인 조화, 역할과 관계의 변화 그리고 자신과 타인에 대한 신뢰를 배워 가는 것을 강조하는 그의 또 다른 저서인 『완전한 동반자』마저 사랑의 이론을 전개하지 않는다. 그렇다 보니 사랑에 대한 기독교 이론의 인식이나 인정이 생략된 것은 당연한 일이다.

앞서 지적했듯이 하나님의 사랑에 대한 강조는 기독교 사랑을 논의할 때 필수적인 것이다. 무엇보다 앞서 우리는 지성적 교리로서가 아닌 실험적 사실, 즉 압도적인 경험적 실재로서 하나님의 사랑을 강조해야 한다. 그리고 이러한 경험적 실재에서만 우리는 신학을 시작할 수 있다. 따라서 모든 기독교 신학은 결국 사랑,

신적 사랑에 대한 이론이다. 그러한 영적 상태를 경험해 보지 못해서 의심하는 사람들은 "하나님의 사랑"을 "명상"이나 "묵상" 혹은 "신비한 경험" 정도로만 해석하게 되어 있다. 기독교 신학으로 볼 때 이러한 해석은 물론 적절치 않은 해석이지만, 지금의 분석을 위해서는 충분하리라 생각한다.

기독교 이론은 하나님과 그리스도의 사랑이 타인에 대한 사랑을 격려할 뿐 아니라 가능하게 한다고 주장한다. 12세기 성 버나드가 제안한 하나님의 사랑에 관련한 4단계 모형은 첫 번째 계명과 그것의 결과로 나타나는 타인에 대한 사랑과의 관계를 훌륭히 개념화시켜 놓았다(*De diligendo Deo*에 나타난).[15] 그의 견해에 대한 다음의 요약은 자아주의자들이 간과하는 내용의 한 예다.

현명한 사람은 하나님이 하나님이시기 때문에 하나님을 사랑하지만 그렇지 못한 사람들에게는 다른 조건들이 필요하다고 그는 이야기한다. 사랑의 첫 번째 단계는 자신을 위해 자신을 사랑하는 것인데, 이러한 사랑은 그것이 극단으로 치닫지 않는 한 자연스럽고 좋은 것이라는 설명이다. 하지만 이 단계에 있는 사람은 이웃을 네 몸과 같이 사랑하라는 계명의 통제를 받아야만 한다. 두 번째 단계는 하나님이 자신에게 주시는 것 때문에 하나님을 사랑하는 것이다. 그리스도인들이 하나님을 사랑하는 최초의 이유는 하나님이 그들을 사랑하셨기 때문이다. 그것도 먼저 사랑하셨기 때문이다. 세상의 창조를 통해 표현된 이러한 사랑은 다음과 같은 신약의 장대한 표현으로까지 이어진다. "하나님이 세상을 이처럼 사랑하사 독생자를 주셨으니 이는 그를 믿는 자마다 멸망하지 않고 영생을 얻게 하려 하심이라"(요 3:16). 이 두 번째 단계는 하나님이 주시는 많은 축복 때문에 그분을 사랑하는 것으로서, 고난 가운데 주시는 위로도 여기에 포함이 된다. 그리고 이러한 사랑을 통해 그리스도인은 자신의 한계와 연약함을 배우기도 한다.

세 번째 단계는 하나님이 어떤 분이신지를 알게 됨으로써 하나님을 사랑하는 것이다. 이 단계에서 우리는 "주님이 얼마나 좋은 분이신지를 발견"하며 순전히 하나님 때문에 하나님을 사랑하게 된다. "하나님의 선하심을 맛보며 우리 자신의 조급한 필요보다 그 순결한 사랑에 더욱 매혹되어 가는 것이다." 버나드는 "이러한 감정을 느끼는 사람은 이웃을 사랑하라는 계명을 지키는 데 아무런 문제가 없을 것이다."라고 주장한다. 그가 진실로 하나님을 사랑하고 또 하나님께 속한 것을 사랑하기 때문이다. 그의 사랑은 순전하고 그는 순전한 계명에 기쁘게 복종한다. 기록된 대로 사랑이라는 복종을 통해 자신의 마음을 정결케 하는 것이다.[16]

마지막으로 버나드는 어렵고 따라서 희귀한 네 번째 단계를 다음과 같이 묘사했다. "이 사랑은 산이자 매우 높은 정점이다. 또한 이곳은 참으로 기름지고 비옥한 장소이다… 이러한 경험을 다만 한 번이라도, 또 아무리 짧은 순간이라도 경험할 수 있는 사람은 복되고 거룩한 사람이다. 자신이 더 이상 존재하지 않는 것처럼 자기 자신을 버리는 것, 자신에 대한 경험을 완벽히 멈추는 것, 또한 자기 자신을 아무것도 아닌 존재로까지 낮추는 것은 인간적 감정이 아니라 신적 경험이기 때문이다."[17]

이 네 번째 단계에서 일어나는 하나님의 의지에 맞추어 자신의 의지를 조정하는 것에 대해 그는 이렇게 묘사했다.

> 붉게 녹아내린 쇳물이 불과 같이 변하듯 원래의 상태를 잃어버리게 되는 것이다. 태양이 작열하는 날 햇빛으로 타오르던 공기가 햇빛으로 변하듯 모든 인간의 감정들이 신비하게 녹아내려 하나님의 뜻으로 흡수되는 것은 모든 성인들에게 있어 꼭 필요한 일이다. 만일 그렇지 않다면, 만일 인간적인 것이 사람 안에 여전히 살아 꿈틀댄다면, 어떻게 하나님이 그의 모든 것이 되실 수 있단 말인가? 이것은 그 존재가 변하지 않고 다른 형태, 즉 또 다른 영광과 능력의 모습으로서 남아 있다는 뜻 아닐까.[18]

이 마지막 단계는 우리가 "하나님을 위하여" 우리 자신을 사랑하도록 한다. 하나님이 우리를 사랑하시듯 우리가 자기 자신을 사랑하게 된다는 뜻이다.

기독교 영성은 이 가장 높은 단계에 이르기까지 우리가 만나게 되는 수많은 문제들에 대해 상세히 기록한다. 그렇다고 꼭 그 단계에 이르러야만 그리스도인이 될 수 있다는 것은 아니다. 적어도 두 번째 단계까지는 이르러야겠지만.

이후 몇 세기가 지나 마르틴 루터 또한 그리스도인의 사랑을 설명했는데, 마찬가지의 감동이 있지만 그의 표현은 보다 실질적이며 그리스도 중심적이다. 믿음은 "우리를 자신으로부터 잡아채 그 바깥으로 끌어내주는 역할을 한다."[19] "모든 사람은 자신의 이웃이 '되어' 자신이 마치 그의 상황에 처해 있는 것처럼 그 이웃을 대해야 한다. 그리스도인은 자기 자신 안에서 사는 것이 아니라 그리스도와 자신의 이웃 안에서 살아야 하기 때문이다… 믿음을 통해 그리스도인은 그리스도 안에서 그리고 사랑을 통해 그의 이웃 안에서 살아야 한다."[20]

이러한 그리스도 중심적인 사랑이 어떻게 가능한지에 관한 심리적인 이론은 존 실리의 『이 사람을 보라(Ecce Homo)』에서 빌려온 다음의 단락에 잘 요약되어 있다.

> 보통은 자신의 유익만을 생각하는 우리에게 무엇이 선한지 분별하는 것은 어려운 일이며 또한 우리에게는 우리가 애정과 연민을 느끼는 사람에게만 선을 베풀려고 하는 경향이 있다. 그래서일까, 그리스도는 우리가 모든 사람들을 향해 연민을 느낄 때 모든 이들에게 선을 베풀 수 있다는 사실을 생각하셨다. 하지만 메마르고 좁다란 인간의 마음이 과연 그렇게까지 확장될 수 있는 걸까? 어떻게 인간이 이러한 우주적 연민을 품는다는 걸까? 그리스도는 한 인간을 인류에게 묶어 두는 것이 가능하다고 생각하셨는데 거기에는 한 가지 조건이 선행되어야 했다. 그 사람이 먼저 그리스도께 단단히 묶여 있어야 한다는 것이었다. 그리스도는 인간의 대표이기를 자처하셨고, 모든 인간의 문제와 관심에 공감하셨으며, 처음부터 인간을 위해 자신의 생명을 내어주기로 작정하셨던 분이다. 하지만 스스로 이러한 그리스도의 희생을 완전하게 닮을 수 있는 사람은 아무도 없다. 우리 인간의 본성상 이러한 희생을 스스로 자극해 낼 능력이 우리 안에는 없기 때문이다. 하지만 그러한 희생을 감수하신 분을 사

랑하고 존경하는 것은 그리 어렵지 않은 일이다. 그리고 사실 그리스도를 닮기로 작정했던 몇몇의 사람들을 제외하고는 세상 어디에서도 이와 같이 거대한 사랑과 완전한 희생의 예를 보인 이들이 없다. 사랑이 사랑을 가능하게 한다. 따라서 많은 사람들이 그리스도를 위하여 사랑하기 시작했다. 어떠한 말로도 표현할 수 없는 친밀함과, 내면으로부터 자신을 소유하고 사로잡는 존경심으로 그들은 이렇게 고백했다. "이제는 내가 사는 것이 아니요 오직 내 안에 그리스도께서 사시는 것이라." 그리고 이러한 감정은 모든 인간을 향한 사랑의 감정을 가능하게 했다. 더 이상 인간이 어떠한 존재인지, 그가 과연 사랑받을 만한지 그렇지 않은지는 중요하지가 않았다. 그리스도의 형제로서, 그의 거룩한 백성으로서 그리고 삶과 죽음으로 그가 사랑하신 사람들로서, 그들은 그리스도를 소중히 여기는 모든 사람들을 소중히 여길 수 있게 된 것이다.[21]

이렇게 하나님과 그리스도의 사랑은 다른 사람들과 모든 창조물을 향한 사랑을 증폭시킨다. 기독교의 사랑은 일반적 인류를 향한 추상적인 사랑이 아니다. 즉, 특정한 사람에 대한 관심으로는 잘 나타나지 않는 종류의 사랑이 아니라는 말이다. 모든 사람에게 존재하는 인간의 공통적인 양상에 대한 사랑 또한 아니다. 이것은 각 사람에게서 넘치도록 흘러나는 강력한 사랑이다. 이러한 사랑을 보여 주지 못하는 그리스도인들이 얼마이든지 간에 기독교의 사랑이 강렬하고 설득력 있는 이론을 제시한다는 사실과, 이러한 이론이 수백만 사람들에게 영감과 변화를 가져다 주었다는 사실을 간과해서는 안 된다.

자아주의를 변호하는 사람들은 프롬과 같은 인본주의자들이 주장해 온 고결하고 순전한 사랑이 이기심과는 전혀 무관하다고 주장한다. 그리고 프롬의 글을 살펴볼 때 그들이 말하는 사랑에는 꽤나 긍정적인 표현들이 담겨 있는 것도 사실이다. 예를 들어 프롬은 인본주의적인 자기애를 이기심이나 자기도취적 자기애와는 반대되는 것으로 구분한다. 그는 인본주의적 자기애를 자기 본래의 모습을 지키는 것을 전제로 한, 사랑하는 사람과의 연합으로서 설명한다. 그리고 이러한 사랑은 다른 사람을 향한 적극적인 관심과 돌봄을 포함한다.[22] 사랑에 대한 이토록 고무적인 개념에도 불구하고, 자아 이론 심리학의 성장은 자아주의의 고결한 이상을 희석시켰고 앞서 언급했던 부작용들을 불러일으켰다. 자아주의의 고결한 이상들의 붕괴는 자아주의자들이 주장하는 더욱 기본적인 개념들 때문이었다. 사랑에 대한 프롬의 그럴듯한 주장은 그의 다른 원리들, 즉 좀 더 기본적인 심리학의 원리들과 모순을 이루었다. 그 이유는 그가 주장한 다른 원리들은 자아의 자유에 전적으로 집중했기 때문이다. 일반적 자아주의 이론들은 분리된 의식적 자아만이 그 자아가 무엇에 가치를 두어야 할지 또 어떻게 행동해야 할지를 판단할 수 있다고 주장했다. 그렇다 보니 그들이 주장하는 고결한 이상은 자기도취적 자기애인 이기심의 합리화로 이어질 수밖에 없었다. 전통이나 다른 권위에 대한 적대감도 비슷한 영향을 끼쳤다.

하지만 원하기만 한다면 그리스도인들은 극단적 이기심으로부터 자신을 지켜줄 보호막을 어렵지 않게 찾을 수 있다. 먼저는 하나님의 사랑인데, 이러한 사랑은 믿음 그리고 묵상과 명상의 기도로 표현될 수 있다. 또한 죄에 대한 인간의 강력한 잠재력을 인식하고 세상의 함정과 미혹으로부터 인도받을 필요가 있다는 사실을 고백하는 것도 도움이 된다. 종교적인 공동체도 있는데 예를 들어 믿는 친구들이라든지 기도 모임, 수련회 그리고 교회나 목회자들의 도움 등이 있다. 회개와 고백(특별히 기도를 통한)에 대한 강조, 기독교의 교리나 교의 그리고 성도간의 교통도 있다. 이러한 모든 것들은 한데 어울려 그리스도인들이 자아주의에 복종하지 못하도록 도울 뿐 아니라 더욱 높은 사랑과 영적 지식의 지경에 이르도록 안내하는 역할을 한다.

창조력과 창조주

자아주의자들은 창조력을 자기 표현을 통한 개인의 성장으로 간주한다. 따라서 그들에게 창조력은 성취의 요소가 된다. 또한 이것은 자아가 가치를 얻는 방편으로서 다른 사람들과의 경쟁적 요소가 되기도 한다. 오늘날 부와 지식 그리고 정직은 이 "창조력"이라는 중등의 가치에 밀려 저 뒤로 물러나 버린 실정이다. 대학원을 비롯하여 전문 과정의 학교들은 창조력에 후한 점수를 주고 따라서 수백만의 학생들이 창조적인 학생이 되기 위해 고군분투하고 있다.

하지만 그리스도인들은 다른 곳에 중점을 두어야 한다. 그리스도인에게 창조력의 중점은 달란트의 비유에서처럼 하나님과 다른 사람을 섬기는 능력을 개발해 가는 데에 있기 때문이다. C. S. 루이스는 창조력에 대한 과도한 집착에 대해 다음과 같이 이야기했다.

> 성인을 "도덕적 천재"나 "영적 천재"로서 묘사하는 사람들처럼 성경의 말씀을 곡해하는 사람들도 없다. 그러한 표현에는 성인의 덕이나 영성이 마치 "창조적"이고 따라서 "독자적"이라는 의미가 담겨 있기 때문이다. 내가 신약 성경을 제대로 이해하고 있다면, 제한적 의미든 비유적 의미든 그것은 "창조력"의 가능성을 전혀 언급하고 있지 않다. 아니 좀 더 정확히 표현하자면 우리의 운명은 그와 완전한 반대를 이룬다고 해야 한다… 우리는 우리 자신의 것이 아닌 향기를 우리 몸에 지녀 갈 뿐만 아니라 우리 자신의 것이 아닌 얼굴을 비추는 보다 깨끗한 거울이 되어 가는 중이기 때문이다.[23]

따라서 기독교 예술가나 작가는 창조력 자체를 추구하기보다 영원한 아름다움과 지혜를 제대로 반영하기 위해 노력해야 한다. 예로 루이스는 문학에 대한 기독교적 접근은 문학에 대한 어떠한 특정 이론들은 추구해도 좋지만 반면 지양해야 할 이론들도 분명 있다고 기록했다. 기독교적 입장을 그는 이렇게 대변했다.

> 시인을 뮤즈(시를 관장하는 여신)의 단순한 고용인 정도로 보는 호머

식 이론에는 공감할 수 있다. 이 땅에 부분적으로만 모방될 수 있는 초월적 존재에 대한 플라톤의 가르침 또한 마찬가지다… 하지만 기독교적 입장은 일반적으로 이해되는 천재에 대한 이론에는 반기를 들어야 하고 그중 무엇보다도 문학이 자기 표현이라는 주장을 지양해야 한다.[24]

고통의 본질

기독교와 자아주의 사이에 벌어진 중요한 마지막 충돌은 고통의 의미에 대한 견해에 있다. 그리스도인은 악—과 그것 때문에 찾아오는 고통, 궁극적으로는 죽음—을 인생의 실재로서 인정한다. 예수님을 닮아 가는 제자도를 통해 그리스도인은 자신의 원래 자아를 잃게 되지만 그러한 고통은 더 높은 영적 생명을 가능하게 한다. 이러한 견해는 기독교의 중심 견해로서 십자가의 고난이 부활의 기쁨으로 이어지는 것에 가장 잘 나타난다. 모든 위대한 종교들은 죄와 착각 그리고 죽음의 존재를 받아들일 뿐만 아니라 그들을 변화시키고 또 초월할 수 있는 길을 제공한다. 물론 이 길은 굉장히 어려운 과정이지만 성공적으로 이 길을 걸어가는 것보다 더한 영광은 없다. 하지만 대부분의 사람들은 참된 종교의 생명이 제안하는 희생과 도전을 두려워하고 그 때문에 참된 성인들과 거룩한 사람들을 영웅으로서 대우하는 것이다.

반면 자아주의 철학은 고통에는 (심지어 죽음까지도) 내재적 의미가 없다고 주장하며 인생을 사소한 것으로 만들어 버린다. 그들은 고통을 일종의 모순, 즉 인간이 저지른 실수로 치부한다. 따라서 우리가 지식을 사용해서 환경을 조종한다면 그 고통을 피할 수 있을 거라고 장담한다. 특별히 물질적인 번영이 이뤄지는 때라면 이러한 자아주의적 주장은 낙관적이고 또 그럴듯하게 들릴 수 있다. 하지만 이것은 피상적인 견해이며 인생을 대하면 대할수록 이러한 입장에 공감하는 것은 어려워진다. 인생의 절정, 이러한 낙관적 자아주의를 열정적으로 옹호했던 수백만 명의 사람들은 이제 육체의 쇠약과 상실, 질병 그리고 죽음에 대한 고대의 가르침, 즉 놀라운 자아의 지속적 성장이라는 피상적 낙관주의를 가차 없이 무너뜨리는 가르침들을 몸소 경험하고 있다.

야심이 대단했던 어떤 남자가 이제는 마흔이 되어 전과 같은 발전을 꿈꾸기 어렵고 설상가상으로 생명의 위협이 될 수도 있는 심각한 질병까지 얻게 되었다면 당신은 그에게 무어라 말하겠는가? 오랫동안 멋진 직업을 꿈꿔 오던 한 여성이 있었는데 결국에는 지루하기 그지없는 그저 그런 직장에 평생 눌러앉아야만 할 상황에 처하게 되었다면 그녀에게는 어떤 말을 건네겠는가? 어떤 직장인이 나이가 들어 회사에서 천대를 받고 결국 해고까지 당하게 되었다면? 지금까지 모든 관계들 속에서 연거푸 실패를 경험한 나이 든 여자가 홀로 지독한 외로움을 느끼고 있다면? 그러한 사람들에게 자유와 독립을 추구하라고 제안하겠는가? "창조적인 활동을 통해 자신을 실현하세요."라고? 그러한 상황에 처한 사람들에게 그와 같은 충고는 아무런 의미도 없을 뿐만 아니라 모욕적이기까지 하다.

하지만 종교적 생명의 의미와 소망은 바로 이러한 고통들로부터 시작한다. 존재에 대한 비(非)감성적인 실재를 시작으로 종교는 인간의 상태에 대해 정직하며 궁극적으로는 낙관적인 이해를 제공할 수 있기 때문이다. 기독교는 고통으로 시작하지만 기쁨으로 끝이 난다. 반면 자아주의적 인본주의는 낙관주의로 시작해서 비관주의로 그 끝을 맺는다. 그리고 이러한 비관주의의 무게는 두 배나 더하기 마련인데 그 이유는 자아주의적 인본주의가 종교적 특징을 가지고 있기는 하지만, 결국 그것은 우리에게는 불가피한 경험인 고통과 죽음 속에 담긴 어떠한 의미도 인정하지 않는 거짓되거나 대체된 종교에 불과하기 때문이다.

✷

자아주의에 대해 이제까지 제기해 온 비평들을 요약해 보자. (악은 사회로부터 오는 영향으로서) — 인간의 본성이 완벽히 선하다는 — 인본주의적 자아주의의 기본 가정은 여러 과학자들로부터 극심한 비판을 받은 반면, 그 지지자를 찾아보기는 어려웠다. 의식적 자아라는 인본주의의 주요 개념은 제대로 정의조차 되지 않아 모순으로 가득했으며 심리학적 본질에 대한 설명으로나 심리 치료의 도구로 사용되기에 모두 역부족이었다. 자아 이론 심리학은 반복되는 발견과 더욱 정확해져 가는 개념을 바탕으로 이전 세대의 업적 위에 또 다른 업적을 쌓아 올릴 수 있도록 하는 이전의 전통적인 과학과 같은 조직적인 전개를 보이지도 않았다. 대신 자아 이론들은 40년 전의 이념들보다도 모호하고 산만한 대중 상업적인 이념들로 탈바꿈해 버렸다.

자아주의의 대중화는 상당 부분 이미 부유하고 세속적이던 사회에서 최근 경제가 더욱 급속하게 성장하면서 이루어졌다. 또한 젊은이들의 상당한 인구 규모와 성장도 그 요인이라 할 수 있다. 부와 여가의 시대가 아니었다면 자아실현이 이토록 대중적인 개념으로 자리 잡지는 못했을 것이다. 소비 정신에 대한 합리화 그리고 자기애적 방종에 편향된 사회 분위기는 자아주의의 인기를 한껏 거들어 주었다. 자아주의는 도덕적 상대주의를 정당화했고 이혼을 장려했으며 사회적 일치나 공동의 유익을 손상시켰다. 또한 최근에 들어서 이러한 자아 이론의 논리는 굉장한 인기를 누린 뉴에이지의 자기애적 영성을 지지하기도 했다. 비과학적 특성에도 불구하고 인본주의적 자아주의는 그동안 자신을 과학으로서 주장했고 또 그렇게 받아들여져 왔다. 이러한 결과로 자아주의는 상당한 돈과 능력 그리고 특권을 거머쥐게 되었다.

자아주의의 역사적 기원은 분명 반기독교적인 인본주의다. 기독교에 대한 적대감은 인간과 창조력, 가족, 사랑 그리고 고통에 대한 기독교와는 매우 다른 가정들을 통해 잘 드러난다.

간단히 말해 인본주의적 자아주의는 과학이 아니라, 대중적이고 세속적인 종교를 대체한 것으로, 오늘날 만연한 자아 숭배를 장려하고 번영시켜 온 장본인이라 할 수 있다.

정치적 반응

심리학에 대한 문제

인본주의적인 자아주의 종교로서의 심리학을 주창해 온 심리학자들은 결국 스스로의 위치를 곤란하게 만들었다. 이에 대한 조직적인 증후라면 미국 정신 의학회(APA)가 설립한 인본주의적 심리학의 거대한 분과일 것이다. 인본주의적 심리학의 비과학적 특성이 야기해 온 문제들은 몇 십 년 전 학계 내에서 진지한 논쟁을 일으켰다. 전통적 심리 과학자들은 모든 과학에 꼭 필요한 객관성이라는 기준이 붕괴되는 것에 대해 상당한 우려를 드러냈다. 그리고 D. O. 헵은 1973년 그의 주제 연설을 통해 이러한 우려를 매우 설득력 있는 목소리로 전달했다. 그는 심리학이 생물학적 과학이라는 사실과, 그러한 심리학을 인본주의적으로 만들려는 시도는 심리학을 과학도 인본주의도 아닌 모호한 것으로 변질시킬 뿐이라고 주장했다.[1] 이러한 문제에 대해 그가 제시한 해결책은 심리학이 자신으로부터 모든 종교적 요소들을 거둬 내고 원래의 모습을 되찾는 것이었다. 즉, 좀 더 제한적이지만 진정한 본연의 과학으로 돌아가는 것이었다.

최근의 정황을 요약해 보자면 다음과 같다. 미국 정신 의학회(APA)는 분열을 경험했는데, 그 결과로 많은 수의 심리학 연구자들과 교수들이 APA로부터 등을 돌렸다. 그들은 미국 심리학 협회(American Psychological Society)라는 새로운 조직을 결성했다. 그들이 APA를 떠난 이유는 APA가 과학과 객관적 연구에 대한 책임을 간과했기 때문이었다.[2] 하지만 분열을 겪는 와중에도 APA는 직업인들의 모임이나 정치적이고 이념적인 이익 집단의 모습으로 계속 변모해 갔다. 그들은 낙태나 동성애자들의 권리를 옹호하며 세속적이고 인본주의적인 입장을 유지했는데 공식적으로 병리학에 속해 있던 동성애를 더 이상 병리로 인정해선 안 된다고 주장하기까지 했다. 이에 덧붙여 동성애 운동가들은 자신의 성적 경향을 치료하기 원하는 동성애자들에게 심리적 치료를 시도하는 것이 직업윤리를 위반한 것이라는 주장을 하기도 했다.[3] 이러한 극단적 요구가 받아들여질지는 두고 보아야 알겠지만 APA가 또 다른 정치적 이익 집단이 되었다는 사실과, 국회나 그 외 여러 곳에서 로비를 하느라 그들이 바쁜 일정을 보내고 있다는 사실을 부인하기는 어려워졌다. 그들의 목적과 모습이 미국 담배 협회(America Tobacco Institute)와 결코 다르지 않다는 말이다.

객관성을 둘러싼 비평에 대해 심리학은 그러한 비평을 하는 사람들의 견해가 오히려 특이하거나 독단적 견해라 주장하며 이러한 비평 자체를 회피하거나, 혹은 자신의 견해에 반하지 않도록 과학이나 객관성의 개념을 새롭게 정의하는 것으로 반응한다. 특별히 두 번째와 같은 반응은 과학과 객관성의 개념들을 아무런 쓸모가 없는 모호한 것으로 만들어 버린다. 하지만 더욱 중요한 것은 이러한 경우 전통적 종교들이 정의상 과학으로 분류될 수 있다는 사실이다! 그러나 인본주의적 심리학자들에게는 기독교나 유대교, 다른 종교들의 교리를 "그들의" 심리학으로 끌어들이려는 의도가 없다. 자신의 주장을 사회적으로나 정치적으로, 또한 경제적으로 유력한 것으로 분리하는 데까지만 과학의 개념을 확장시키고 싶은 것이다. 하지만 그러한 계략의 이점을 전통적 종교들에게까지 선사하고픈 의지는 다시 말해 전혀 없다. 그리고 위와 같은 내용이 그들의 세속적인 믿음을 효과적으로 주창하기 위해 그들이 이제까지 사용해 온 속임수다.

여성 인권 심리학이나 동성애 심리학, 혹은 흑인 심리학을 논하기 위해 대부분의 세속적 인본주의적 심리학자들은 기꺼이 다원론을 환영한다. 하지만 그들의 이러한 태도는 기독교 심리학에 대해서만큼은 180도 다른 모습을 보인다. 그렇지만 한번 받아들인 다원론을 이렇게 임의적인 방식대로 사용할 수는 없는 일이다. 이것은 언젠가는 그들이 전통적인 종교들의 심리학을 받아들여야만 할 거라는 의미다. 점점 더 확대되는 다원론적 틀을 고려할 때 이러한 사실은 더욱 분명해진다. 이미 언급되었듯 성격에 관한 불교 이론은 대학 교과서에 실릴 수 있는데 왜 기독교 심리학은 안 된다는 말인가? 심리학이 이토록 편향적인 입장을 고수한다면 심리학이 전통적 기준에 합한 과학이라는 그들의 주장은 그야말로 어불성설이 될 것이다. 그리고 심리학 가운데 다원론이 계속해서 성장하고 발전할수록 논리적 학문으로서의 심리학은 그 권위를 잃게 될 것이다. 심리학의 정치에 관련해서 앞으로 어떠한 일들이 일어날지 정확히 예견하기는 어렵지만, 현재의 상황에 진지하고 직접적인 도전이 필요하다는 것만은 분명한 사실이다.[4]

기독교에 대한 문제

자아주의에 대한 열정이 식었다고는 하지만 그것의 영향을 깊이 받아 온 세대는 여전히 건재한다. 내가 우려하는 바는 제도화된 자아주의의 가치 체계가 미치는 편만한 영향력을 기독교가 과소평가하고 있다는 점이다. 자아주의는 사회의 문제들을 상대하는 대부분의 정부 기관들의 표준적인 입장이며, 임상 심리학과 상담 그리고 사회 복지와 같은 이른바 "원조 전문직들"의 관리 체계이기도 하다. 어빙 크리스톨은 교육 제도 속에서도 동일하게 반복되는 이러한 상황을 이렇게 묘사했다.

> 우리는 인간의 본성에 대해 일종의 믿음을 갖고 있다. 이러한 믿음은 식물의 개화 과정에 대한 믿음보다도 강력한 것으로, 완전한 종교적 의미를 가진 "믿음"이다. 우리는 모든 인간에게는 잡초나 덩굴옻나무가 아닌 꽃이 될 자연의 목적(telos)이 있다고 믿는다. 따라서 그러한 인간들이 한데 어울린다면 밀림이나 쓰레기장이 아닌 아름다운 정원을 만들어 갈 거라고 분명히 믿고 있다. 그리고 이렇게

장엄하고 고결한 믿음을 우리는 자유 인본주의라는 종교라고 부른다. 그리고 오늘날 미국을 지배하는 영적이고 지성적인 전통은 바로 이 자유 인본주의다. 우리가 교회와 국가의 분리를 아무리 운운한다 해도 이것이 오늘날 미국 사회의 공식 종교라는 것은 모두가 다 알고 있는 사실이다. 정작 다른 모든 종교들은 분열과 편협으로 비판받는 실정이지만 말이다.[5]

이러한 종교가 우리 사회를 지배하게 된 이유는 간단하다. 일반적으로는 정부, 좀 더 구체적으로는 "원조 전문직들"에게는 목표와 우선순위를 정하고 또 그 과정을 평가하기 위한 가치 체계가 필요하기 때문이다. 입법부와 유권자들의 지지를 얻으려면 이러한 가치 체계는 논쟁의 여지가 없어야 하며 동시에 고무적이어야 한다. 그리고 "인간을 위한" 프로그램, "스스로 돕는 자를 돕기 위한" 프로그램이야말로 이러한 요건을 충족시켜 주는 가장 긍정적인 가치 체계다.

임상 심리학자들과의 잦은 만남을 통해 나는 그들이 한목소리로 인본주의를 지지한다는 사실을 발견하게 되었다. 기독교적 견해를 언급할 경우 먼저 그들은 깜짝 놀라는 반응을 보이는데, 이것은 이 책의 초판이 나온 1970년대와는 사뭇 비교되는 반응이다. 그리고는 마치 골동품을 발견한 것처럼 즐거워하기도 한다. 하지만 어떠한 경우든 그들의 자아주의적 가치를 부인하거나 비판하려는 조짐을 보일 경우 돌변해서 그들은 분노와 짜증 섞인 반응을 보인다. 오늘날의 심리학자들은 대부분 기독교에 무관심한

데 그 이유는 그들이 기독교의 목소리를 들어보지 못했기 때문이다. 하지만 정작 그러한 목소리를 듣게 될 경우에는 대부분 적대적인 반응을 보일 뿐이다.

50년 전 "원조 전문직"의 중요성은 그다지 크지 않았다. 하지만 오늘날의 경우는 그 중요성이 상당히 커졌을 뿐만 아니라, 정부가 사회사업을 지속적으로 확대해 감에 따라 그 중요성이 더욱 커져 가고 있다. 이러한 성장에 자아 이론이라는 가치 체계까지 합세해서, 이들은 기독교 믿음에 강력한 도전장을 보내고 있다. 시간이 지나면서 이 세속적인 종교 역시 자연스레 변화하겠지, 라고 기대하기는 어려운 일이다. 그 이유는 이것이 1960년대 한때 유행에 기초한 임의적 선택이 아니라 개인과 가족을 포함해 삶의 모든 부분으로까지 그 영향력을 확장하려는 정부 프로그램을 위한 필수적 요소이기 때문이다. 정부의 이러한 확장은 그 반대 세력을 만나든지 아니면 제풀에 꺾여 무너질 경우에야 멈추게 될 것이다. 어떠한 경우든 세속적 이념은 세속적 정부에게는 꼭 필요한 것이며 따라서 훌륭한 그리스도인이자 동시에 훌륭한 시민이 되는 길은 점점 어려워 질 추세다.

정부 프로그램을 통해 자아주의를 표방하는 정책들의 구체적인 예를 간략하나마 한 번 살펴보자. 세속적 인본주의자들이 옹호하는 정책들 중 하나는 D & D(death and dying, 죽음과 죽어 가는 것)라고도 불리는 죽음에 대한 "과학"이다. 새롭게 발표되는 논문들과 정부가 후원하는 연구 기관들 그리고 D & D 연구 과정들은 죽음을 새로운 지적 성장 산업의 주제로 등극시켰다. 이러한 운동의 선구자였던 말라카이 마틴은 죽음에 대한 주요 이론을 다음과 같이 정의했다. "모든 사람들에게 죽음은 더 이상 통로가 아니라 벽이다."[6] 그 말은 죽음 이후의 삶에 대한 종교적 개념이 부인(더 정확하게는 무시)되었다는 뜻으로 이들에게 죽음은 그야말로 결론이자 끝이다. 이것은 본질적으로 종교적인 문제이며 다시 한 번 우리는 정부가 후원하는 프로그램이나 철학이 어떻게 기독교에 도전하고 또 기독교와 경쟁하는지를 보게 된다.

가장 충격적인 예는 중등학교는 물론 초등학교에서까지 (빨리는 1학년생들을 대상으로) 감행되는 성 교육 프로그램이다. 수많은 미국의 고등학교 교사들은 열정을 다해 자신의 학생들에게 콘돔을 나누어 주고 있으며, 또한 같은 열정으로 하나님의 이름을 언급하는 것을 반대하고 있다. 읽기나 쓰기 그리고 셈에 관련한 교육이 (예를 들어 자존감과 같은) "정서 교육"에 저만큼 뒤로 밀려난 것은 이미 오래전 일이다.

최초의 성 교육 프로그램의 의도는 섹스에서 생물학적 양상과 몇 가지 사회적 결과들만을 제외하고 다른 모든 양상들을 배제하자는 것이었다. 하지만 이러한 도덕적, 종교적, 영적 특성들을 배제한 것은 섹스를 이해하는 데 필요한 기본 원칙들을 잘못 구성하는 실수에 불과했다. 이러한 실수를 통해 학생들은 섹스를 반종교적인 것으로 이해하게 되었다. 따라서 성적인 사랑에 대한 공격적 세속화가 이루어졌다. 그리고 세속적 가치 체계는 계속해서 확장되어 갔다. 법적인 비유를 사용하자면 교실이라는 법정에서 섹스의 의미와 목적을 주제로 재판이 벌어지고 있는데, 종교적 입장은 자신을 변호할 기회는커녕 법정 출석도 허용되지 않았다는 말이다. 종교적 견해가 이런 식으로 거절되는 것에 대한 이유는 생물학적 표현이 과학적일 뿐 아니라 완전히 객관적이라는 믿음 때문이었다.

섹스에 대한 종교적 해석을 배제한 것을 두고 불편한 심기를 드러내는 것을, 단순히 성적으로 억압되고 도덕주의적인 현대판 청교도들의 태도라 치부하고 간과해서는 안 된다. 가장 섬세하고 세련되다는 심리학 사상가들 사이에서도 그러한 의견들은 존재하기 때문이다. 자신의 견해는 물론 정신 분석학자 오토 랭크의 견해까지 덧붙여 제시한 어니스트 베커의 의견을 다시 한 번 인용해 보자.

따라서 섹스에 관한 아이들의 질문은—근본적으로—섹스에 관한 질문이 전혀 아니라고 할 수 있다. 아이들은 육체의 의미와 육체와 함께 산다는 공포에 관련해 질문하고 있는 것이다. 따라서 아이들의 성적인 질문에 생물학적인 대답을 곧바로 건넨다면 그 부모는 아이의 질문에 전혀 대답하고 있지 못한 것이다. 아이는 자신이 왜 육체를 가지고 있는지, 그것이 어디에서 왔는지, 또 몸에 갇혀 있지만 자신을 인식하는 창조물로서 사는 것이 무엇을 의미하는지 알고 싶어 한다. 아이가 묻는 것은 인생의 궁극적 신비이지 섹스의 원리가 아니다. 랭크가 말했듯이 아이들과 마찬가지로 성인들 역시 성적인 문제로 고통을 받는데 그러한 이유가 바로 여기에 있다. "인류의 문제에 대한 생물학적인 대답은 어른이나 아이 모두에게 만족스럽지도 적절하지도 않다."

섹스는 "인생의 수수께끼에 대한 실망스런 대답"이며, 만일 이것이 충분한 대답인 것처럼 오해한다면 우리는 자신에게는 물론 우리 자녀들에게까지 거짓말을 하고 있는 것이다. 랭크의 표현대로 이러한 관점에서 "성 교육"은 일종의 바람이자 합리화 그리고 속임수다. 섹스의 원리를 가르치는 것으로 인생의 신비를 설명해 주고 있다고 우리가 스스로를 위안하기 때문이다. 생명에 관련한 장엄함과 경이로움을 고작 사용 설명서로 대체하고자 하는 현대인의 모습이 아닐까. 그리고 그에 대한 이유는 다음과 같다. 창조의 신비를 인간의 속임수로 덮어 버린다면 우리는 자신을 위해 마련되어 있는 죽음의 공포를 잠시나마 쫓아낼 수 있기 때문이다. 랭크는 더 나아가 아이들은 이러한 종류의 거짓말에 민감히 반응한다고 충고한다. 또한 그는 성에 관한 "정확한 과학적 설명"은 물론, 그것의 결과로 나타나는 죄의식이 없는 성적 향락 역시 거절한다.[7]

어떻게 세금이 자아 숭배라는 이교를 지지하기 위해 사용되는지 그 자세한 내용을 이 책에서 다룰 필요는 없을 것이다. 그러나 그 주요 경위들 중에는 분명 막대한 양의 세금을 통해 운영되는 교육과 그 교육을 통해 가능해진 "원조 전문직"들의 역할이 포함될 수 있다. 스탠포드나 하버드 대학에서부터 동네 초등학교에 이르기까지 미국에서 실시하는 대부분의 교육은 자아주의적 이념들로 팽배하다. 유명 대학들은 자아주의 가치를 열렬히 수호하는 졸업생들을 배출하고, 그 후 졸업생들은 정부 기관이나 대기업 그리고 언론의 중요한 자리에 안착해서, 다시 그들의 자아주의 종교를 통해 세속화라는 과정에 큰 힘을 실어 주게 된다. 이러한 기관들이 기독교를 미련하고 비문화적이며 편협한 것으로 인식하고, 따라서 간과하고 있다는 사실을 잊어선 안 된다. 그들에게 기독교는 전근대적인 미신의 잔류일 뿐이다. 여기에서 다원론은 가장된 세속적 인본주의로서 정부와 대학, 대기업들을 통해 다른 종교들을 통제하는 역할을 한다. 종교는 기껏해야 흥미로운 지방색의 일종, 아니면 이전에는 의심을 받아 본 적 없는 세속적 "진리"를 향한 공격으로만 비쳐질 뿐이다. 그리고 자신의 의식이 이미 그러한 제한적이고 원시적인 생각의 형태를 벗어나 진화했다고 믿는 사람들에게 종교는 당연히 설득력이 없기 마련이다.

이들은 교과서에서 종교를 배제시켰을 뿐만 아니라 하나님의 이름을 아예 지워 버리기까지 했다.[8] 그리고 정작 부모들이 그러한 내용을 다시 교과서에 실어야 한다고 주장했을 때에는 그것이 검열권의 위반이 아니냐며 불평을 했다! 이러한 부당한 주장을 내세우는 사람들은 대부분 자유주의자들로 그들은 자신들이 지극히 미국적이라 자처하기도 하다.

철저히 반(反)기독교적 이론을 가르치는 대규모의 프로그램들을 지지하기 위해 기독교인들로부터 세금을 거두어 가는 것은 그릇된 일일 뿐 아니라, 헌법이 정한 교회와 국가의 분리를 심각하게 위반하는 행위다. 과거의 이러한 위법 행위는 종교가 세속적 일에 과도한 참견으로 이루어지곤 했었다. 하지만 정부가 거대한 성장을 이루어 가면서 그 상황은 역전되었다. 이제는 우리 삶의 모든 영역을 침범하는 세속적 정부가 자신의 믿음을 선전하기 위한 목적으로 스스로 지원하고 관리하는 프로그램들을 사용하는 실정이다.

보수적 그리스도인들은 이러한 충돌의 본질을 직관적으로만 인식할 뿐, 자신의 입장을 정확히 설명해 낼 만한 능력은 없다. 게다가 자유주의 교회들은 기독교의 가르침에 대한 그것의 적대감은 생각도 않은 채 자아주의와 인본주의적 심리학을 열렬히 환영하고 있다. 이러한 반응들은 모두 적절치 못한 것들로서 지금 우리에겐 포스트모더니즘과 올바른 지성에 바탕을 둔 적절한 반응이 어느 때보다도 절실하다고 할 수 있다. 그리고 홈스쿨이나 기독교 학교 설립이 증가하는 것은 그 훌륭한 신호탄이라고 말할 수 있다. 또한 우리는 자아주의 심리학과 같은 세속적 이념에 항복해 무릎을 꿇었던 종교적 문제들을 원래의 자리로 다시 돌려놓아야 한다.

세속주의에 대한 지성적인 비평과 더불어 기독교인들의 정치적인 반응 또한 필요하다. 여기에서 말하는 정치는—좌파와 우파 사이 이념적 충돌과 같이—"우리가 보통 알고 있는 정치"가 아니다. 양쪽의 이념인 자본주의와 사회주의는 모두 세속적이라서 반기독교적인 것이기 때문이다. 집회나 시위, 새로운 정당의 출현을 의미하는 것도 아니다. 오히려 소란스럽지는 않더라도 꾸준한 현대의 반기독교적 활동으로부터의 후퇴를 의미한다. 그것이 (공립학교와 같은) "좌파"이든, (중앙정보부와 같은) "우파"이든, 아니면 (국세청과 같은) "중간"이든 말이다.

믿음의 대한 이러한 변호가 어떤 모양으로 전개되어야 하는

지는 각자가 처한 상황에 달려 있다. 따라서 정부가 지원하는 기독교에 대한 적대감에 이렇게 반응하라는 정치적 제안은 여기에서 적절치 않을 것이다. 하지만 국민의 세금으로 이뤄지는 세속화에 대해서만큼은 법적인 도전이 필요하다고 생각한다. 그 시작이 자아주의로서 종교에는 적대적이며 따라서 사실상 정부 학교라는 이름이 더욱 잘 어울리는 공립학교는 그러한 면에서 중요한데 그것은 불행히도 대부분의 경우 공립학교들이 공공의 골칫거리에 불과해졌기 때문이다. 따라서 학부모들은 자신의 자녀들을 계속 공립학교에 다니도록 하는 것이 과연 어떤 의미인지 곰곰이 생각해 보아야만 한다. 그리고 이에 대한 적절한 대안은 자녀들을 기존의 기독교 학교로 전학을 시키거나 아니면 새로운 학교를 설립하는 것이 된다. 정부 학교에 대한 지원은 그것을 반대하는 투표권의 행사와 다른 종교 학교들에서도 재정적 후원을 공평하게 받을 수 있도록 하는 지원금에 대한 요구로 점차 축소될 수 있다. 그리고 이러한 지원금을 가장 환영하는 사람들은 바로 저소득층 국민들인데 이들이야말로 세속적 교육 관료주의의 가장 큰 피해자들이기 때문이다.

기독 대학 졸업생들이라면 자신의 모교가 현재 어떠한 방향으로 흘러가고 있는지에 대해서도 관심을 가져야 한다. 상황이 변한 것은 이미 옛날인데 이전 추억에만 사로잡혀 재정적 후원을 부탁하기 위해 매년 도착하는 모교의 편지에 아무 생각 없이 후원금을 담아 보내서는 안 된다는 말이다. 젊은이들의 믿음을 훼손하기 위해 열심인 일에 왜 후원금을 보내겠는가? 또한 자아주의를 지지하는 학자들 말고 당신의 종교를 지지하는 사람들에게 당신의 후원금을 전달될 수 있도록 관심을 기울이라. 기독교 학생들을 위한 장학금이 좋은 예가 될 것이다. 당신의 자녀가 세속적 학교로 진학하기 원한다면 (지역교회가 아닌) 대학 행정부에게 학생들의 영적인 삶을 위해 학교는 어떠한 환경을 제공하고 있는지 물어보라. 그리고 그러한 환경이 학생들의 운동이나 사회, 성 생활을 장려하는, 즉 세속화를 촉진하는 환경과 어떻게 비교되는지도 유념하라.

정부가 관리하는 학교들에서 기독교인들이 꾸준히 빠져나간다면 이것은 기독교 교육의 지속적인 성장과 더불어 거대한 효과를 불러올 것이다. 종교에 무심하거나 종교를 경멸하는 세속적 학교들이 결국 의지하는 것은 국가의 지원이다. 따라서 그러한 지원이 계속해서 축소될 뿐 아니라 기독교의 대안적인 교육이 함께 성장할 때 현재 세속적 교육 체계의 규모와 영향력은 당연히 감소하게 될 것이다. 그리고 이것은 절대 불가능한 목표가 아니다. 공립학교들은 막대한 운영 비용에 비해 매우 비효과적인 운영으로 그들 스스로 자신감을 상실한 것은 물론이고, 공립학교를 더 이상 신뢰하지 않는 사람들의 수 또한 증가하고 있기 때문이다. 또한 미국인들의 평균 연령이 증가하면서 제한적인 세금의 사용이 교육에서 의료로 전환될 확률이 높은데 이것 또한 중요한 이유가 된다.

세속적 교육은 고등 교육에서 고등 교육을 제거하고, 교육의 목표를 직업을 얻는 것에 한정시켜 버렸다. 종교적, 영적, 도덕적, 윤리적 이상들은 모두 사라졌으며, 보통의 경우 지혜와 지식은 금세 쓸모없는 것으로 탈바꿈할 정보 정도로만 전락해 버렸다. 사정이 이렇다 보니 보통 일 년에 몇 천 불씩을 요구하는 고등 교육에 대해 학부모와 학생들이 회의를 느끼는 것은 당연한 일이다. 교육이 본질적인 중요성을 얻기 위해서는 고등의 의미가 꼭 필요한데 그것을 제공할 수 있는 것은 다름 아닌 종교다.

12 세속적 자아를 넘어서

"객관적"이라는 것의 허상

현대 사회는 과학의 객관적 방식이 어떠한 현상을 올바르게 이해하기 위한 공정한 과정, 즉 편향적이지 않은 과정이라고 여긴다. 자아주의에 관련한 주요 비평의 마지막으로 나는 이러한 방식이 사실은 굉장히 편향적인 이념적 도구라는 사실을 주장하려고 한다. 왜냐하면 이러한 방식은 인간에 대한 연구를 특정한 이론으로 유도해 가기 때문이다. 또한 객관적 방식은 현재적 자아의 성장과 깊이 연관이 되어 있으며 특별히 여기에는 이러한 객관적 과정이 자아 성장 이면에 들어 있는 심리적 활동이라는 의미가 함축되어 있다.

앞서 제시한 주장을 전개하기 전에 인본주의적 자아주의와 과학의 객관적 방식 사이에 존재하는 역설적인 관계를 간략하게 나마 살피는 것이 필요하다고 생각한다. 로저스나 메이 그리고 다른 이들의 주요 주장은 인간을 이해하는 데 객관적 방식이 충분하지 않다는 것이었다. 실존주의자들 역시 심리학은 본질적으로 자연과학이 될 수 없다고 주장했었다. 그런데 심리 치료는 객관성을 요구하며 치료사들에게 성격 테스트의 점수라든가 어떠한 이론의 특정한 예를 증거로 삼아 환자를 이해해야 한다며 반대의 주장을 전개했다. 결국 분석적이고 논리적인 방식으로 환자들을 대해야 한다는 뜻이었다. 하지만 자아주의자들은 이러한 방식이 매우 부적절하다고 생각했으며 동시에 환자와 공감대를 형성하고 비판적이지 않은 태도로 환자를 대하는 치료사의 능력을 매우 강조했다. 객관적 방식에 대한 이러한 인본주의의 비평은 과학적 한계를 잘 보여 주는 대표적 논쟁이다. 이러한 면에서 인본주의는 그 대상이 그리스도인이든 아니든 인간의 본성에 관한 종교적 해석과 의견을 같이할 뿐만 아니라 그러한 해석을 지지하기까지 한다. 이런 면에서는 종교가 인본주의의 덕을 입었다고 말할 수 있지 않을까.

불행한 것은 위와 같은 자아주의자들의 이론적 주장과는 달리 자아주의를 읽고 또 그 영향을 받아 온 수백만 명의 사람들이 실제적으로 경험한 것은 그와 정반대였다는 사실이다. 자아 이론을 통해 자신을 경험하는 동안 사람들은 자신을 다른 대상으로서 인지하기 시작했다는 말이다. 이토록 많은 사람들이 자기를 인식하고 자기에 대해 표현하고 변호할 필요성을 느낀다는 것은 사실 유례없는 일이었다. 그들에게 자아는 자신과 다른 대상이었다. 사람들은 자신의 자아상(像), 자신의 자아실현 그리고 자존감에 대해 끊임없이 이야기했는데 그것은 이전 자신의 사회적 지위나 자신의 차 그리고 자신의 위궤양에 대해 이야기하던 방식과 전혀 다를 바가 없었다.

✶ 신이 된 심리학

자아주의의 입장이 가져온 또 다른 부작용이 있다. (접촉과 감정을 강조했던 인카운터 그룹의 예처럼) 다른 사람들과의 공감대 형성을 지나치게 강조했던 자아주의는 결국 이성과 객관성에 대해 지나친 반감을 불러일으켰다는 것이다. 치료를 위한 비논리적 내용들이 장려되었고 이성은 거절되었으며 심리 치료사들을 훈련하기 위해 이전에 사용되던 적절한 기준들은 하향 조정되었다.[1] 기독교와 유대교의 관점으로는 어리석고 제어가 불가능한 직관이나 반대로 감정이 이입되기 어려울 만큼 지나치게 제어된 이성은 모두 적절한 것이 아니다. 이상의 내용들을 언급했으니 이제 자아주의에 대한 마지막 비평을 시작해 보자.

대상화는 지성적 행동으로, 모든 비평에 있어서 중심이다. 그리고 이러한 대상화는 아직은 분석되지 않은 있는 그대로의 경험을 불러와, 그러한 경험의 출처와 이유를 연구의 대상으로 삼으며 시작하게 된다. 이러한 과정은 말 그대로 **대상**화로서 아직은 자아와 외부 원인이 한데 녹아 있는, 자기가 인식 못하는 경험을 주체와 객체(대상)로 분리해 내는 것을 의미한다. 따라서 대상화를 통해 자아는 주체가 되고 대상은 그 경험의 외부적 원인이 되는 것이다. 이러한 행동은 주체(자아)와 대상 사이에 "거리"를 형성하고, 따라서 대상에 대한 비평이 가능해지는 것이다. 이상의 내용을 공간적 비유를 사용해서 정확히 정의하기는 어렵지만 대략적인 묘사는 다음과 같다. 자기가 인식 못하는 경험은 자아와 대상이 함께 혼합되어 있는 상태다. 따라서 자기 인식적 지식인 대상화는 자아가 대상으로부터 한 발 물러나 비평적 자아를 관찰할 수 있는 거리와 "시점"을 확보하도록 도와준다.

최초의 상태는 순진함이라는 자연적 상태로 유년기나 초기 사회 역사 중 상당 부분이 여기에 해당한다. 자아 이론가들은 대인관계에서 공감을 서로간에 알아가는 원천으로 강조한다. 이것은 이러한 최초의 상태를 대표하는 기술에 대한 그들의 집착을 제한적으로나마 잘 보여 준다. 두 번째 상태는 초기의 순진함을 거부하는 시기, 즉 비평적 거리감이 형성되는 시기다. 새로운 대상들이 연이어 연구되면서 이러한 형성에는 가속이 붙게 마련이다. 개념들의 역사는 여러 가지 면에서 이전에는 분석되지 않았던 경험들을 발견해 가는 과정으로 그러한 역사를 통해 새로운 연구의 대상들이 떠오르기도 한다.

경험을 대상화시키는 과정은 어떠한 사건을 마치 대상인 것처럼 취급하는 것을 의미한다. 인생의 초기, 그러니까 유년 시절 자신의 존재와 그 외의 다른 것들을 구분하기 시작하는 아이들에게서 이러한 대상화는 잘 나타난다. 사실 심리학자들은 이러한 과정을 개성화라고 부르는데 이 개성화를 통해 우리는 (대부분은 다른 사람들인) 바깥 "대상들"로부터의 연속적인 분리를 성공적으로 경험하게 된다는 주장이다. 하지만 인간을 대상, 즉 목적으로만 대하게 된다면 다양한 문제들이 생길 수 있다. 객관적 지식의 발달에는 근본적으로 권력 관계가 포함되어 있기 때문이다. 주체(자아)는 대상에 대해 권력을 갖는다. 심리학에서 객관적 지식이 발달하게 되면 자연스럽게 실험을 하게 되고, 연구 대상자에 대한 실험 진행자의 통제권(다른 말로는 권력)은 점점 증가하게 된다. 그리고 사실 과학의 발달은 연구 대상에 대한 정확한 통제를 보장하는 새로운 기술들이 얼마만큼 빨리 개발되느냐에 달려 있다. 따라서 대상으로서 취급되는 것은 그 대상을 연구하는 주체(자아)의 권력 아래 놓이게 되는 것이다.

> **주체**와 **객체**(대상)라는 용어 자체에 독립적 권력 지수가 포함되어 있다. 문법상 **주체**는 능동적이고 **객체**는 수동적이기 때문이다. (복종시키다로서의 **주체**-subject-의 동사적 의미를 기억해 보라!) 이것은 살아 있는 것과 죽어 있는 것, 생물과 무생물 그리고 주시하는 것과 주시받는 것 사이의 현실적인 분리를 암시하기도 한다.[2]

객관적 지식은 대상에 대한 주체의 통제력에 기초하고, 따라서 주체와 대상 사이의 차이는 권력의 차이이자 도덕의 차이라고 말할 수 있다. 이러한 관계를 잘 보여 주는 표현이 있다. "당신은 마치 제가 무슨 물건(대상)인 것처럼 저를 대하시는군요." 자신을 성적 대상으로만 생각하는 남성에 대한 여성의 이러한 불평은 적절한 것이며 이에 대한 해결책으로 여성과 남성 모두가 물건(대상)으로 취급되는 상호적이고 경쟁적인 권력 싸움을 제안할 수는 없다. 하지만 과학의 "객관적"인 접근은 이러한 방식을 권면한다. 이것이 진리를 발견하기 위한 편향적이지 않고 또 도덕적으로 중립적인 과정이라 주장하면서 말이다.

이러한 편향은 성 교육을 둘러싼 이념적 충돌을 잘 설명해 준다. 성을 생물학적으로만 가르치는 것은 남성과 여성 그리고 성

자체를 대상으로 취급하는 것에 지나지 않는다. 따라서 문제는 성관계에 대한 종교적 이해가 배제되었다는 것만이 아니며, 도덕적으로 치우친 "객관적" 견해가 지배적이라는 것과 사람들과 성 모두가 대상으로 전락했다는 것에 있다. 성 교육 프로그램을 주창하는 사람들의 궁극적인 책략은 사람들이 이러한 편향을 알아채지 못하도록 하는 것이고 그러한 목적을 위해 성 생물학의 "객관적 과학의" 본질만을 끊임없이 반복해서 언급하고 있는 것이다. 하지만 이러한 편향이 드러나 자신의 입장을 분명히 밝혀야 할 경우 그들은 쉬이 말꼬리를 감춘다.

대상의 복수

자아가 더욱더 많은 대상들을 대상화시켜 가면서 그 대상들은 자아의 통제권 아래로 들어오게 되고 또한 자아가 그렇게 얻게 된 권력은 그 자아의 성장이나 개성화의 원동력이 된다. 이것은 자기실현의 과정으로 처음에는 자아가 인식하지 못하는 상태에서 자아와 한데 섞여 있지만, 자아가 실현되면서 "바깥"이라는 환경이 된 장소나 사람들 그리고 관습과 같은 대상들로부터 더욱더 자유롭고 독립적인 존재가 되는 것이다.

오늘날 너무나도 일반적인 이러한 객관적 견해의 결과물 가운데 하나를 한스 요나스는 다음과 같이 설명했다.

현대 이론은 인간보다 못한 대상들을 상대한다. 흔한 별들은 인간보다 못한 존재다…[그 대상이 인간인 인문 과학에서조차] 그것의 대상 또한 "인간보다 못한 존재로" 취급된다… 인간에 대한 과학적 이론이 가능하려면 인간은 물론 인간의 가치 평가까지 모든 것은 인과법칙으로 결정되는 자연의 예나 일부로서만 다루어져야 한다. 그리고 과학자는 인간을 그러한 존재로 받아들인다. 하지만 정작 자기 자신은 예외이며 그 자신은 연구에 대한 자유와 논리와 증거 그리고 진리에 대해 열린 마음을 가정하고 실행한다. 아는 자로서의 인간은 자기 자신보다 못한 존재로서의 인간을 이해하고 또 그러한 과정을 통해 인간보다 못한 인간에 대한 지식을 획득하는데, 이것은 모든 과학적 이론이 아는 자로서의 인간보다 못한 것들을 그 대상으로 삼기 때문이다. 이러한 전제 조건 때문에 인간은 "이론," 즉 통제와 이용의 대상이 된다. 따라서 이들의 말을 따르자면—구체화된 인간인—인문 과학이 설명하는 인간보다 못한 인간은 통제되고 (심지어는 그러한 목적으로 만들어졌다고 할 수도 있으며) 따라서 이용될 수 있다.[3]

이러한 성장의 대가는 크며 더 이상 그러한 대가를 치르기 어려운 순간이 곧 찾아오게 된다. 만일 주체가 주인이고 객체(대상)가 노예라면 결국은 헤겔 철학의 설명대로 "대상의 복수"가 일어날 것이기 때문이다. 그리고 그 승리자는 바로 대상인데 이것은 대상이 주체를 자신과 같은 분류로 전락시키면서 가능해진다. 다시 요나스의 설명이다.

인간보다 못한 것을 이용하는 것은 그보다 못한 것만을 위해 이용될 뿐, 그보다 나은 것을 위해서는 이용될 수 없다. 이러한 원리는 그것의 이용자에게도 동일하게 적용된다. 만일 그러한 이용이 포괄적인 것이라면 아는 자이자 이용자인 자신도 그러한 이용을 통해 결국 인간보다 못한 존재로 분류되는 것을 피할 수 없게 된다…결국 조종자 또한 타인을 조종하기 위해 만든 자신의 이론을 통해 자신을 볼 수밖에 없다. 화려한 권력을 뒤안으로 인간보다 못한 인간에 자신 또한 포함된다는 사실을 깨닫게 될 때 그의 최선은 자기 연민과 자기 경멸로부터 올라오는 다음의 사실을 인정할 뿐이다. 우리는 모두는 꼭두각시며 있는 그대로 존재할 뿐이다.[4]

주인을 정의하는 것이 노예고, 주체를 정의하는 것은 객체 그리고 심리학자를 정의하는 것은 그의 쥐나 비둘기 혹은 고양이들이다.[5]

실존주의적 자기애의 딜레마

동시에 일어날 수 있는 또 다른 복수는 대상화된 타인들로부터의 심각한 거리와 결과적으로 따라오게 되는 소외감이다. 그리고 자연적으로 이러한 거리는 친밀함과 사랑에 대한 강렬한 필요성을 창조하게 되어 있다. 스스로 거리를 두고 제어하게 된 대상들이 자동차나 컴퓨터라면 문제될 것이 없다. 하지만 배우자나 부모, 형제, 연인이―결국은 거의 모든 사람들―그 대상들이라면 상황은 심각해진다.

이러한 상황에 대한 놀랍고 또 애처로운 반응들은 수백 명의 젊은 대학생들을 대상으로 한 정신분석 검진서, 허버트 헨딘의 『감각의 세대(*The Age of Sensation*)』에 잘 나타나 있다. 이곳에서 묘사된 학생들은 콜롬비아 대학과 바나드 대학의 학생들로 미국을 대표하는 실험 대상으로 보기는 어려운데 그 이유는 이들이 미국 주요 지역의 출신들로 지성적이며 또한 상위 중산 계급에 속해 있기 때문이다. 또한 이 책을 통틀어 어느 학생에 대해서도 종교에 관련한 이야기는 전혀 언급되고 있지 않다. 언급된 학생들과 그들의 가족들 모두 종교적 가치들을 떠나 살고 있는 것이다. 따라서 이곳에 묘사된 학생들은 완벽히 인본주의적 가치와 자아 심리학으로 길러진 세대를 대표하는 좋은 예가 될 것이다.

헨딘은 이러한 세대를 "해방과 분리, 분열 그리고 감정의 마비를 열정적으로 좇는 세대"라 정의하면서 시작한다.

> 내가 본 학생들은 과거 많은 탈출구들을 시도했었다. 이 중 가장 많이 시도된 두 개의 탈출구는 서로 반대의 방향에 있다. 하나는 무감각과 제한적이고 통제된 경험을 향하고 있고, 또 다른 하나는 충동적 행동과 감각적 흥분을 향해 있다. 때로는 한 사람에게서 두 가지의 모습이 모두 나타나기도 한다. 행동하되 느끼지 않고 감각적으로 경험하되 감정적으로 엮이지는 않으려는 이러한 바람은 자신의 감정을 알거나 인식하고 싶어 하지 않는 이들의 절실함을 잘 반영해 준다.[6)]

헨딘은 이어 그들의 철저한 자아주의적 동기에 관해 다음과 같이 설명한다.

> 이러한 문화는 이기심과 자기중심으로 특징 지을 수 있는데, 이러한 특징은 모든 관계를 다음과 같은 질문으로 함축시킨다. 이 관계를 통해 내가 얻을 수 있는 것이 무엇일까?…자기 확대에 대한 사회적인 집착은 많은 젊은이들이 그들의 모든 관계를 득점이나 실점으로만 판단하도록 종용하고 있다.
> 우리 사회에서 누군가를 깊이 사랑하는 것은 실점으로 계산이 된다. 여성은 남성의 요구들이 유치하다 치부하며 남성은 여성에게 조금이라도 덜 베풀려고 고군분투한다.[7]

이러한 감정적 환경 속에서 낭만적이고 이상적인 이성의 관계는 매우 드물다. 그리고 이렇게 이성간의 거리가 점점 더 멀어지는 반면 동성애는 더 늘어나는 결과가 나타나기도 한다.[8]

여대생 가운데 한 명의 가족에 대한 헨딘의 묘사는 자아주의 모델의 완벽한 예가 된다.

> 그 학생은 자신의 부모를 "캠프를 가면 만나게 되는 상담 교사"에 비교한다. 그녀는 부모를 "즐거움을 사랑하는 좋으신 분들"이라고 묘사했다. 그녀는 또한 자신은 캠프를 싫어했지만 상담 교사들 중 일부는 좋아"했던 것 같다"고 덧붙이기도 했다. "제 부모님은 일요일이면 온 식구들이 무언가를 꼭 함께해야만 한다고 생각하지는 않으

셨어요. 각자 자기가 원하는 것을 하는 것이 더 좋은 거라고, 그래야 가족들이 잘 어울려 지낼 수 있다고요. 가족들이 같은 시간 하고 싶은 일이 같아서 함께 무언가를 한다면 물론 그것은 좋지요. 하지만 만일 동물원에 모두가 다 같이 가야만 하는 상황이 된다면 아마 두 분은 서로를 잡아먹으려 하셨을 거예요. 늘 함께 무언가를 해야 한다고 느끼는 부모님들보다는 낫지 않나요? 그리고 제 부모님은 자녀를 위해 부모가 희생해야 한다고도 생각하지 않으셨어요. 그건 저도 그렇게 생각하고요."[9]

문화적 가치의 영향을 상당히 받아서 지극히 자아주의적인 이러한 가족은 더 이상 바깥세상으로부터의 피난처가 되어 주지 못한다. 대신 자기 확대와 착취 그리고 자극의 중심지로 남게 될 뿐이다.

헨딘은 자아주의에 관한 임상적 비평을 제공하곤 했는데, 다음은 앞서 제시된 내용에 연관된 비평이다.

자신의 감정과의 접촉이 끊어진 사람들은 인생을 역할 연기로 해석하려는 이념에 강하게 끌리기 마련이다. 역할 연기(교류 분석)는 심지어 사람들에 대한 자신의 감정을 고려하지 않은 상태에서 그들을 어떻게 다루어야 할지 가르쳐 주는 모형을 제공하기까지 한다… 역할 연기는 승리와 통제에 대해 우리가 가지는 관심의 풍자가 아닐까.[10]

이러한 강조의 결과는 이것이다.

> 사회는 아이들과 가족의 가치를 절하하고 따라서 우울증을 조장하고 있다. 개인의 만족과 모든 관계들로부터의 즉각적이고 현실적인 이득에 대한 강조는 부모들로부터 어린 자녀들에게 자신을 희생하고 또 그들의 요구를 인내할 만한 의지를 빼앗아 가고 있다.[11]

헨딘의 묘사는 자아주의의 끝이 무엇인지를 정확하게 보여준다. 주체로서의 자아는 자신을 주체로서 더욱 견고히 세우기 위해 다른 것들-대상들-에 대한 통제권을 얻으려 더욱 열심을 내게 될 것이다. 더욱더 많은 사람들이 자신의 "부활한 의식(意識)"을 소유하고, 또한 대상으로서의 자신을 "벗어나" 주체적인 역할을 해 나갈수록 경쟁 역시 치열해지기 마련이다. 인생은 승리와 패배, 아니면 가해자와 피해자 두 가지의 상태만이 존재하는 게임이다. 또한 주체라는 새로운 역할은 과거에 착취되었던 자신의 자아에 대한 끔찍한 기억을 불러일으킨다. 이런 일이 다시 일어날 수도 있다는 두려움과 더불어 위와 같은 사실은 각 사람에게 지배적 주체가 될 더욱 큰 동기를 부여해 준다. 그러한 관점에서 개인적으로 친밀한 관계는 매우 위험한 것이 된다. 사랑에 대한 필요와 같은 자신의 약점을 다른 사람들에게 보인다면 그들은 당신의 목숨을 위협해 올 것이다. 반대로 아무런 감정이 없는 기계와 같은 상태를 추구하거나 또한 직업이 마치 자기 자신인 것처럼 착각하기 시작한다면 당신은 외톨이가 되어 친밀함과 사랑에 굶주리게 될 것이다. 성적이고 감각적인 경험을 좇아 그러한 경험이 자신에게 유익한 일종의 득점인 것처럼 스스로를 위로한다면 그도 잠시뿐 죽은 것과 다를 바 없던 외로운 삶은 다시 당신을 흔들어 깨울 것이다.

    이러한 이중적 구속의 "안전한" 대안은 자신을 향한 사랑뿐이다. 그리고 누구도 이러한 함정을 피해 갈 수 없는데 그 이유는 이러한 대안이 실존적이고 자유로운 자아를 개발하겠다는 목표와 함께 부지런히 자기실현의 논리를 좇아 움직이기 때문이다. 우리는 이러한 현상을 "실존주의적 자기애"라 부른다. 물론 자기애는 유년 시절이 불안정했다던가 아니면 부모의 지나친 과잉보호 속에서 자라온 아이들의 경우와 같이 정신적인 결과로 나타나기도 하지만, 이러한 실존주의적 자기애는 성인들이 스스로 선택한 삶의 양식에 대한 결과라고 볼 수 있다. 그리고 그것의 결과는 자아의 심리적인 죽음으로 육체적인 죽음까지 포함하는 경우도 있다. 죽음은 (섹스나 폭력, 혹은 약물과 같이) 감각에 지나치게 집착하는 경우나 자아가 자신을 다른 모든 것에서 분리해 자신을 혼자만의 세상 속으로 계속해 밀어넣는 경우 일어난다. 후자의 경우는 자신의 직업이 마치 자신인 것처럼 착각하는 차갑고 계획적이며 (암페타민과 같은) 각성제를 의지하기도 하는 사람들에게 주로 일어난다. 두 가지 경우의 공통점은 사랑에 대한 자신의 필요를 억누르기 위해 자아가 스스로를 엄격히 제한한다는 것이다.

자아로부터의 탈출

1단계: (경험 이전의) 원래의 자아 혹은 대상으로서의 자아

앞서 언급되었듯이 아직 자아를 인식하지 못한 경험 이전의 상태에서 자아와 대상은 한데 섞여 있고 이러한 상태를 가장 잘 보여 주는 예는 바로 어린아이들이다. 하지만 이러한 상태는 자연스럽게 사라져 가기 마련이다. 그 이유는 대상화의 원리가 인간에게는 본질적인 것으로서 인간이 더욱 많은 것을 경험하게 될수록 그러한 경험들을 서로 비교 반추하며 성장해 가기 때문이다. 어린아이는 자신과 자신을 둘러싼 대상들과 다른 사람들과의 실제적인 경계를 구분하는 법을 배우게 된다. 로저스나 프롬은 환자나 사랑하는 사람들과의 공감이나 동일시를 강조했는데, 그것은 이러한 1단계적인 지식을 상기시키기 위해서였다. 이것은 물론 적절하지만 제한적인 기술이다. 이러한 기술은 이성에 대한 과잉반응의 일부로 약물이나 섹스 혹은 폭력과 같은 감각을 추구하는 것으로 쉽게 전락할 수 있기 때문이다.

2단계: 자아주의적 자아 혹은 주체로서의 자아

자아를 다른 것들에서 분리해 내는 과정—대상화—은 어떤 사람이 사회적 관습이나 가치, 신념, 다른 사람들의 인격적인 특성을 포함한다. 그리고 마침내는 자신을 대상화시키기까지 새로운 경험을 계속해 나가면서 이어진다. 더욱더 많은 수의 경험을 대상화된 지식으로 바꾸어 가는 이러한 활동은 자아가 그 대상을 통제할 수 있도록 하는 권력을 창출해 준다. 그리고 이러한 권력을 사용해 자아주의적인 자아는 성장과 확장을 계속해 가는 것이다. 권력을 위한 자아의 이러한 의지적 결정을 우리는 악마와의 거래, 혹은 "영혼을 파는" 거래라 부르는데 현대인들의 오만이 바로 여기에 있다. 이러한 "거래"의 대가는 대상화된 타인들로부터의 대대적인 분리와 현대의 문학이나 영화 등에 심심찮게 등장하는 외로움이다. 사실 이 외로움은 우리 사회를 대표하는 특징이기도 하다. 객관적 과학은 물론 이러한 생각의 의식적이고 문화적인 주된 표현 방식이다.

자아와 대상화의 원리 자체가 대상으로 보이게 되는 순간 2단계는 끝이 난다. 그리고 이때 주체로서의 자아나 객관적이라던 과정에 대한 의심이 시작된다. 진정한 자아를 향한 추구가 그 진정성을 잃어버리게 된다는 말이다. 그리고 이러한 의심은 이미 서구 사회로 뻗어가기 시작했다. 아직은 완전한 모양이 아니더라도 이러한 의심은 과학과 기술, 사업 그리고 정부(대상화는 물론 그것에 기초한 모든 체계들까지)를 대상으로 나타나고 있다. 또한 자아에 대한 의심도 마찬가지인데 이러한 의심은 현대적 자아의 상실과 약물이나 신비한 경험의 추구와 함께 뉴에이지 영성에 대한 대대적인 환영을 통해 잘 볼 수 있다.

르네상스 이후 서구 사회의 기초가 되어 온 이러한 정신에 대한 의심의 징후들은 어찌나 다양하고 또 논리상 자연스러운지 그러한 징후들이 현대 사상의 일시적 변형일 뿐이라 단순히 치부하기는 사실 어렵다. 그러한 의심의 징후들은 현대라는 세대가 몰락하기 시작했다는 신호탄이 분명하다.

3단계: 초월적인 자아 혹은 하나님의 대상으로서의 자아

앞선 딜레마의 해결책은 심리학이 아니라 종교에 있으며 나는 기독교적으로 그 내용을 설명할 생각이다. 매우 간단히 말해 유일한 해결책은 자신을 잃어버리는 것, 자신을 놓아 주는 것, 다시 한 번 스스로 대상이 되고자 하는 의지에 있다. (아주 짧은 시간을 벗어나서는 지속되기 불가능한) 인생의 흐름에 아무런 생각 없이 뒤섞여 있는 대상이나 혹은 주체로서 행동하는 다른 자아들의 지배를 받는 대상이 아니라 하나님을 사랑하고 섬기는 대상을 말하는 것이다.

이것을 위해 우리는 내면으로부터 올라오는 세속적 경향인 자아주의적 자아와 지배하려는 의지를 내려놓아야만 한다. 내려놓는다는 것은 쉽지 않은 일이지만 우리에겐 꼭 필요한 일이다. 마음과 의지를 준비하라. 하나님의 사랑과 의지에 대한 초월적 인식은 하나님의 은혜로서 가능할 것이다.

세 번째 단계로의 이동은 완벽할 수도 또 완성될 수도 없다. 그리고 이러한 이동이 나타나는 모양들 역시 매우 다양하다. 어떤 이들에게 이러한 변화는 성 바울의 회심과 같이 갑작스럽고 대단히 감정적이다. 반면 성 버나드나 성 테레사의 경우처럼 고군분투의 과정이나 신비로운 삶이 지속되는 경험으로 나타날 수도 있다. 또 다른 이들에게는 신의 섭리라는 인도하심이 산발적으로 느껴지는 느릿한 과정일 수도 있다. 하지만 모든 경우에서 이성은 중요하고 필수적인 역할을 하고 있다. 사실 감정은 왜곡되기 쉽고 모호하며 또 식어 버릴 수도 있기 때문이다. 또한 기도의 역할도 필수적이다. 변화의 과정이 얼마나 길고 짧은지에 상관없이 우리는 이러한 과정을 거듭남이라 부를 수 있을 것이다.

이 단계 앞에 놓인 장애물을 제거하고 이 세 번째의 단계로 들어갈 수 있도록 도울 만한 조건은 기독교 영성의 심리학이라는 이름으로 충분히 연구할 만한 가치가 있을 것이다. (어떠한 현대적 형태로든 이러한 연구는 이제껏 존재하지 않았다.) 이러한 초월적 상태로 들어가는 데 있어서 지식이 유용한 역할을 하겠지만, 주된 장애물은 지식의 부족때문이라기보다 권력에 대한 자아의 의지가 아직 살아 있기 때문이다. 바로 이러한 이유 때문에 신약 성경은 독립적이고 반항적이며 자유롭고 또 스스로가 창조하는 자아라는 심리학에 상반되는 동기와 비유를 그렇게도 강조하는 것이다.

> 이르시되 진실로 너희에게 이르노니 너희가 돌이켜 어린아이들과 같이 되지 아니하면 결단코 천국에 들어가지 못하리라 그러므로 누구든지 이 어린 아이와 같이 자기를 낮추는 사람이 천국에서 큰 자니라(마 18:3-4, 개역개정).

이러한 중요성은 계속해서 반복되는데 그리스도인들이 하나님의 종으로 부름받았다는 사실과 주님이 우리의 목자가 되신다는 사실이 바로 그 예다.

사실 세 번째 단계는 첫 번째 단계와 상당 부분 닮아 있다. 이것이 폴 리쾨르의 표현대로 우리가 왜 세 번째 단계를 "제2의 순진함"으로 생각할 수 있는지 알 수 있는 이유다.[12]

세 번째 단계에 도달하기는 굉장히 어려운 일이다. 하지만 이러한 과정을 더욱 어렵게 만드는 것은 자유로운 자아, 실현된 자아, 결단력 있는 자아, 자신을 인식하는 자아, 창조적인 자아 따라서 별로 아쉬울 것 없는 자아들에 대한 이야기로 넘쳐나는 강단들이다.

결론으로 나는 개인적 언급을 덧붙이고 싶다. 개인적으로 대하기에 가장 어려운 상대는 바로 이미 언급했던 "나의 자아를 위협하는" 생각들이다. 자아 이론을 이미 거절했다지만 여전히 많은 부분에서 나는 그 이론의 영향을 받고 있기 때문이다. 그중에서도 특별히 어려운 것은 회개나 겸손, 내가 하나님을 의지하고 그분의 도움을 구해야만 한다는 사실이다. 마음으로야 이러한 것들이 선할 뿐 아니라 사실이며 나의 영적인 생명을 위해 꼭 필요하다는 사실을 잘 안다. 또한 나의 교만에 재갈을 물리고 그것을 제거하기 위해 꼭 필요하다는 사실도. 하지만 여전히 힘세고 단단한 나의 자아는 나 자신이 "끔찍한 죄인"이라는 사실에 난색을 보이며 그것을 거부하려 한다. 또한 회개가 정말 필요한 것일지 의아해하고 나 자신을 양이나 어린아이, 순종적인 종으로 비유하는 표현들에 신경을 곤두세우기도 한다. 심판의 개념 또한 어색하기는 마찬가지다.

들을 준비가 되어 있지 않은 사람들이라면 이러한 표현에 즉각적으로 등을 돌리려 할 거라는 사실을 나는 잘 알고 있다. 이러한 개념들에 대한 외침이 사라진 지 이미 오래지만 이러한 개념들에 대해서는 지금 재교육이 절실히 필요하다. 정통 신학의 개정판이 필요하다는 말이다. 우리에게 필요한 설교의 내용은 완전한 복종, 자신의 의지를 내려놓는 것의 신비로움, (주님을) 의지하는 것의 아름다움 그리고 어떻게 겸손을 찾을 수 있는지에 관한 것들이다. 성경은 부자가 천국에 들어가는 것이 어렵다고 이야기한다. 하지만 천국의 문은 박사학위를 가진 사람에게 더 좁지 않을까 나는 생각한다. 박사들의 문제는-의사들이나 변호사들 그리고 모든 종류의 전문인들을 포함하여-교만과 자기 의지다. 듣기 싫어도 상관없다. 천국에 들어갈 확률을 높여 줄 이야기라면 우리는 귀를 기울여야만 한다.

13 기독교의 새로운 미래?

현대 영웅들의 종말

현대 사회에 대한 환멸은 익숙할 뿐만 아니라 편만한 감정이다. 이러한 환멸을 느끼는 가장 큰 이유는 세속의 영웅들이 자신의 본질적 가치를 충분히 증명해 내지 못했기 때문이다. 현대인에게 영웅이라는 의미가 사라진 지 오래다. 영웅은 죽었고 반(反)영웅 또한 그 자리를 잃었다. (상황은 여성 영웅들에게도 마찬가지다.) 위대한 혁명가들은 정치라는 극장의 단역배우로 전락했으며, 공산주의의 영웅이라면… 카스트로 정도랄까? 사회주의적 이상 또한 이제는 따분한 것으로 치부될 뿐이다. 전통적인 정치는 미디어가 조종하는 쇼로 전락해 버려서, 그 본질은 온데간데없이 사라지고 없으며 그 쇼를 지켜보는 관객들은 시답잖은 감정에 지루해 하는 실정이다. 스포츠 영웅이라면 좋게 말하자면 상업적 스타지만, 보다 솔직히 말하자면 부의 축재자 정도로 표현할 수 있을 것이다. "영웅"이라 인정하기 어려운 평범한 사람들에게 엄청난 부가 주어지는 것이 바로 오늘의 현실이다. 육체적 모험이나 탐험은 요트를 타고 대서양을 건너는 것이라든가 산을 거꾸로 오르는 것과 같은 자기 인식적이고 인위적으로 만들어진 도전들에 이미 오래전 그 자리를 내어주었다. 군사적 이상 또한, 현대의 전쟁이 비인간적이고 섬뜩한 파괴를 일삼으면서 인간의 기상과 용기의 표현이자 영웅적 행위로 인식되던 이전의 전쟁들과는 매우 다른 모습을 띠고 있다. 영웅으로 인식되던 과학자들의 상황 역시 다르지 않다. 오늘날 과학자들은 정부의 지원으로 운영되는 기관의 연구원이자, 종종 국제 협회에 초청되며 취재진에 늘 둘러싸여 있는 관료적 기업의 냉정하지만 유능한 행정가 정도로만 인식될 뿐이다. 또한 반영웅적 과학자들의 역할이 점점 커지는 것도 문제인데, 그들의 역할이라는 것이 주로 누가 무엇을 먼저 개발했는지에 대한 법정 싸움이나 연구 결과의 위조, 혹은 유전자 공학의 실재나 정신의 통제에 관련한 문제를 우리에게 강요하는 것이기 때문이다.

따라서 수백만 명의 사람들은 직업이라는 개인적 통로를 통해 영웅의 의미를 되찾으려 하지만 이러한 시도는 그들을 다시 위기에 빠뜨릴 뿐이다. 사람들은 다양한 모양의 쾌락이라는 달콤한 보상을 가져다 줄 강한 의지적 성취를 꿈꾸고 있다. 직장에서는 냉정한 실존주의를, 그 외의 영역에서는 향락적 소비주의를 추구한다는 말이다. 성공적인 경력 관리에 담긴 이러한 이중적 의미는 감각적이고 때로는 퇴폐적이기까지 한 쾌락과 어울려 「코스모폴리탄(Cosmopolitan)」과 같은 여성 잡지들의 중심 내용을 이룬다. 이러한 잡지들의 광고나 기사들은 직업과 소비주의를 의존하는 현대 사회 가치와 그것의 전략들을 잘 보여 준다. 다국적 기업들이나 정부 기관들이 필요로 하는 사람들은 열심히 일하는 전문인들로서 어디에도 매이지 않고 어느 부서에서든 능력을 발휘할 뿐 아니라 자신의 수입을 소비 경제를 원활히 하는 데에 쏟아 부어 줄 사람들이다.

쾌락주의자가 추구하는 쾌락이 더 높은 의미를 향한 통로가 될 수 없다는 사실은 곧 분명해지기 마련이다. 이러한 "추구"가 "영웅적"이라고 스스로를 속일 수 있는 것은 길어야 한 세대 정도가 아닐까. 쾌락의 진부함을 오랜 시간 감추는 것은 불가능하다는 말이다. 베커는 그것을 이렇게 표현했다.

> 대부분의 사람들에게 쾌락은 영웅이 될 수 없다. 고대 이교도들은 이러한 사실을 깨닫지 못해 유대 기독교의 "비루한" 교의를 받아들이기를 거절했다. 현대인들 역시 그것을 깨닫지 못하고 따라서 자신의 영혼을 소비 자본주의에 팔아넘기거나…아니면—랭크의 표현대로—심리학과 맞바꾸고 있는 것이다. 오늘날 심리 치료가 계속 성장해 가는 이유는, 사람들이 쾌락 속에서도 자신이 왜 행복하지 않은지 알고 싶어 하고 또한 자신 안에서 그 잘못을 찾으려 하기 때문이다.[1]

직업 지상주의의 실패

직업의 이상은 저물기 시작했다. 많은 수의 직업은 이제 포화 상태다. 더 이상의 변호사들이 정말로 필요한지 의심이 갈 정도다. (이것은 여성 변호사들도 마찬가지다.) 직업에 대한 자신의 태도를 유지하기 위해서는 자기애적 집중이 필요하고 이것은 사회적 소외감을 불러일으킨다. 자기 자신과 자신의 개인적인 목표에 지나치게 집중하는 사람들은 대부분 결혼생활이나 가족, 또 친구들과의 관계를 희생하기 때문이다. 직업적인 성공을 얻는다 해도 이러한 사회적인 소외감은 기존의 만족을 빼앗아가 버린다. 따라서 40세가 되어 바라보는 직업의 세계는 꽤나 황량할 수밖에 없다.

직업 지상주의가 실패한 또 다른 원인은 더 높은 이상들, 즉 직업을 지지해 주는 이상들이 모두 사라졌다는 데에 있다. 자아주의적 가치들의 중심지인 대학은 학교의 문을 닫지 않으려면 학생들이 필요하다는 실질적인 이유를 내세워 직업주의를 비현실적으로까지 장려해 왔다. 또한 대학은 다른 모든 이상들까지 비난하면서, 캠퍼스에서 제거해 버리기도 했다. 그리고 다원론적 상대주의를 강요하는 교수들은 이전에 당연한 것으로 인식되었던 이상주의를 파괴했다. 결과적으로 직업에 대한 낭만은 (교육에 관련한 직업들의 경우에는) 진리, (법의 경우에는) 정의, (군대의 경우에는) 애국심, (의료의 경우에는) 생명과 같은 이상들의 지지를 전혀 받지 못한 채 단순한 생존 수단으로만 전락해 버린 것이다. 벨라와 그의 동료는 이러한 현실에 대해 다음과 같이 언급했다. "소명감의 부재는 도덕적 의미의 부재를 뜻한다."[2]

직업 지상주의의 몰락에는 지난 30년 동안 성공에 대해 비현실적으로 높은 기대를 품어 온 수많은 젊은이들 탓도 있었다. 사실 이것은 모든 사람이 "이 세상에서 가장 중요한 사람"일 경우 당연히 나타날 수 있는 부작용이었다. 게다가 미국의 경제 성장의 속도는 점점 감소해 갔다. 그 속도가 제2차 세계대전 이후의 성장 속도에까지 다시 차고 올라갈 수 있을지는 미지수다. 따라서 앞으로 다가올 경제 문제들은 앞서 제기한 문제를 더욱 악화시키게 될 것이다. 게다가 오늘날 직업 대부분이 대규모이며 관료적인 조직에서 온다는 사실도 이유가 된다. 그러한 조직은 발전의 기회는 제한하고 효과적이고 만족스런 행동은 파괴할 수밖에 없는 체계로 운영되기 때문이다. 또한 이러한 체계는 별다른 죄책감이 없이 직원들을 해고할 뿐만 아니라 직업 공동체라는 개념을 지지하지도 않는다.

직업을 선택하는 데 있어 자신이 정말 그러한 직업을 "열망"하는지는 그렇게 중요하지 않다. 다만 그것이 자신이 해야 할 일이라고 생각하고, 많은 사람들은 자신의 직업을 선택하고 있다. 심지어는 그 직업과 관련된 일련의 활동에 전혀 관심이 없는 사람들도 있다. 그러한 사람들에게 직업이 요구하는 특정한 희생들은 무의미하기 마련이다.[3]

마지막이자 가장 중요한 이유는 직업이 자신에게 지워진 거대한 심리적 부담을 지고 가기에는 본질적으로 너무나도 영향력이 미미하다는 점이다. 앞서 언급되었듯 직업적으로 성공을 거두는 사람들의 수도 물론 적지만 그 적은 수의 사람들 가운데 또 지극히 소수만이 참된 만족을 경험한다. 대부분의 사람들이 자신의 삶을 슬프고 공허하다고 느낀다는 말이다. 임종의 자리에서 "사무

실에서 좀 더 많은 시간을 보냈어야 했는데!"라고 말하는 사람은 없다.

특정주의의 유혹

"포스트모더니즘"은 대체로 "반(反)현대주의"와 그 의미를 같이한다. 따라서 포스트모더니즘은 과학과 이성, 도시, 기업, 국가, 거대한 크기의 모든 것 그리고 세속적인 것을 반대하는 것이라 정의할 수 있다.

따라서 우리 사회는 이미 현대적 세속주의와 세속적 자아를 벗어 버리고 새로운 이상들과 영웅들에 눈을 돌리기 시작했다고 말할 수 있다. 불행한 일은 이 새로운 영웅들이 본질상 더더욱 특정적인 것들이라는 사실이다. 현대 관료주의를 통해 이미 한 번 통합되었던 인종과 민족 그리고 종교적 정체성이 요즈음은 특정주의를 통해 재발견되고 있다. (여러 다양한 요소들이 한데 녹아 동화된 나라로 인식되었던 "미국"이 원래 그다지 다르지 않은 것들의 집합에 불과했다는 해석이다.) 동부 유럽의 대부분은 인종과 종교로 인해 다시 한 번 분리를 경험하고 있다. 또한 인도는 내부의 종교 분쟁으로 고통을 받고 있으며 이탈리아와 캐나다 역시 분쟁을 향해 달려가고 있는 추세다. 분리주의 운동이 지구촌 곳곳에서 각광받고 있다. 따라서 무엇이 우리 미국을 하나로 묶어 줄지에 대해 사회와 정치 무대의 많은 사람들의 시선이 집중되어 있다.

이제까지 많은 사람들은 미국의 주요 텔레비전 방송망이 고작 세 개뿐이라는 사실에 불만을 토로해 왔다. 하지만 적어도 제한된 수의 채널을 시청해 온 수백만 명의 미국인들은 하나의 공동체였다. 앞으로는 수백 개의 다양한 채널이 생겨날 것이고 이러한 광범위한 선택권이 불러올 분리에 대한 잠재력은 그야말로 거대하다 말할 수 있다. 아마도 그동안 우리가 하나일 수 있었던 것은 소련과 사회주의에 대한 공포 때문이었을지도 모른다. 어찌되었건 심각한 외부의 위협이 사라진다면 새로운 내부적 갈등이 분명 그 자리를 대신하게 될 것이다.

이러한 특정주의라는 위기 속에서 인본주의적 심리학은 어디에도 쓸모가 없다.[4] 결국 인본주의 심리학의 기초는 도덕적 상대주의에 있고, 그것은 각 사람이 자신의 주권자라 주장하기 때문이다. 자기실현에서 가치 명료화에 이르기까지 현대 세속주의와 인본주의적 사회가 주창하는 상대주의의 당연한 이성적 결과는 사회적 혼란일 뿐이다. 당신 자신의 가치를 선택하라. 자신의 기쁨을 추구하라. 다른 사람을 염두에 두지 말라. 다른 사람 누구도 자신의 가치를 당신에게 지우지 못하게 하라!

관용과 다원주의에 깊이 빠진 대학들은 지성적, 도덕적 허무주의를 열정적으로 지지해 왔다. 해체주의자들은 어떠한 글에도 정해진 의미는 들어 있지 않고 모든 해석은 보는 사람에게 달려 있을 뿐이라 주장했다. 따라서 개인의 도덕적 상대주의를 가장 높은 지성적 수준으로 인정해야 한다는 의미였다. 어린이들을 위한 가치 명료화가 대학원생들에게는 바로 해체주의였다. 그러한 와

중에 여성인권주의자들과 동성애 지지자들을 비롯해 다른 소수 그룹들은 모든 진리(특별히 그중에서도 도덕)가 이데올로기적이라고 이야기하고 있다. 현재 이러한 지성적, 학구적 혼란은 대학 캠퍼스들을 장악한 상태이며, 또한 그들의 특정주의는 이미 사회로 확장되기 시작했다. 기본적 가치들에서 과학적 지식에 이르기까지 모든 것에 대해 오랜 시간 이어져 온 세속적 공격이 대대적인 문화의 곤경을 불러일으켰다는 사실은 분명해졌다. 현재 이러한 사회적 모순에 대한 해답은 없으며 붕괴와 내부적 갈등만이 우리를 기다리고 있는 듯 보인다.

우리에게 주어진 기회

최근 주요한 사회적 변화들이 우리에게 남긴 선택은 간략히 말해 두 가지다. 첫째는 현대 세속적 가치들과, 예를 들어 정부나 관료주의, 대기업, 대학과 같이 그 가치들을 구현하는 제도들과 우리가 계속해서 함께 사는 것이다. 하지만 이미 살펴보았듯이 세속적 이상은 기독교에 적대적이며 또한 이것은 분리된 세속적 자아를 강조해서 우리 시대의 도덕적 위기를 불러온 장본인이기도 하다. 게다가 하나로 균일화된 세속적 이상은 심리적으로 너무 지루하고 심지어는 불쾌하기까지 한 탓에 더 이상 이것에 열정적으로 반응하기는 어려운 것이 사실이다.

이것의 대안이라면 특정적인 이상이다. 인종이나 종교 혹은 민족적인 정체정은 추구할 만한 가치가 있는 의미를 제공해 주기 때문이다. 하지만 그러한 것을 추구한 대가는 크다. 그 이유는 특정주의가 분리주의를 요구하기 때문이다. 그들은 이것과 저것을 구분하는 것에 집중한다. 인종차별주의자나 광신적 애국주의자, 혹은 외국인 기피자들을 상상해 보라. 보다 많은 사람들이 특정성을 잃어 가는 "평범한 미국인"에 대해 물려 한다는 사실을 감안할 때, 특정주의의 매력은 어찌 보면 당연한 것이다. 하지만 특정주의자들의 논리는 심각한 사회적 충돌로 끝날 수밖에 없다.

이러한 딜레마에 해답을 제공해 줄 기회가 바로 기독교에 주어졌다. 결국 복음은 모든 사람들이 한 가족이라고 강조하지 않는가. 우리는 모두 하나님의 자녀들이다. 또한 거의 모든 민족과 나라들 가운데에는 상당수의 그리스도인들이 있다. 기독교는 너무나 보편성을 강조하는 나머지, 많은 이들이 세속적 인본주의에서 강조하고 있는 내용의 공을 그것의 출발점이기도 한 기독교 문화로 돌리기까지 한다. 우리는 모두 같은 가족의 일원일 뿐만 아니라 모두가 죄인이며 또한 모두가 우리의 원수를 향한 용서와 영원한 생명으로 부름받았다.

하지만 이러한 보편적 강조에도 불구하고 기독교는 문화적 특정성으로 세계 여러 나라들에서 그 자리를 잡았다. 오스트리아나 중국, 아일랜드, 한국, 멕시코, 나이지리아, 러시아, 잔지바르를 비롯하여 다른 나라들에서 기독교는 풍성하며 또 다양하다. 올바로 이해될 때 기독교는 이렇게 놀라운 보편주의이자 동시에 영광스런 특정주의일 수 있다.

 떠오르는 문제를 해결할 놀라운 기회가 기독교에 주어졌다고 해서 당연히 기독교인들이 그러한 도전적 과제에 성공할 것이라고 장담할 수는 없다. 기독교인들이 신실함보다는 특정주의로 한껏 치우칠 수 있다는 사실을 아일랜드의 개신교도들과 가톨릭신자들 그리고 유고슬라비아의 정통 세르비아인들과 가톨릭 크로아티아인들이 증거해 주지 않았던가. 하지만 기회는 분명 주어졌다. 그리고 과연 그 해답을 제공할지는 우리 그리스도인들에게 달려 있다.

미주

이 책에 관하여

1. Tom Wolfe, "The 'Me' Decade and the Third Great Awakening," *New York*, 23 Aug. 1976, pp. 26-40.
2. Christopher Lasch, *The Culture of Narcissism: American Life in an Age of Diminishing Expectations* (New York: Norton, 1978), David G. Myers, *The Inflated Self* (New York: Seabury, 1981), 그리고 Michael Wallach and Lese Wallach, *Psychology's Sanction for Selfishness: The Error of Egoism in Theory and Therapy* (San Francisco: Freeman, 1983).
3. Thomas Szasz, *The Myth of Psychotherapy: Mental Healing as Religion, Rhetoric, and Repression* (Garden City, NY: Anchor Press/Doubleday, 1978), Martin L. Gross, *The Psychological Society* (New York: Random House, 1978), Bernie Zilbergeld, *The Shrinking of America* (Boston: Little Brown, 1983), Richard D. Rosen, *Psychobabble* (New York: Avon, 1979), Philip Rieff, *The Triumph of the Therapeutic* (New York: Harper & Row, 1966), 그리고 E. Fuller Torrey, *Freudian Fraud* (New York: Harper Collins, 1992).
4. Martin Bobgan and Deidre Bobgan, *The Psychological Way/The Spiritual Way: Are Christianity and Psychotherapy Compatible?* (Minneapolis: Bethany Fellowship, 1978), Mary Stewart Van Leeuwen, *The Sorcerer's Apprentice: A Christian Looks at the Changing Face of Psychology* (Downers Grove, IL: InterVarsity, 1982), William Kirk Kilpatrick, *Psychological Seduction: The Failure of Modern Psychology* (Nashville: Thomas Nelson, 1982), William Kirk Kilpatrick, *The Emperor's New Clothes* (Westchester, IL: Crossway Books, 1985), D. Hunt와 T.

A. McMahon, *The Seduction of Christianity: Spiritual Discernment in the Last Days* (Eugene, OR: Harvest House, 1985), Don Browning, *Religious Thought and the Modern Psychologies* (Philadelphia: Fortress, 1987), Os Guinness와 John Seel, *No God but God: Breaking with the Idols of Our Age* (Chicago: Moody, 1992), 그리고 Jay E. Adams, *Competent to Counsel* (Nutley, NJ: Presbyterian and Reformed Publishing Company, 1972).

5. 더욱 자세한 자서전적 자료를 위해서는 다음을 참고하라. Paul C. Vitz, "A Christian Odyssey," in *Spiritual Journeys*, ed. R. Baram (Boston: St. Paul, 1987), pp. 379-99와 Vitz, "My Life—So Far," in *Storying Ourselves: A Narrative Perspective on Christians in Psychology*, ed. D. J. Lee (Grand Rapids: Baker, 1993).

6. Paul C. Vitz, "Narrative and Counseling, Part 1: From Analysis of the Past to Stories about It," *Journal of Psychology and Theology 20* (1992): 11-19, Vitz, "Narrative and Counseling, Part 2: From Stories of the Past to Stories for the Future," *Journal of Psychology and Theology 20* (1992): 20-27, Vitz, *Sigmund Freud's Christian Unconscious* (New York: Guilford Press, 1988; Grand Rapids: Eerdmans, 1993), 그리고 Vitz, "A Christian Theory of Personality," in *Man and Mind*, ed. T. Burke (Hillsdale College Press, 1987), pp. 199-222.

7. 예로는 Rodger K. Bufford, *The Human Reflex: Behavioral Psychology in Biblical Perspective* (San Francisco: Harper & Row, 1981)을 참고하라.

1장 심리학의 사도들

1. Heinz Hartmann, "Psychoanalysis and the Concept of Health," *International Journal of Psychoanalysis 20* (1939): 308-21, Anna Freud, *The Ego and the Mechanisms of Defense* (London: Hogarth, 1942), 그리고 Ernst Kris, "Ego Psychology and Interpretation on Psychoanalytic Therapy," *Psychoanalytic Quarterly 20* (1951)을 참고하라.

2. 이 이론가들의 자아에 대한 강조의 예로는 A. Adler, "The Fundamental Views of Individual Psychology," *International Journal of Individual Psychology 1* (1935): 5-8과 K. Horney, *Neurosis and Human Growth: The Struggle toward Self-realization* (New York: Norton, 1950)를 참고하라.

3. Carl Jung, *An Answer to Job*, trans. R. F. C. Hull (London: Routledge and Kegan Paul, 1954).

4. Carl Jung, *Modern Man in Search of a Soul* (New York: Harcourt, Brace, 1933), p. 278.

5. 프로이트는 자아주의에서 사용된 심리학의 근원 격인 융과 애들러 심리학의 종교적 특성을 잘 인식하고 있었다. 프로이트는 종교와 정신분석의 차이를 분명히 하는 동시에 분석학자는 "환자들을 통합으로 이끌 수 없고 오직 분석이라는 작업을 통해 그들을 준비시킬 뿐이다."라고 선언했다. 또한 그는 이렇게 말했다. "환자를 가톨릭, 개신교 또는 사회주의 공동체로 끌어들여 그것으로 환자에게 안도감을 주지는 않을 것이다." 또한 프로이트는 인생의 의미(!)에 대한 책들을 출판한 애들러주의자들을 "어리석다" 단정 지었다.

Ernest Kris, "Some Vicissitudes of Insight in Psychoabalysis," *International Journal of Psychoanalysis 37* (Nov.-Dec. 1956): 453, Sigmund Freud, *The Question od Lay Analysis* (New York: Norton, 1950), p.256, 그리고 Ernest L. Freud, ed., *Letters of Sigmund Freud* (New York: Basic Books, 1960), p.401.

6. J. Jacobi, *The Psychology of C. G. Jung*, 8th ed. (New Haven: Yale University Press, 1973), p. 60.

7. Jacobi, *The Psychology of C. G. Jung*, p. 127.

8. 심리학을 포함해서, 현대 사상의 영지주의적 특성(지식을 구원으로 강조하는)에 대해서는 Eric Voegelin, *Science, Politics and Gnosticism* (Chicago: Regnery, 1968)을 예로 참고하라. 초개아적 심리학의 영지주의적 특성에 대해서는 9장의 내용을 참고하라.

9. R. Hostie, *Religion and the Psychology of Jung*, trans. G. R. Lamb (New York:

Sheed and Ward, 1957)을 참고하라. 융의 종교적 가정 등의 자세한 논쟁을 위해서는 D. S. Browning, *Religious Thoughts and the Modern Psychologies* (Philadelphia: Fortress Press, 1987)을 참고하라.

10. E. Fromm, *Escape from Freedom* (New York: Holt, Rinehart & Winston, 1941), Fromm, *The Dogma of Christ and Other Essays* (New York: Holt, Rinehart & Winston, 1955)를 참고하라. 또한 관련된 자료로는 프롬의 *You Shall Be as Gods* (New York: Holt, Rinehart & Winston, 1966)와 *The Same Society* (New York: Rinehart, 1955)가 있다.

11. Erich Fromm, *Man for Himself* (New York: Rinehart, 1947)과 Fawcett Premier Book edition (Greenwich, CT: Fawcett, n.d.), pp. 13-14에서의 인용.

12. Fromm, *Man for Himself*, p. 17.

13. Fromm, *Man for Himself*, p. 23.

14. Fromm, *Man for Himself*, p. 212.

15. Fromm, *Dogma of Christ*, p. 15.

16. Fromm, *Dogma of Christ*, section III, 예로 p. 35.

17. Calvin S. Hall and Gardner Lindzey, *Introduction to Theories of Personality* (New York: Wiley, 1985), chaps. 4 and 6 에서 인용. 로저스와 프롬, 매슬로에 대해 이곳에서 제공한 전기적 정보의 출처는 바로 이 책이다.

18. Carl. R. Rogers, *On Becoming a Person* (Boston: Houghton Mifflin, 1961), pp. 37-38, 강조는 첨가.

19. Carl. R. Rogers, *On Becoming a Person*, p. 130.

20. Carl. R. Rogers, *On Becoming a Person*, p. 131.

21. Carl. R. Rogers, *On Becoming a Person*, p. 135-36.

22. Carl. R. Rogers, *On Becoming a Person*, p. 139-40.

23. Carl. R. Rogers, *On Becoming a Person*, p. 158.

24. Abraham Maslow, *Motivation and Personality*, 2d. ed. (New York: Harper, 1970), chap. 11.

25. Abraham Maslow, *Motivation and Personality*, pp. 169-70.

26. Abraham Maslow, *Motivation and Personality*, p. 152.
27. Rollo May, *Existence* (New York: Basic Books, 1958), p. 43.
28. May, *Existence*, p. 11.
29. May, *Existence*, p. 50.
30. May, *Existence*, p. 82, Carl Rogers, "Persons or Science? A Philosophical Question," *American Psychologist 10* (1955): 267-78에서 인용.
31. Jean-Paul Sartre, *Being and Nothingness*, trans. Hazel E. Barnes (New York: Philosophical Library, 1956), p. 561.

2장 만인을 위한 자아 이론

1. "The Curse of Self-Esteem," *Newsweek*, 17 Feb. 1992과 *U.S. News and World Report*, 1 April 1990, p. 16을 참조하라.
2. Rita Kramer, *Ed School Follies: The Miseducation of America's Teachers* (New York: Free Press, 1991)와 Chester E. Finn, Jr., "Narcissus Goes to School," *Commentary 89* (June 1990): 40-45를 참조하라.
3. Susan Black, "Self-Esteem: Sense and Nonsense," *American School Board Journal 178* (July 1991): 27-29과 Black, "Research Says…," *American School Board Journal 179* (March 1992): 26-28.
4. Gloria Steinem, *Revolution from Within: A Book of Self-Esteem* (Boston: Little, Brown, 1992)
5. A. LaPointe, N. A. Mead, and G. Philips, *A World of Difference: An International Assessment of Mathematics and Science* (Princeton, NJ: Educational Testing Service, 1989), p. 10.
6. Kramer, *Ed School Follies*에 인용된 대로. 또한 "Self-Esteem Has Replaced Understanding as the Goal of Education"이라는 장의 210쪽을 참고하라.
7. G. W. Bradley, "Self-Serving Biases in the Attribution Process: A

Reexamination of the Fact or Fiction Question," *Journal of Personality and Social Psychology* 36 (1978): 56–71, D. T. Miller and M. Ross, "Self-Serving Biases in the Attribution of Causality: Fact or Fiction?" *Psychological Bulletin* 82 (1975): 213–25, D. T. Miller and C. A. Porter *Psychology*, ed. L. Abramson (New York: Guilford, 1988), pp. 3–29, M. Zuckerman, "Attribution of Success and Failure Revisited, or: The Motivational Bias Is Alive and Well in Attribution Theory," *Journal of Personality* 47 (1979): 256–87을 참고하라. 이 론적 논쟁을 위해서는 David G. Myers, *The Inflated Self: Human Illusions and the Biblical Call to Hope* (New York: Seabury, 1981)를 참고하라.

8. 잘 알려진 이 반복구는 굉장히 인기 있는 어린이 텔레비전 프로그램 〈Sesame Street〉에서 가져왔다.

9. Carl R. Rogers, *Carl Rogers on Encounter Groups* (New York: Harper & Row, 1970), pp. 7–8.

10. Wayne Joosse, "Do Encounter Groups Work?" *The Reformed Journal* 24, 2 (Feb. 1974): 8.

11. Joosse, "Do Encounter Groups Work?"

12. Joosse, "Do Encounter Groups Work?"

13. Jut Meininger, *Success Through Transactional Analysis* (New York: Signet, 1973). 이 책 또한 여러 번 재판되었다. 책 내용의 표본이 되는 인용은 책의 표지에서 가져왔다.

14. Frederick S. Perls, *Gestalt Therapy Verbatim* (Lafayette, CA: Real People Press, 1969)을 참고하라.

15. Robert J. Ringer, *Winning Through Intimidation* (New York: Funk and Wagnalls, 1974) *New York Times Book Review*, 29 Sept. 1975, p. 17을 참조하라.

16. Pat R. Marks, *est: Werner Erhard* (Chicago: Playboy Press, 1974)를 참고하라. 이 어지는 내용들은 그 책의 여러 장의 내용에서 가져왔다.

17. Carl Frederick, *EST: Playing the Game the New Way* (1974; New York: Delta, 1976).

18. Carl Rogers, *On Becoming a Real Person*, p. 122.
19. Jean-Paul Sartre, *Existentialism* (New York: Philosophical Library, 1947), p. 58, 그리고 Sartre, *Words* (Greenwich, CT: Fawcett, 1964), p. 156-57 또한 참고하라.
20. John Money, "Recreational and Procreational Sex," *New York Times*, 13 Sept. 1975, p. 23.
21. Nena O'Neill and George O'Neill, *Open Marriage* (New York: Evans, 1972), pp. 253-4. "열린 결혼"을 끝낼 경우, 대중화된 자아 이론의 추종자들을 위한 자료로는 Mel Krantzler, *Creative Divorce: A New Opportunity for Personal Growth* (New York: Signet, 1973)가 있다.
22. Caroline Gordon, *Beginner's Guide to Group Sex: Who Does What to Whom and How* (New York: Simon and Schuster, 1974), p. 156.
23. 1980-1년 이후 이혼율은 주춤하더니 약간씩 감소하기 시작했다. 하지만 이것은 현격한 결혼율의 감소 때문이라고 많은 사람들은 이야기한다. 현재 결혼을 하지 않은 수백만의 커플들이 많은 경우 여러 해 동안 함께 살고 있지만 그들의 결별은 이혼으로 다루어지지 않고 있다. 우디 앨런(Woody Allen)과 미아 패로우(Mia Farrow)의 비극적 "가족사"가 그 예다.
24. Christopher Lasch, *The Culture of Narcissism* (New York: Norton, 1978), p. 13.
25. Madonna, *Sex* (New York: Warner, 1992).
26. Charles Silverstein and Felice Picano, *The New Joy of Gay Sex* (New York: Harper Collins, 1992).

3장 사이비 과학으로서의 자아주의

1. Erich Fromm, *Psychoanalysis and Religion* (New Haven: Yale University Press, 1950), p. 21.
2. John Dewey, *A Common Faith* (New Haven: Yale University Press, 1934), p. 87, 강조는 첨부.

3. 기독교 교리의 변하지 않는 특성을 강력히 변호한 책을 읽고 싶다면 C. S. Lewis, *God in the Dock* (Grand Rapids: Eerdmans, 1970), 3장을 참고하라.

4. Melanie Klein, *Envy and Gratitude* (New York: Basic Books, 1957). 또한 Otto Kernberg, "The Psychopathology of Hatred," *Journal of the Psychoanalytic Association 39* (1991): 209-38을 참고하라.

5. 예로 J. R. Greenberg and Stephen A. Mitchell, *Object Relations in Psychoanalytic Theory* (Cambridge, MA: Harvard University Press, 1983), p. 135를 참고하라.

6. M. Scott Peck, *The People of the Lie: The Hope for Healing Human Evil* (New York: Simon and Schuster, 1983).

7. Jeffrey Mehlman, "The 'Floating Signifier': From Levi-Straus to Lacan," in *French Freud: Structural Studies in Psychoanalysis*, Yale French Studies, 48 (New Haven: Yale University Press, 1972).

8. Konrad Lorenz, *On Aggression* (New York: Harcourt, Brace & World, 1966)과 Niko Tinbergen, "On War and Peace in Animals and Man," *Science 160* (1968): 1411-18.

9. René Dubos, "The Humanizing of Humans," *Saturday Review/World*, 12 Dec. 1974, p. 76.

10. Ludwig von Bertalanffy, *Robots, Men and Minds* (New York: Braziller, 1967), part 1, esp. p. 32.

11. 예로 Patrick Carnes, *The Sexual Addiction* (Minneapolis: CompCare Publications, 1983)를 참고하라.

12. Gerald Greene and Caroline Greens, *S-M: The Last Taboo* (New York: Grove Press, 1973).

13. P. Brickman and Donald T. Campbell, "Hedonic Relativism and Planning the Good Society," in *Adaptation-Level Theory: A Symposium*, ed. M. H. Appley (New York: Academic Press, 1971)를 참고하라. 또한 W. N. Dember and R. W. Earl, "Analysis of Exploratory, Manipulatory, and Curiosity Behavior,"

Psychological Review 64 (1957): 91–96과 Campbell, "On the Conflicts Between Biological and Social Evolution and Between Psychology and Moral Tradition," *American Psychologist* (Dec. 1974), p. 1121을 참고하라.

14. Campbell, "On the Conflicts Between Biological and Social Evolution."
15. Charles N. Cofer and Mortimer H. Appley, *Motivation: Theory and Research* (New York: Wiley, 1964), p. 682.
16. E. W. Mathes, "Self-Actualization, Metavalues, and Creativity," *Psychological Reports 43* (1978): 215–22.
17. R. M. Ryckman, M. A. Robbins, B. Thornton, J. A. Gold, and R. H. Kuehnel, "Physical? Self-Efficacy and Actualization," *Journal of Research in Personality 19* (1985): 288–98.
18. Richard M. Ryckman, Theories of Personality, 4th ed. (Pacific Grove, CA: Brooks/Cole, 1989), p. 362.
19. P. J. Watson, "Apologetics and Ethnocentrism: Psychology and Religion within an Ideological Surround," *International Journal for the Psychology of Religion 3* (1993): 1–20. 또한 P. J. Watson, R. J. Morris, and R. W. Hood, Jr., "Antireligious Humanistic Values, Guilt, and Self-Esteem," *Journal for the Scientific Study of Religion 26* (1987): 535–46을 참고하라.
20. Abraham Maslow, *Motivation and Personality*, 2nd ed. (New York: Harper & Row, 1970), p. xx.
21. 악에 대한 매슬로의 인지에 대해서는 *The Journal of A. H. Maslow*, vols. 1 and 2, ed. R. Lowry (Monterey, CA: Brooks, Cole, 1979)를 참고하라. 그 자신의 "어리석음"에 대해선 vol. 2, p. 1291을 참고하라.
22. Calvin Hall and Gardner Lindzey, *Introduction to Theories of Personality* (New York: Wiley, 1985), pp. 229–30.
23. Carl R. Rogers, "Some New Challenges," *American Psychologist 28* (1973): 379–87과 Rogers, *A Way of Being* (Boston: Houghton Mifflin, 1980)을 참고하라.
24. Hans H. Strupp, "Clinical Psychology, Irrationalism, and the Erosion of

Excellence," *American Psychologist* 31 (1976): 561-71.

25. Jacob Needleman, "Existential Psychoanalysis," in *The Encyclopedia of Philosophy*, vol. 3 (New York: Macmillan, 1967), p. 156. 그리고 Jerome D. Frank and Julia B. Frank, *Persuasion and Healing*, 3d ed. (Baltimore: Johns Hopkins University Press, 1991), William Schofield, *Psychotherapy: The Purchase of Friendship* (Englewood Cliffs, NJ: Prentice-Hall, 1964), 그리고 Thomas S. Szasz, *The Myth of Mental Illness* (New York: Harper and Brothers, 1961)를 참고하라.
26. Hall and Lindzey, *Introduction to Theories of Personality*, p. 234.
27. Roy Schafer, *A New Language for Psychoanalysis* (New Haven: Yale University Press, 1976), esp. chap 3, Donald P. Spence, *Narrative Truth and Historical Truth* (New York: Norton, 1982)와 Theodore R. Sarbin, ed., *Narrative Psychology* (New York: Praeger, 1986).
28. Frank and Frank, *Persuasion and Healing*을 예로 참고하라. 또한 Sol L. Garfield and Allen E. Bergin, eds., *Handbook of Psychotherapy and Behavior Change: An Empirical Analysis*, 3d ed. (New York: Wiley, 1986)을 참고하라.
29. Frank and Frank, *Persuasion and Healing*. 그리고 Michael J. Lambert, David A. Shapiro, and Allen E. Bergin, "The Effectiveness of Psychotherapy," in Garfield and Bergin, eds., *Handbook of Psychotherapy and Behavior Change*, pp. 157-211 역시 참고하라.
30. Lambert, Shapiro, and Bergin, "The Effectiveness of Psychotherapy."
31. Hall and Linzey, *Introduction to Theories of Personality*, p. 200.
32. Carl R. Rogers, "A Theory of Therapy, Personality, and Interpersonal Relationships, as Developed in the Client-Centered Framework," in *Psychology: A Study of a Science*, ed. S. Koch, vol. 3 (New York: McGraw Hill, 1959), p. 216. 또한 209, 213쪽을 참고하라.
33. Erich Fromm, *The Anatomy of Human Destructiveness* (New York: Holt, Rinehart and Winston, 1973).
34. Ernest Becker, *Escape from Evil* (New York: Free Press, 1975), p. 137. 이 책과 함

께 베커의 *Denial of Death* (New York: Free Press, 1973)는 비극적인 악의 필연성에 대한 중요한 현대적 사례를 제공하며 프롬과 다른 자아 이론 사상가들이 주장하는 악의 존재의 부정에 대한 강력한 반증이 된다.

35. Edward O. Wilson, "Competition and Aggressive Behavior," in *Man and Beast: Comparative Social Behavior*, ed. J. F. Eisenberg and W. S. Dillon (Washington, DC: Smithsonian Institution Press, 1971).

36. Edward O. Wilson, *Sociobiology: The New Synthesis* (Cambridge, MA: Harvard University Press, 1975)로 *APA Monitor 6* (Dec. 1975): 4에 인용.

37. Campbell, "On the Conflicts Between Biological and Social Evolution," pp. 1120-21. 또한 *APA Monitor 6* (Dec. 1974)에 실린 캠벨 강연의 요약을 참고하라. 캠벨 강연에 대한 반응으로는 *The American Psychologist 31* (May 1976): 341-84를 참고하라.

많은 심리학자들은 도덕적 문제를 개인의 안녕(자신에게 보상하는 것으로 표현되는)과 사회적 안녕(도덕적 규범을 위해 자신의 자유를 포기하고, 사람들이 좀 더 이타적이 되는)의 대립으로 보았다. 하지만 이것은 매우 저급한 개념화다. 고등 종교들은 하나님에 대한 사랑과 초월적인 경험을 통해 인간은 극적으로 더 나은 존재가 된다고 설명한다. 영적 변화로 나타나는 중요한 결과 가운데 하나는 이타적 행동이다. 따라서 종교적 해석으로는 개인과 사회가 갈등이 아닌 기본적 협력 관계에 놓이게 되는 것이다.

4장 심리학의 철학

1. Carl R. Rogers and Barry Stevens, *Person to Person: The Problem of Being Human; A New Trend in Psychology* (Walnut Creek, CA: Real People Press, 1967), p. 9.

2. Richard I. Evans, *Carl Rogers: The Man and His Ideas* (New York: Dutton, 1975), p. 1xxxv.

3. 악을 인간의 타고난 본성으로 받아들이는 이유는, 존재하는 악에 대한 완악하고 냉소적인 용납을 정당화시키기 위해서가 아니다. 대신 이것은 더 높은 지혜로 향하는 시작점의 일부인 본질적 깨달음이다. 이것에 대한 훌륭한 예가 베커의 *Escape from Evil* (New York: Free Press, 1975)에 나온다. 이 책은 윌리엄 제임스(William James)가 설명하는 견해를 다음과 같이 전개하기도 했다. 베커는 다음의 인용을 제사(題辭)로 사용했다.

> 건강한 정신이 철학적 학설로서 부적절하다는 사실은 의심할 것 없이 분명하다. 왜냐하면 철학이 설명하기를 거부하는 악의 요인이 현실의 일부이며, 그 요인들이야말로 인생의 의미를 여는 최선의 열쇠이자 진리의 가장 깊은 수준으로 우리의 눈을 열어 줄 유일한 가능성이기 때문이다.

4. Philip Cushman, "Why the Self Is Empty: Toward a Historically Situated Psychology," *American Psychology* 45 (1990): 599-611.

5. Alasdair MacIntyre, "Existentialism," in *The Encyclopedia of Philosophy*, vol. 3 (New York: Macmillan, 1967), p. 153.

6. MacIntyre, "Existentialism."

7. Don S. Browning, *Religious Thought and the Modern Psychologies* (Philadelphia: Fortress Press, 1987), chap. 4.

8. Browning, *Religious Thought*, p. 69에서 인용된 내용.

9. Browning, *Religious Thought*, p. 69.

10. Browning, *Religious Thought*, p. 75. 브라우닝은 인본주의적 심리학자들을 도덕적 이기주의자들로 보았는데, 이것은 Michael Wallach and Lise Wallach, *Psychology's Sanction for Selfishness: The Error of Egoism in Theory and Therapy* (San Francisco: Freeman, 1983)와 본질적으로 같은 견해다.

11. Barbara Engler, *Personality Theories: An Introduction* (Boston: Houghton Mifflin, 1991), chap. 16: "Zen Buddhism," pp. 445-74.

5장 자아주의와 가족

1. *False Memory Syndrome Foundation Newsletter*— 예로 January 8, 1993, vol. 2, no. 1과 다른 호도 참고하라. 주소는 3508 Market St., Suite 128, Philadelphia, PA 19104다.
2. Annual Meeting of the America Psychological Association, Washington, DC, 1992에 발표된 논문인 Elizabeth F. Loftus, "The Reality of Repressed Memories." 또한 Loftus, "Repressed Memories of Childhood Trauma: Are They Genuine?" *Harvard Mental Health Letter 9*, 9 (1993): 4-5와 Loftus, *Eyewitness Testimony* (Cambridge, MA: Harvard University Press, 1979)를 참고하라.
3. 한 하버드 정신과 의사는 Roper Organization의 조사에 기초 미국인의 2퍼센트 이상이 우주인에게서 폭력을 경험한 적이 있다고 "기억"한다는 보고를 했다. 5백만 명은 과장이라 치부한다고 해도 수천 명의 사람들이 그러한 폭력을 정말로 "기억"한다고 볼 수 있다. 우주인의 존재에 대한 실제적 증거는 없으며, 따라서 미국에서만 우주인에게 폭력을 당했다는 수백만 명의 주장에도 불구하고 이들의 이러한 "기억"은 어린 시절 보았던 텔레비전 프로그램에서 비롯된 것이라고 예측할 수밖에 없다. 하지만 이 하버드 정신과 의사는 그러한 보고를 진지하게 받아들이라고 사람들을 종용한다! (*False Memory Syndrome Foundation Newsletter*, 2 May 1992, p. 1)
4. *Psychology's Sanction for Selfishness: The Error of Egoism in Theory and Therapy* (San Francisco: Freeman, 1983), p. 160에서 Michael Wallach과 Lise Wallach가 인용한 Carl Rogers, *Becoming Partners: Marriage and Its Alternatives* (New York: Dell, 1970), p. 10.
5. Wallach and Wallach, *Psychology's Sanction for Selfishness*, p. 160.
6. Judith S. Wallerstein and Joan Berlin Kelly, *Surviving the Breakup: How Children and Parents Cope with Divorce* (New York: Basic Books, 1980), Judith S. Wallerstein and Sandra Blakeslee, *Second Chances: Men, Women and Children a Decade After Divorce* (New York: Ticknor & Fields, 1989).

7. O. H. Mowrer, in "Sin, the Lesser of Two Evils" (*American Psychologist 15* [1960]" 301-4)은 Anna Russell이 지은 다음의 "정신의학의 포크송"을 인용한다.

> 새벽 세 시 나는
> 내 형제들을 향해 모순된 감정을 느낀다.
> 그리고 그러한 감정은 자연스레
> 내가 그들을 독살토록 이끌어간다.
> 하지만 나는 지금 행복하다.
> 이것이 내게 무언가를 가르치기에.
> 내가 하는 모든 잘못된 일들이
> 다른 누군가의 잘못이라고.

8. Thomas A. Harris, *I'm OK - You're OK* (New York: Harper & Row, 1967), pp. 48-49. 강조는 원문에서.
9. Harris, *I'm OK - You're OK*, p. 51.
10. Harris, *I'm OK - You're OK*, p. 52.
11. 이와 같은 맥락의 주장은 Robert N. Bellah, Richard Madsen, William M. Sullivan, Ann Swidler, and Steven M. Tipton, *Habits of the Heart: Individualism and Commitment in American Life* (New York: Harper & Row, 1985), e.g., p. 284에도 언급되어 있다.

6장 자아 이론과 교육

1. L. E. Raths, M. Harmin, and S. B. Simon, *Values and Teaching*, 2d ed. (Columbus: C. E. Merrill, 1978)과 S. B. Simon, L. W. Howe, and H. Kirschenbaum, *Values Clarification*, rev. ed. (New York: Hart, 1978)을 참고하라.
2. Simon, Howe, and Kirschenbaum, *Values Clarification*, 뒤표지와 18-22쪽을 참고하라. 강조체는 원문에서.
3. Simon, Howe, and Kirschenbaum, *Values Clarification*, p. 15.
4. Simon, Howe, and Kirschenbaum, *Values Clarification*, p. 16.

5. Simon, Howe, and Kirschenbaum, *Values Clarification*, pp. 18-19.
6. 선택, 존중, 행동이라는 순서는 Raths, Harmin, Simon의 *Values and Teaching*, 30쪽에서 왔다. 하지만 별다른 설명이 없이 Simon, Howe, Kirschenbaum은 그들의 유명 저서인 *Values Clarification*에 이들을 다른 순서로 기록한다. 여기에서는 존중이 먼저이고, 그다음이 선택 그리고 마지막이 행동이다. 이러한 순서가 19쪽에서 강조되고 다른 전략과 맞물려 또다시 언급되는 것(36쪽)을 볼 때 이것은 우연이나 실수가 아니다. 그리고 이 책은 학생들이 어디에서 그들의 최초 가치를 **배우는지** 언급하지 않고, 오로지 이미 존재하는 가치들을 존중하는 것만 강조할 뿐이다. 과연 그 가치들이 존중할 만한 것인지에 대한 염려는 어디에도 없다. (가치의 객관적 기준이 무엇인지에 대한 질문을 일으키는 부분이다.)
7. Raths, Harmin, and Simon, *Values and Teaching*, p. 9.
8. Nicholas Wolterstorff, *Educating for Responsible Action* (Grand Rapids: Eerdmans, 1980), pp. 17-18.
9. 칼 로저스의 개념이 교육에 미친 영향에 대한 강력한 비평을 원한다면 Pearl Evans, *Hidden Danger in the Classroom* (Petaluma, CA: Small Helm Press, 1990)에 광범위하게 인용된 로저스의 전 동료, William A. Coulson의 의견을 참고하라. 교육에 미친 로저스의 영향을 평가하고 싶은 사람이라면 Coulson의 폭로와 분석은 꼭 읽어야 할 내용이다.
10. Wolterstorff, *Educating for Responsible Action*, pp. 127-29. 그리고 Raths, Harmin, and Simon, *Values and Teaching*, pp. 114-15를 참고하라.
11. 전략들을 위해서는 Simon, Howe, and Kirschenbaum, *Values Clarification*을 참고하라. 가치 명료화에 대한 비평을 위해서는 다음의 논문들을 참고하라. Richard A. Baer, Jr.: "Values Clarification as Indoctrination," *The Educational Forum 41* (1977): 155-65, "A Critique of the Use of Values Clarification in Environmental Education," *The Journal of Environmental Education 12* (1980): 13-16, 그리고 "Teaching Values in the Schools," *Principal* (January 1982), pp. 17-21, 36. 또한 William J. Bennett and Ernst J.

Delattre, "Moral Education in the Schools," *Public Interest 50* (1978): 81-98, 그리고 Paul C. Vitz, "Values Clarification in the Schools" *New Oxford Review 48* (June 1981): 15-20를 참고하라.
12. Bennett and Delattre, "Moral Education in the Schools," pp. 81-98.
13. J. S. Leming, "Curricular Effectiveness in Moral Values Education: A Review of the Research," *Journal of Moral Education 10* (1981): 147-84.
14. Alan L. Lockwood, "The Effects of Values Clarification and Moral Development Curricular on School-Age Subjects: A Critical Review of Recent Research," *Review of Educational Research 48* (1978): 325-64.
15. Martin Eger, "The Conflict in Moral Education," *The Public Interest*, Spring 1981, pp. 62-80.
16. Alan L. Lockwood, "Values Education and the Right to Privacy," *Journal of Moral Education 6* (1977): 9-26.
17. Lockwood, "Values Education," p. 10.
18. Lockwood, "Values Education," p. 11.
19. Lockwood, "Values Education," p. 18.
20. Lockwood, "Values Education," p. 19.
21. Lockwood, "Values Education," p. 19.
22. 오늘날 학교의 도덕 교육의 실패에 대해 좀 더 자세한 분석을 살펴보고 싶다면 W. Kirk Kilpatrick, *Why Johnny Can't Tell Right from Wrong* (New York: Simon and Schuster, 1992)을 참고하라.

7장 자아주의와 오늘날의 사회

1. Erik H. Erikson, *Young Man Luther* (New York: Norton, 1958).
2. Charles J. Sykes, *A Nation of Victims: The Decay of the American Character* (New York: St. Martin's Press, 1992).

3. Sykes, *A Nation of Victims*, p. 3.
4. Sykes, *A Nation of Victims*, p. 14.
5. C. FitzSimons Allison, *Guilt, Anger and God* (New York: Seabury, 1972), p. 155.
6. Allison, *Guilt, Anger and God,* p. 156.
7. Allison, *Guilt, Anger and God,* p. 156.
8. Carl R. Rogers, *Becoming Partners: Marriage and Its Alternatives* (New York: Delacorte, 1972).
9. Rogers, *Becoming Partners*, p. 8.
10. Rogers, *Becoming Partners*, p. 212. 전진을 위한 도움으로서의 사회적 실험에 대한 로저스의 견해는 존 듀이의 영향, 특별히 듀이의 *The Public and Its Problems* (New York: Holt, 1927)에서 왔다.
11. E. F. Schumacher, *Small is Beautiful* (New York: Harper & Row, 1973).
12. *New York Times*, 28 Oct. 1975, p. 68.
13. 하지만 그리스도인들에게 모든 창조력은 하나님께로부터 나고 따라서 하나님께 속한 것이다. 따라서 인간이 **진실로** "창조적"이라는 주장은 어리석고 불경스런 주장일 뿐이다. 인간이 자신의 창조력을 표현할 수 있는 유일한 방법은 자기 자신을 하나님의 뜻에 나란히 할 때뿐이다. 따라서 참된 인간의 창조력은 하나님과 협력하는 영혼을 필요로 한다. 얼마나 하찮은 일이든 모든 행위 속에서 하나님과 협력해 일하려고 하는 영혼 말이다. 현대 예술가들에게는 너무나도 보편적인 거대한 자아들에서 절대 기독교적 근거를 찾을 수 없는 이유가 여기에 있다!

인간의 창조력에 대한 기독교적 개념이 만일 존재한다면 창조적 행동은 선물로 이해되어야 한다. 창조력 안에서 우리에게 무언가가 **주어진** 것이다. 생명 자체로서 존재한다는 가장 큰 선물.

19세기 세속적 인본주의가 발달하면서 **창조적**이라는 용어는 위대한 음악가와 예술가, 시인 그리고 사상가들에게 적용되기 시작했다. 다른 사람들에게 자신의 음악과 미술, 문학 작품 그리고 과학적 이론을 선사하는 사람들에게 말이다. 하지만—이교도 문화에서조차 시신(詩神)들이 건네는 영감이라는 개념으로서 존재하던—창조력의 신적 요소는 이미 오래전에 사라지고 없었다. 하지만 오늘날은 다른 사람에게 건네는 행위로서의 창조력마저 그 자리를 잃고 없는 실정이다. 이제 창조력은 자아가 자아에게 건네는 선물에 불과하다. 이렇게 창조력은 타인을 포함하지 않는 개인적인 쾌락의 동의어로 전락했다. 지금은 성적 행동에 관련한 강연에서 강연자가 "창조적 자위행위"를 진지하게 옹호하는 시대다.

따라서 자아주의라는 자기애적 논리로 볼 때 "창조적"인 존재가 된다는 것이 무조건 중요한 일의 성취를 의미하지는 않는다. 창조력과 자기실현의 훈련을 받는다 해도 사회적, 영적, 종교적 삶에 그렇다 할 공헌을 하지 못하는 많은 사람들이 좋은 증거다. 오늘날 많은 사람들이 자신의 "창조적 잠재력"에 대해 지나친 자부심을 가지고 있고 따라서 지금 당장이라도 얻을 수 있는 초라한 일자리 대신 정부 보조금을 선택한다. 자신이 생각하는 가치에 미치지 못하는 일자리를 거부하는 것이다. 이렇게 창조력 프로그램은 지나친 자부심의 훈련장이 되어 왔다.

14. Robert Heilbroner, *An Inquiry into the Human Prospect* (New York: Norton, 1974), pp. 25-26.

8장 자아주의와 기독교, 역사적 전례들

1. 유럽이 출처이지만 그것의 대규모적인 적용이 미국에서 이뤄진 예는 비일비재하다. 이러한 대규모적 영향은 다시 유럽으로 건너가게 되고 사람들은 이것을 미국화라고 부른다. 예를 들어 자동차를 발명한 것은 유럽이었지만 자동차 사회를 창조한 것은 미국이었으며 이것은 다시 유럽으로 수출되었다.
2. Friedrich Engels, *Ludwig Feuerbach and the Outcome of Classical German Philosophy* (New York: International Publishers, 1941), p. 18로 E. G. Waring and F. W. Strothman, eds., *Ludwig Feuerbach: The Essence of Christianity* (New York: Ungar, 1957), p. iii에 인용.

3. Feuerbach, in Waring and Strothman, eds., *Ludwig Feuerbach*, pp. 26, 15, 11, 65.
4. Karl Marx, "Theses on Feuerbach," in Engels, *Ludwig Feuerbach*, p. 83. Waring and Strothman, eds., *Ludwig Feuerbach*, p. xii에 인용되기도 했다.
5. Engels, *Ludwig Feuerbach*, p. 47.
6. W. Kirk Kilpatrick, *Psychological Seduction: The Failure of Modern Psychology* (Nashville: Thomas Nelson, 1989), e.g., pp. 161–72.
7. Ralph Waldo Emerson, *Essays and Lectures* (New York: Library of America, 1983).
8. Robert N. Bellah, Richard Madsen, William M. Sullivan, Ann Swidler, and Steven M. Tipton, *Habits of the Heart: Individualism and Commitment in American Life* (New York: Harper & Row, 1985).
9. Harry Emerson Fosdick, *Christianity and Progress* (New York: Association Press, 1922), p. 8.
10. Harry Emerson Fosdick, *As I See Religion* (New York: Harper, 1932), chap. 2.
11. Harry Emerson Fosdick, *On Being a Real Person* (New York: Harper, 1943), chap. 2.
12. Calvin S. Hall and Gardner Lindzey, *Introduction to Theories of Personality* (New York: Wiley, 1985), chap. 6에 소개된 로저스의 논쟁을 참고하라.
13. Henri F. Ellenberger, *The Discovery of the Unconscious* (New York: Basic Books, 1970), p. 595. 유기체적 심리학을 통해 성장과 통합을 강조했던 쿠르트 골드슈타인(Kurt Goldstein) 또한 그가 뉴욕에 머물렀던 1935년에서 1941년 사이에 영향을 끼쳤을 수 있다. 하지만 포스딕은 그를 인용하지 않고 또한 관련된 골드슈타인의 저서인 『유기체(The Organism)』가 1939년까지 영어로 번역되지 않았다는 사실을 감안할 때, 포스딕에 그가 영향을 끼쳤을 가능성은 희박해진다.
14. Norman Vincent Peale, *The Art of Living* (New York: Abingdon-Cokesbury, 1937), p. 10.
15. Norman Vincent Peale, *The Power of Positive Thinking* (New York: Prentice-

Hall, 1952), p. 1.
16. Smiley Blanton and Norman Vincent Peale, *Faith Is the Answer* (New York: Abingdon-Cokesbury, n.d.)가 그중 한 예다.
17. Thomas C. Oden, *The Intensive Group Experience: The New Pietism* (Philadelphia: Westminster, 1972).
18. Oden, *The Intensive Group Experience*, pp. 70-71.
19. Oden, *The Intensive Group Experience*, pp. 103-5.
20. Robert N. Sollod, "The Origins of Client-Centered Therapy," *Professional Psychology 9* (1978): 93-104, 101쪽의 인용. 이 장(章)의 상당 부분은 솔로드의 논문을 기초로 한다. 또한 솔로드는 *American Journal of Orthopsychiatry 20* (Oct. 1940)에서와 같이 Goodwin Watson을 비롯한 여러 저자들의 글 그리고 Otto Rank, Jessie Taft의 글을 통해 환자중심, 비(非)지시적 기술의 기원을 기록하기도 했다.
21. Carl R. Rogers, *On Becoming a Person* (Boston: Houghton Mifflin, 1961), p. 8.
22. Rogers, *On Becoming a Person*, p. 9.
23. Sollod, "The Origins of Client-Centered Therapy," pp. 96-98.
24. William H. Kilpatrick, *Foundation of Method* (New York: Macmillan, 1926), pp. 191, 192, 198.
25. Sollod, "The Origins of Client-Centered Therapy," p. 98로 William H. Kilpatrick, *How We Learn* (Calcutta: Association Press, 1929), p. 50에 인용되었다.
26. Carl R. Rogers, *Freedom to Learn* (Columbus: Merrill, 1969).
27. Carl R. Rogers, *Client-Centered Therapy* (Boston: Houghton-Mifflin, 1951), p. 386.
28. Carl R. Rogers, "A Theory of Therapy, Personality, and Interpersonal Relationships as Developed in the Client-Centered Framework," in *Psychology: A Study of a Science*, ed. Sigmund Koch, vol. 3 (New York: McGraw-Hill, 1959), p. 209.
29. Rogers, "A Theory of Therapy," pp. 209, 216.

9장 심리학과 뉴에이지

1. Russell Chandler, *Understanding the New Age* (Dallas: Word, 1988), Douglas Groothuis, *Understanding the New Age* (Downers Grove, IL: InterVarsity, 1986), Groothuis, *Confronting the New Age* (Downers Grove, IL: InterVarsity, 1988), Groothuis, *Revealing the New Age Jesus* (Downers Grove, IL: InterVarsity, 1990) 그리고 Mitch Pacwa, *Catholics and the New Age* (Ann Arbor: Servant, 1992)를 참고하라.
2. Marilyn Ferguson, *The Aquarian Conspiracy* (Los Angeles: Tarcher, 1980).
3. Barbara Marx Hubbard, *The Evolutionary Journey* (San Francisco: Evolutionary Press, 1982), p. 157.
4. R. Burrows, "Americans Get Religion in the New Age: Anything Is Permissible if Everything Is God," *Christianity Today*, 26 May 1986, p. 18.
5. Groothuis, *Confronting the New Age*, p. 18. 또한 Thomas Weinandy, "Review of Groothuis, 1986, 1988," *Fellowship of Catholic Scholars Newsletter*, 1990, pp. 27-29를 참고하라.
6. Groothuis, *Confronting the New Age*, p. 18.
7. Furguson, *The Aquarian Conspiracy*, p. 100.
8. Groothuis, *Confronting the New Age*, p. 21.
9. Groothuis, *Confronting the New Age*, p. 25.
10. 이 내용은 1992년 개인적으로 나누었던 미치 패콰(Mitch Pacwa)와의 대화에서 참고했다.
11. Chandler, *Understanding the New Age*, p. 17.
12. Wolfgang Smith, *Teilhardism and the New Religion* (Rockford, IL: TAN, 1988)을 참고하라.
13. Weinandy, "Review of Groothuis"를 참고하라.
14. Shirley MacLaine, *Going Within: A Guide for Inner Transformation* (New York: Bantam, 1989), chap. 5.

15. Carl R. Rogers, *A Way of Being* (Boston: Houghton Mifflin, 1980).
16. Abraham Maslow, *Motivation and Personality* (1954; 2nd ed. New York: Harper & Row, 1970).
17. Abraham Maslow, *Religious, Values and Peak Experiences* (Columbus: Ohio State University Press, 1954), pp. 26-27.
18. A. J. Sutich, "Some Considerations Regarding Transpersonal Psychology," *Journal of Transpersonal Psychology 1* (1969): 11-20를 참고하라.
19. Fritjof Capra, *The Tao of Physics* (Suffolk, England: Chaucer, 1975).
20. Charles T. Tart, ed., *Transpersonal Psychologies* (New York: Harper & Row, 1975).
21. Ram Dass, *Journey of Awakening* (New York: Bantam, 1990). 그에 대한 일부 이야기들은 1957년과 1962년 사이 그를 알았던 개인적인 나의 경험에서 비롯되었다.
22. Ferguson, *The Aquarian Conspiracy*, e.g., p. 46.
23. Thomas Molnar, *The Pagan Temptation* (Grand Rapids: Eerdmans, 1987).
24. 이러한 조사를 위해서는 D. T. Miller and M. Ross, "Self-serving Biases in the Attribution of Causality: Fact or Fiction," *Psychological Bulletin 82* (1975): 213-25, D. T. Miller and C. A. Porter, "Errors and Biases in the Attribution Process," in *Socio-personal Inference in Clinical Psychology*, ed. L. Abramson (New York: Guilford, 1988), pp. 3-29를 참고하라. 또한 M. Zuckerman, "Attribution of Success and Failure Revisited, or: The Motivational Bias Is Alive and Well in Attribution Theory," *Journal of Personality 47* (1979): 245-87과 David G. Myers, *Social Psychology* (New York: McGraw-Hill, 1990)를 참고하라.
25. Shirley MacLaine, *Dancing in the Light* (New York: Bantam, 1983), p. 358.

10장 신학적 비평

1. Paul Ramsey, *Basic Christian Ethics* (New York: Scribners, 1950), p. 284.
2. Aleksandr I. Solzhenitsyn, *The Gulag Archepelago*, trans. T. P. Whitney, vols. 3-4 (New York: Harper & Row, 1974-78), pp. 615-16. 또한 Leonard Shapiro, "Disturbing, Fanatical, and Heroic," *New York Review of Books*, 13 Nov. 1975, p. 10과 Aleksandr I. Solzhenitsyn et al., *From Under the Rubble*, trans. A. M. Brook (Boston: Little Brown, 1975), esp. the essay by "A.B."를 참고하라.
3. O. Hobert Mowrer, "Sin, the Lesser of Two Evils," *American Psychologist 15* (1960): 303.
4. Mowrer, "Sin," p. 304.
5. Otto Baab, *The Theology of the Old Testament* (New York: Abingdon/Cokesbury, 1949), pp. 105-110. 기독교 윤리학 입문 298쪽에서 램지가 인용한 부분이기도 하다.
6. Paul Zweig, *the Heresy of Self-Love* (New York: Harper & Row, 1968).
7. 펠라기우스 신학의 인본주의적 양상은 영국인들뿐만 아니라 좀 더 확대해 본다면 미국인들에게도 기질상 자연스런 것이라는 주장이 있다. 물론 그럴 수도 있다. 하지만 그의 죽음 이후 약 천 년에 걸쳐 펠라기우스주의가 영국에서 침묵을 지켜 왔다는 사실은 그러한 주장이 사실이 아니라는 반기를 든다. 이에 대한 좀 더 적절한 설명은 펠라기우스 사상이 형성되는 데 매우 중요한 시기였던 4세기 후반의 영국의 경제적, 사회적 요인들에서 찾을 수 있다. 첫째는 2세기 경에서 4세기까지 거의 200년에 걸쳐 이어졌던 영국의 경제적 부흥이다. 이 시기는 영국이 로마의 영향을 받았던 시기로서, 교외 주택들이나 목욕탕들이 등장한 시기이기도 하다. 둘째는 로마와 기독교 문화의 영향으로, 이 영향은 이전의 이교도적이고 야만적이던 영국을 강력할 뿐만 아니라 문명화된 나라로 만들어 주었다. 그들이 접했던 이 새롭고 우세한 문화는 지속적인 부의 성장과 맞물려 영국은 물론 로마제국의 다른 지역에까지 이제는 새로운 시대가 열렸으며 인간의 본성과 역사에 관한 이

전의 법칙이 더 이상은 필요하지 않다는 믿음을 심어 주었다. 하지만 431년 펠라기우스가 사망한 이후 얼마 지나지 않아 영국은 전쟁과 사회적 붕괴 그리고 포학한 일들을 경험하게 되었고, 이러한 경험은 그들 사이에서 성 아우구스티누스나 성 제롬과는 비교할 수 없을 정도의 반(反)펠라기우스적인 "논쟁"들을 야기했다. 이상의 예는 미국과의 유사성을 보여 준다. 미국 또한 지난 200년 동안 엄청난 부의 성장을 경험했을 뿐만 아니라, 과학이 새로운 진보를 들여왔다는 믿음은 인간 본성과 인간의 한계에 대한 이전의 사고가 더 이상 중요하지 않다고 주장해 왔기 때문이다.

8. 펠라기우스에 관해서는 Robert F. Evans, *Pelagius: Inquiries and Reappraisals* (New York: Seabury, 1968)을 참고하라.

9. 예로 Erich Fromm, *Psychoanalysis and Religion* (New Haven: Yale University Press, 1950), pp. 34 그리고 49를 참고하라.

10. Karen Horney, *Neurosis and Human Growth* (New York: Norton, 1950).

11. Horney, *Neurosis and Human Growth*와 Karen Horney, *Our Inner Conflicts* (New York: Norton, 1945)를 참고하라.

12. Erich Fromm, *The Art of Loving* (New York: Harper, 1956), p. 63.

13. Otto Karrar, ed., *Meister Eckhart Speak* (London: Blackfriars, 1957), p. 41에서 인용되다. 또한 J. M. Clark, *The Great German Mystics* (Oxford: B. Blackwell, 1949)과 Etienne Gilson, *Christian Philosophy in the Middle Ages* (New York: Random House, 1955)를 참고하라.

14. 예로 Abraham H. Maslow, *Religions, Values, and Peak Experiences* (New York: Viking, 1970)를 참고하라.

15. Bernard de Clairvaux, "On Loving God," trans. Robert Walton, in *The Works of Bernard of Clairvaux: Treatises II* (Washington, DC: Cistercian Publications/Consortium Press, 1974), pp. 93-132.

16. Bernard, "On Loving God," p. 118.

17. Bernard, "On Loving God," p. 119.

18. Bernard, "On Loving God," p. 120.

19. Martin Luther, "Treatise on Christian Liberty," in *Works* (Philadelphia: Muhlenberg Press, 1943), vol. 2, p. 342.
20. Luther, "Treatise on Christian Liberty," p. 342.
21. *A Diary of Readings,* comp. John Baille (New York: Scribners, 1955), Day 140에 인용된 Sir John Seely, Ecco Homo, chap. 14.
22. Fromm, *The Art of Loving*, p. 60.
23. C. S. Lewis, "Christianity and Literature," in *Christian Reflection*, ed. Walter Hooper (Grand Rapids: Eerdmans, 1967), pp. 6-7.
24. Lewis, "Christianity and Literature," p. 7.

11장 정치적 반응

1. D. O. Hebb, "What Psychology Is About," *American Psychologist 29* (1974): 71-79.
2. 미국 심리학 협회(APS)는 1988년 설립되었고 지금 이 협회에 속한 회원은 약 15,000명에 달한다. 더욱 자세한 정보를 원한다면 그들의 본부에 연락을 해보라. 1010 Vermont Ave., N.W., Suite 1100, Washington, DC 20005-4907.
3. 동성애의 심리 치료가 APA가 준하는 직업윤리의 위반이라는 미국 정신 의학회의 주장은 당시 APA의 전문적 치료에 관련한 운영을 담당했던 브라이언트 L. 웰치, J.D.(Bryant L. Welch, J.D.) 박사가 1990년 1월 26일 발표한 성명을 통해 잘 드러난다. 이뿐 아니라 다른 여러 성명들을 통해서도 그는 환자들의 요구가 있다고 하더라고 동성애를 "치유"하고자 하는 시도는 이성애에 대한 편향적 결과로 지양되어야 한다고 주장했다.
4. 이러한 주제에 관련한 좀 더 자세한 토론을 원한다면 P. C. Vitz, "Escaping the Secular Enlightenment but Slouching Toward Yugoslavia: A Response to Watson," *International Journal of Psychology of Religion 3* (1993): 21-24을 참고하라.

✱ 신이 된 심리학

5. Irving Kristol, "Thoughts on Reading About a Number of Summer-Camp Cabins Covered with Garbage," *The New York Times Magazine*, 17 Nov. 1974, p. 38.
6. Malachi B. Martin, "Death at Sunset," *National Review*, 22 Nov. 1974, p. 1356.
7. Ernest Becker, *The Denial of Death* (New York: Free Press/Macmillan, 1973), p. 164.
8. 예로 Paul C. Vitz, *Censorship: Evidence of Bias in Our Children's Textbooks* (Ann Arbor: Servant Publications, 1986)를 참고하라.

12장 세속적 자아를 넘어서

1. Hans H. Strupp, "Clinical Psychology, Irrationalism, and the Erosion of Excellence," *American Psychologist 21* (1976): 561-71, 그리고 Paul Meehl, *Psychodiagnosis* (Minneapolis: University of Minnesota Press, 1973)를 참고하라.
2. Walter Wink, *The Bible in Human Transformation* (Philadelphia: Fortress, 1973), pp. 25-26.
3. Wink, *The Bible in Human Transformation*, pp. 39-40에 인용된 Hans Jonas, *The Phenomenon of Life* (New York: Harper & Row, 1966), pp. 195-96.
4. Wink, *The Bible in Human Transformation*, p. 40에 인용된 Jonas, *The Phenomenon of Life*, p. 196.
5. 단순히 심리학을 가르치거나 실험을 진행하는 것도 주체와 객체를 분리해 내는 도덕에 참여하는 것이다. "객관적" 심리학 이론들의 매력은 아마도 그들이 자신을 이해하고 또 이용하는 사람들에게 권력을 허용한다는 데에 있다. 그리고 이러한 권력은 먼저 언급되었던 "당신은 인생이라는 게임에서 승리할 수 있습니다"라는 인기 서적들의 주된 호소이기도 했다.
6. Herbert Hendin, *The Age of Sensation* (New York: Norton, 1975), p. 6.

7. Hendin, *The Age of Sensation*, p. 13.
8. 현대의 동성애 운동은 남성 역시 성적 대상으로 전락시키는 데 큰 몫을 담당하고 있다. 예를 들어 근래 급속히 성장해 온 남성을 위한 다양한 동성애 잡지들은 남성 표지 모델을 등장시켜 남성을 성적인 대상으로 묘사하고 있다. 또한 (「플레이보이」의 아류라 할 수 있는) 「플레이걸(*Playgirl*)」은 자신이 여성을 위한 잡지라 주장하지만 동성애 독자층이 매우 두터운 것으로 보고되었다.
9. Hendin, *The Age of Sensation*, p. 296.
10. Hendin, *The Age of Sensation*, p. 332.
11. Hendin, *The Age of Sensation*, pp. 257-58.
12. Paul Ricoeur, *Symbolism of Evil* (New York: Harper & Row, 1967), p. 351. 리쾨르는 이렇게 기록했다. "만일 우리가 더 이상 거룩한 것의 위대한 상징들을 그것의 원래 믿음대로 살아낼 수 없게 되었다면 우리 현대인들은 비평을 통한 제2의 순진함을 목표로 해야 한다." 하지만 현대적 비평은 제2의 순진함을 목표로 할 뿐이지 제2의 순진함 자체는 될 수 없다. 3단계, 즉 초월적 단계의 사고는 현대적 비평과는 질적으로 다른데 그것은 현대적 비평이 여전히 2단계적 사고를 부분적으로나마 지니고 있기 때문이다. "제2의 순진함"이라는 사고를 가장 완벽히 드러낸 예는 예수 그리스도시며, 그보다는 부족하지만 위대한 영적 지도자들이나 성인들에서도 그러한 사고는 분명히 드러났다. 정신분석적으로 볼 때 1단계의 사고는 주된 사고의 과정이며 2단계적 사고는 부수적 사고의 과정인데 이 사고는 자아 발달 이면에서 활동하는 현실 검사가 된다. 하지만 나는 이러한 이론을 좀 더 발전시켜 2단계적 사고를 질적으로 초월하는 제3의 사고가 존재한다 주장하고 싶다.

13장 기독교의 새로운 미래?

1. Ernest Becker, *The Denial of Death* (New York: Free Press/Macmillan, 1973), p. 268.

2. Robert N. Bellah, Richard Madsen, William M. Sullivan, Ann Swidler, and Steven M. Tipton, *Habits of the Heart: Individualism and Commitment in American Life* (New York: Harper & Row, 1985), p. 71.
3. 지난 25년 동안 나는 2,000여 명의 대학생들과 함께 심리학 관련 직업에 대해 토론을 해 왔다. 물론 그 학생들 중 대부분은 심리학을 전공하고 있는 학생들이었다. 최근 들어 더욱 많은 수의 학생들이 외부적인 이유를 들어 자신의 직업을 선택하고 있다. 예를 들어 부모님이나 혹은 대학 졸업 이후의 진로 등과 같은 이유를 든다. 오늘날 대학원 이상의 과정으로 진학하는 학생들은 보다 사회화된 학생들로 그렇지 않은 학생들이 그들보다 오히려 더욱 특이하고 상상력이 풍부하며 흥미롭다.
4. 아더 슐레진저 Jr.(Arthur Schlesinger, Jr.)는 *The Disuniting of America* (New York: Norton, 1992)에서 오늘날 정치적 다원주의와 그것이 미국 사회 질서에 미치는 파괴적인 영향력에 대해 효과적으로 묘사했다. 현대 다원주의에는 미국에 심각한 타격을 입힐 수 있는 요소가 분명 들어 있다. 다원론이 인종적이고 민족적인 것으로만 이해되던 분위기 속에서 슐레진저는 그것에 분명한 반대 의견을 제시했다. 하지만 미국을 다스리는 백인들의 도덕적 상대주의나 성적 특정주의가 어떻게 민족적, 정치적 다원주의를 강력히 지지하는지에 대해서는 간과한 것이 사실이다. 도덕적 다원주의가 가장 만연한 곳은 다른 어느 곳도 아닌 학계로, 그곳에서 시작한 다원주의가 대학을 벗어나 정치적 집단으로까지 확대된 것이다.

신이 된 심리학

Copyright ⓒ 새물결플러스 2010

1쇄 발행 2010년 9월 1일
5쇄 발행 2023년 4월 10일

지은이 폴 비츠
옮긴이 장혜영
펴낸이 김요한
펴낸곳 새물결플러스

편 집 왕희광 정인철 노재현 이형일 나유영 노동래
디자인 황진주 김은경
마케팅 박성민 이원혁
총 무 김명화 이성순
영 상 최정호 곽상원
아카데미 차상희

홈페이지 www.holywaveplus.com
이메일 hwpbooks@hwpbooks.com
출판등록 2008년 8월 21일 제2008-24호
주 소 (우) 04118 서울특별시 마포구 마포대로19길 33
전 화 02) 2652-3161
팩 스 02) 2652-3191

ISBN 978-89-963761-7-0 03230

책값은 뒤표지에 있습니다.